AGENCIAS CRIOLLAS
La ambigüedad "colonial"
en las letras hispanoamericanas

José Antonio Mazzotti, editor

Publicado con el apoyo del Murray Anthony Potter Fund,
Department of Romance Languages & Literatures, Harvard University,
y del Instituto Internacional de Literatura Iberoamericana.

ISBN: 1-930744-03-X

© Biblioteca de América, 2000
Instituto Internacional de Literatura Iberoamericana
Universidad de Pittsburgh
1312 Cathedral of Learning
Pittsburgh, PA 15260
(412) 624-5246 • (412) 624-0829 FAX
iili+@pitt.edu

Colaboraron en la preparación de este libro:

Carátula: José Antonio Mazzotti y Erika Braga

Composición y diseño gráfico: Erika Braga
Correctores: Juan Pablo Dabove y Ana Miramontes

AGENCIAS CRIOLLAS
La ambiguedad "colonial" en las letras hispanoamericanas

José Antonio Mazzotti, editor

SUMARIO

José Antonio Mazzotti, Introducción 7
Bernard Lavallé, El criollismo y los pactos fundamentales del imperio americano de los Habsburgos 37
Solange Alberro, La emergencia de la conciencia criolla: el caso novohispano 55
Mary Malcolm Gaylord, Jerónimo de Aguilar y la alteración de la lengua (la *Mexicana* de Gabriel Lobo Lasso de la Vega) 73
Yolanda Martínez-San Miguel, Poder y narración: estrategias de representación y posposición en la *Segunda carta de relación* 99
Kathleen Ross, Chisme, exceso y agencia criolla: *Tratado del descubrimiento de las Indias y su conquista* (1589) de Juan Suárez de Peralta 131
José Antonio Mazzotti, Resentimiento criollo y nación étnica: el papel de la épica novohispana 143
Mabel Moraña, El "tumulto de indios" de 1692 en los pliegues de la fiesta barroca. Historiografía, subversión popular y agencia criolla en el México colonial 161
Rolena Adorno, Reescribiendo las crónicas: culturas criollas y poscolonialidad 177
Paul Firbas, Escribir en los confines: épica colonial y mundo antártico 191
Teodoro Hampe Martínez, Santa Rosa de Lima y la identidad criolla en el Perú colonial (ensayo de interpretación) 215
Pedro Lasarte, Lima satirizada: Mateo Rosas de Oquendo y Juan del Valle y Caviedes 233
José A. Rodríguez-Garrido, La voz de las repúblicas: poesía y poder en la Lima de inicios del XVIII 249

Introducción

Las agencias criollas y la ambigüedad "colonial" de las letras hispanoamericanas

José Antonio Mazzotti
Harvard University

Este volumen sobre "agencias criollas" constituye el cuerpo expandido de las ponencias presentadas en el simposio homónimo del 23 de octubre de 1998 auspiciado por el David Rockefeller Center for Latin American Studies de la Universidad de Harvard. Más que ejercer una simple compilación de actas, me cabe como editor el difícil reto de encuadrar su común preocupación sobre el fenómeno del discurso criollo dentro de las nuevas corrientes y tendencias del campo llamado colonial en los estudios literarios hispanoamericanos. Como es bien sabido para quienes se dedican a este complejo periodo, los aportes críticos sobre un sector de dicho discurso han sido múltiples en los años recientes. La relectura de autores clave como Sor Juana, Carlos de Sigüenza o Pedro de Peralta ha ayudado a enriquecer —y hasta transgredir— la disciplina, y a la vez a renovar algunas de las antiguas preguntas sobre el estatuto específico (con sus visiones encontradas y sus ambigüedades) de esos y otros autores.[1] Asimismo, el tratamiento de textos que escapan del dominio canónico de la literatura ha motivado una saludable interrogación sobre la dinámica histórica de las agencias criollas en su larga trayectoria de negociaciones, alianzas y enfrentamientos con el poder ultramarino, muchas veces sobre el andamio de un silencio compartido con respecto a las enormes mayorías indígenas y de origen africano, cuando no de su directa alusión en favor o en contra.[2]

A partir de largas y fructíferas conversaciones con mi colega Mary Gaylord, surgió la idea de convocar a prestigiosos investigadores para reflexionar sobre el estado actual de la cuestión considerando la pertinencia o impertinencia del adjetivo "colonial" al tratarse de sujetos de escritura criollos. Fue así como juntos organizamos el mencionado simposio. A esos investigadores se sumaron otros no menos importantes que no estuvieron presentes en el evento, pero a los que se invitó a colaborar en este volumen a fin de cubrir aspectos que quedaron pendientes en la reunión inicial. Especialmente, nos interesaba fomentar el diálogo con miras a diferenciar estrategias y apropiaciones del espacio simbólico realizadas por letrados criollos en el periodo previo a las reformas borbónicas.³ Esto implicaba partir tanto de una delimitación cronológica básica (desde 1492 hasta las primeras décadas del siglo XVIII) como geográfica (las dos "cabezas" del dominio español en el Nuevo Mundo, es decir, México y Perú). Además, queríamos desarrollar la reflexión sobre la utilidad de la llamada teoría postcolonial cuando se aplica al campo hispanoamericano, y sin duda las propias respuestas que desde la crítica y la teoría recientemente producidas en Hispanoamérica se han abocado a proporcionar perfiles más nítidos de ese sector del conjunto criollo.

El reto no es, pues, poca cosa. Pero tal vez la mejor excusa para no afrontarlo ahora en su debida extensión sea la limitación característica de todo ensayo introductorio, que antecede, y no reemplaza, los artículos especializados sobre el tema. Aun así, conviene resumir por lo menos algunas ideas y esbozar un cuadro general de los estudios sobre el criollismo pre-ilustrado a fin de apreciar mejor en qué contextos y con qué méritos se presenta este volumen, y para introducir a un público amplio en uno de los debates más urgentes del campo.

1. Primeras puntualizaciones.

Para ello, quizá lo mejor sea partir de algunas definiciones que ya han sido elaboradas en trabajos anteriores, pero que nos pueden orientar más claramente hacia el objetivo final de este libro.⁴ Como se sabe, la palabra "colonia" tuvo poco uso y casi ninguna difusión en relación con el fenómeno de la dominación española sobre el Nuevo Mundo por lo menos hasta la segunda mitad del siglo XVIII. Sus menciones esporádicas durante el XVI y el XVII apuntan sobre todo al sentido del original latino, que se refiere a una "puebla o término de tierra que se ha poblado de gente extranjera, sacada de la ciudad, que es señora de aquel territorio o llevada de otra parte" (Covarrubias). La antigua transplantación de soldados y ciudadanos romanos a territorios alejados era entendida en la España del XVI y XVII como una forma de dominación que no necesariamente implicaba la reproducción de todas las instituciones y la transformación identitaria de los pueblos dominados. Tal es el sentido que, al parecer, le dio en 1530 Pedro Mártir de Anglería a la primera fundación urbana hecha por Cortés en México en 1519: "De Colonia deducenda, Progubernatore Cubæ Dieco

Velaʃquez incõʃulto, conʃiliu~ ineunt" (*Opera*, Década Cuarta, Cap. 7, f. 60v, [154]), traducible como "deliberaron fundar una colonia, y no contaron con el vicegobernador de Cuba, Diego Velázquez" (Mártir, *Décadas del Nuevo Mundo* 333). Asimismo, poco después: "[...] ad leucas inde duodecim in gleba fortunatiʃʃima fundãdæ Coloniæ locum deʃignant" (*Opera*, Década Cuarta, Cap. 7, f. 60v, [154]), que significa "a doce leguas de allí, en fertilísimo suelo, señalaron un sitio para levantar una colonia" (Mártir, *Décadas* 333). Todo indica que Pedro Mártir concibe esas primeras fundaciones (la de la Villa Rica de la Veracruz, en este caso) como sinónimo de "población" y como etapa previa a un proyecto mayor, que incluiría la evangelización, pero que excede los propósitos más bien estratégicos y militares de la "colonia".[5]

Su aplicación desligada de connotaciones evangelizadoras y con estricta atención a la ganancia económica era, sin embargo, recomendada a la autoridad real. Así fue como lo entendió nadie menos que el Inca Garcilaso, quien en 1605, en el "Proemio al lector" de *La Florida del Inca*, anima a España

> a la ganar y poblar [la Florida], aunque ʃin lo principal q~ es el aumento de nuesʃtra ʃancta fè Catholica, no ʃea mas de para hazer **colonias**, donde embie a habitar ʃus hijos, como hazian los antiguos Romanos, quando no cabian en ʃu patria (f. s. n., énfasis agregado).

Sin embargo, el término admitía otras acepciones y el ya citado Covarrubias lo confirma con un segundo significado, no menos interesante: "También se llamaba colonias las que pobladas de sus antiguos moradores les avia el pueblo romano dado los privilegios de tales". Es decir, que "colonia" se entendía hacia principios del XVII como enclave sin necesaria transformación de las estructuras sociales y prácticas religiosas de los nativos, y también como población oriunda sujeta a un poder imperial y con los privilegios de los ciudadanos de la metrópoli.

Con todo, el sentido antiguo fue el que prevaleció, hasta el punto de que la única razón por la que en 1648 Juan de Solórzano admitía el vocablo era porque "el Nuevo Orbe ʃe debio llamar Colonia, o Columbania, del nombre de don Christobal Colon, o Columbo" (f. 79). Es decir, con un significado históricamente novedoso y disminuyendo la relación del sentido antiguo de "colonia" con la realidad de las posesiones españolas de Ultramar, a las cuales por consenso y lenguaje oficial se les denominaba simplemente "reinos de la Corona de Castilla" o "virreinatos", entendidos más como provincias con los fueros y estatutos del reino central que como meras colonias extractivas.[6]

Ahora bien, no se trata aquí de limar las asperezas y declarar que el mencionado periodo de la historia hispanoamericana estuvo exento de las relaciones de dominación extranjera y explotación con las que se identifica el uso actual y moderno de "colonia", modelado más bien a partir del llamado "Segundo Imperio Británico" (1776-1914), sobre todo en Sudáfrica y la India.[7] Sin duda, hubo muchos aspectos que hoy llamaríamos coloniales en el tratamiento de la población indígena, aspectos en los que cada individuo veía su posibilidad de identificarse con otros explotados principalmente por su origen indiano y su dominador común: la autoridad española. Pese a los esfuerzos de la Corona por dictar leyes protectivas y a los alegatos valientes de miembros del clero que echaban mano del género arbitrista para denunciar las atrocidades y aprovechamientos cometidos por numerosos oficiales de la Corona, la aplicación del control tributario y de la extracción minera caía muy lejos de lo oficialmente establecido. Y el propio rey era consciente de eso. Solórzano reproduce en los preliminares de su *Política indiana* fragmentos de un edicto de Felipe IV emitido el 3 de julio de 1627, en que brilla con luz propia la orientación (al menos formal) de la política imperial con respecto a la población indígena: "Encarezco el cuidado, i vigilancia en procurar la salud, amparo, i defenſa temporal de los Indios, i en deſpachar, i promulgar caſi todos los dias, leyes y penas graviſſimas contra los tranſgreſſores" (Solórzano, f.s.n.). Asimismo, dictaminaba que "del todo ſe quitaſſen, i caſtigaſſen las injurias, i opreſſiones de los Indios, i los ſervicios perſonales, q~ ſe endereçaban à particulares aprovechamientos, i grägerias [...]" (*ibid.*). Finalmente, enfatizaba:

> Quiero que me deis ſatiſfaccion a Mi, i al Mundo, del modo de tratar eſſos mis vaſſallos, i de no hazerlo, con que en reſpueſta de eſta carta vea Yo executados exemplares caſtigos en los que huuieren excedido en eſta parte, me darè por deſervido [...] por ſer contra Dios, contra Mi, i en total deſtruiciõ de eſſos Reinos, cuyos Naturales eſtimo, i quiero ſean tratados, como lo merecen vaſſallos, que tanto sirven à la Monarchia, y tãto la han engrãdecido, e ilustrado (*ibid.*).

La actitud, en sí, no es nada original. Desde el revuelo causado por las Leyes Nuevas de 1542 y la influencia lascasiana, los encomenderos vieron sus esfuerzos mal recompensados con una legislación que coactaba sus derechos y señorío, dando paso al sistema de los corregimientos y al andamiaje de fueros específicos para los nativos dentro de un cuerpo de leyes o una república distinta, como se denominaba en la época. Para nadie es secreto, sin embargo, que pese a sus aparentes buenas intenciones, la legislación de la segunda mitad del XVI consolidó el poder de la Casa Real y neutralizó el desarrollo de una nobleza ultramarina con un poder político y simbólico que desafiara el tradicional dominio de la aristocracia peninsular.[8] A pesar de serias intentonas como la rebelión de Gonzalo Pizarro (1544-48), la triunfante hegemonía metropolitana no significó que amainara el masivo despoblamiento indígena ni mejoraran —todo lo contrario— las condiciones de vida de los sobrevivientes.[9]

Es en estas circunstancias apretadamente descritas que empieza a hacerse compleja y única en la historia la realidad social y cultural de los dominios de Ultramar. Si bien la "república de españoles" recogía en su seno a los nacidos en Indias de padres peninsulares, era común la referencia a un origen "sombrío" entre los criollos y mestizos de las primeras generaciones. Sobre todo en el segundo caso, en que la evidente sangre indígena supuestamente predisponía al individuo a inclinaciones idolátricas, pero también en el primero, en que se ha llegado a registrar un 20 a 40 % de mestizos reales en individuos denominados con la categoría de "criollos" (véase Kuznesof; Poot-Herrera; Schwartz). Desamparados por la pérdida de las posesiones paternas y sospechosos de aficiones díscolas y proto-idolátricas, los criollos de las primeras generaciones acusaron recibo del trato discriminatorio que solía aplicárseles en la partija de cargos y privilegios.[10] El nombre "criollo" empieza a usarse, aplicado a estos neo-europeos, por lo menos desde 1567, pero en sí mismo tiene un origen intencionadamente insultante, pues se tomó del apelativo inicialmente destinado para los hijos de esclavos africanos nacidos fuera del África (Lavallé, *Las promesas* 15-25). Lo cierto es, pues, como sostuve en otro lugar y resulta útil recordar, que la categoría de criollo se refiere más bien a un fundamento social y legal, antes que estrictamente biológico. Implica también un sentimiento de pertenencia a la tierra y un afán de señorío (presentes incluso en los conquistadores, antes de que nacieran los primeros criollos, como proponen Lafaye [7-8] y Lavallé ["Del 'espíritu colonial'" 39-41]), así como una aspiración dinástica basada en la conquista que distinguía a sus miembros del resto del conjunto social de los virreinatos (Mazzotti "La heterogeneidad colonial", 173-75).

Los criollos, sin embargo, encontraron diversas formas de negociar con el poder ultramarino, tratando de acomodarse dentro del sistema burocrático y la organización eclesiástica a través de alianzas con los peninsulares, pero en la mayoría de los casos subrayando sus propios derechos. El reclamo constante por la prelación o preferencia debida a los españoles nativos de los reinos de Ultramar estuvo presente en casi todas las instancias de la vida cotidiana y jurídica. En algunos casos, incluso, encontró el respaldo relativo de altas autoridades como el propio Virrey.[11] Y Solórzano —oídor español casado con criolla limeña, pese a las prohibiciones en ese sentido— es muy claro con respecto a su apoyo:

> [...] no ſe puede dudar que ſean [los Criollos] verdaderos Eſpañoles, y como tales hayan de gozar ſus derechos, honras y privilegios, y ſer juzgados por ellos, ſupueſto que las Provincias de las Indias son como auctuario de las de Eſpaña, y acceſoriamente unidas e incorporadas en ellas, como expresamente lo tienen declarado muchas Cédulas Reales que de esto tratan (Libro II, Cap. XXX, f. 245).

Por eso mismo, continúa,

> los Criollos hazen con eſtos [los Eſpañoles] un cuerpo, i un Reino, i ſon vaſſallos de un mesmo Rey, [i] no ſe les puede hazer mayor agravio, que intentar excluirles de eſtos honores (f. 246).

Sin embargo, la tendencia general fue la de un marginamiento sistemático que no todas las autoridades se atrevían a evitar, dada la práctica común de la Corona de no nombrar en sus virreinatos ni gobernaciones un cuerpo directivo compuesto por los propios habitantes, sino por miembros de la nobleza castellana.[12] Desde el punto de vista de la percepción, sin embargo, el desprecio implícito en el marginamiento de los criollos bien podría formar parte de una primera "disputa del Nuevo Mundo", tal como la que eruditamente reconstruyó don Antonello Gerbi para la bibliografía ilustrada del siglo XVIII. Por ejemplo, para el caso de los criollos del XVI y el XVII, insultos como los del temible Cristóbal Suárez de Figueroa no eran poco frecuentes. Decía en 1614 el autor español, en boca del "Doctor" de *El passagero*, que

> Las Indias, para mí, no sé qué tienen de malo, que hasta su nombre aborrezco. Todo quanto viene de allá es muy diferente, y aun opuesto, yua a decir, de lo que en España posseemos y gozamos. Pues los hombres (queden siempre reseruados los buenos) ¡qué redundantes, qué abundosos de palabras, qué estrechos de ánimo, qué inciertos de crédito y fe; cuán rendidos al interés, al ahorro! [...] ¡Notables sabandijas crían los límites antárticos y occidentales! (225-26).

Semejante artillería fue una y otra vez contestada por numerosas páginas de criollas y criollistas exaltaciones del genio y figura de los distinguidos descendientes de conquistadores.[13] Los nombres de Buenaventura de Salinas, Francisco Fernández de Córdoba, fray Antonio de la Calancha y muchos más se encargaron de levantar el andamiaje discursivo de una forma de la identidad hispana que se distingue de su homóloga peninsular en diversos aspectos, pero sin prefigurar por ello un ideario independentista ni mucho menos un igualamiento con las mayorías indígenas, africanas y de castas.

Uno de los aspectos que marcan esa separación y desarrollo relativamente diferenciable en el campo de las prácticas culturales y comunicativas es el propio español hablado en América, que acusa desde temprano rasgos de la variedad andaluza, pero que con el tiempo terminará diferenciándose de ella por medio de algunos cambios morfológicos y léxicos, sin mencionar el por ahora irrecuperable plano de las entonaciones.[14] La diferencia, lejos de avergonzar a los españoles americanos (aunque estos serían, en rigor, llamados así sólo desde el XVIII), les daba motivo de orgullo y hasta de recriminación a los peninsulares por lo mal que se hablaba el castellano en España, a diferencia de las Indias. Bernardo de Balbuena, criollo novohispano por adopción, se encarga de expresarlo claramente en su *Grandeza mexicana* (1604):

> Es [México] ciudad de notable policia
> Y donde ſe habla el Eſpañol lenguaje
> Mas puro y con mayor corteſania.
>
> Veſtido de un belliſſimo ropaje
> Que le da propiedad, gracia, agudeza,
> En caſto, limpio, liſo y graue traje
>
> ("Epílogo", estrofas 30-31, f. 111v).

Si de la lengua pasamos a las cualidades espirituales que se expresan en tal variedad regional del castellano, la autoglorificación no es menos colorida que abundante. Para muestra, un botón: el Doctor Juan de Cárdenas titula el Cap. II del Libro Tercero de sus *Problemas y secretos maravillosos de las Indias* con una referencia a "los Eſpañoles nacidos en las Indias [, que ſon] por la mayor parte de ingenio biuo, tracendido y delicado" (f. 176v), en alusión directa a los criollos mexicanos.[15] En el Perú, Buenaventura de Salinas proclamaba que los criollos "son con todo estremo agudos, viuos, sutiles, y profundos en todo genero de ciencias", y que "este cielo y clima del Pirú los leuanta, y ennoblece en animos" ([1630] 1951, 246). Ya en 1620, Francisco Fernández de Córdoba, el admirado letrado huanuqueño que serviría como una de las fuentes de Salinas (Duviols 108 y 114), había proclamado públicamente conceptos semejantes: "los Criollos", dice, son "hijos de la nobleza mejorada con su valor, [...] siendo más aventajados en esta transplantación, [de lo] que fueron en su nativo plantel" (8). Por último, Calancha los coloca en la cúspide de la pirámide biológica e intelectual de la humanidad, por encima, naturalmente, de los peninsulares.[16] Esta ingénita capacidad y su mejor conocimiento de la tierra y la población indígena los coloca en posición ventajosa para hablar en defensa de los indios y, por ende, asumir la dirección administrativa de los Virreinatos (Mazzotti, "La heterogeneidad colonial").

Igualmente, la amplia literatura exaltadora de ciudades o riquezas físicas y territoriales formaba su propia bibliografía corográfica. Desde la ya citada *Grandeza mexicana*, de Balbuena, hasta el *Paraíso occidental*, de Sigüenza; o desde la *Fundación y grandezas de Lima*, de Rodrigo de Valdés, hasta la maltratada *Lima fundada*, de Peralta, las descripciones superlativas de ciudades o territorios americanos revelan más bien el perfil psicológico de sus autores, su *locus* subjetivo de enunciación, y, consecuentemente, su constitución como sujeto de discurso y como sujeto social.[17] Por ello mismo, aquí conviene detenerse un poco.

He venido refiriéndome a la diferencia criolla en relación con el modelo peninsular de habla, cortesanía, altura moral y espiritual, conocimiento de la población indígena y superioridad geográfica, pero aún no he situado los ejemplos anteriores dentro de una delimitación teórica de la subjetividad aludida. De esta manera, conviene apuntar que el empleo del término "agencia" tiene su razón de ser frente al más común y casi omnipresente de "sujeto". John Mowitt identifica la agencia "with the general preconditions that make the theoretical articulation of the critique of the subject possible" (xii). Como parece obvio, resulta difícil articular las especificidades de la cultura y las subjetividades criollas sin definir esas "general preconditions" en las cuales interactúan determinados individuos y grupos sociales. Por eso, recordar la posición ambigua de muchos criollos ante las autoridades peninsulares parece no sólo productivo, sino también imprescindible. Ellos eran españoles, pero no en un sentido completo. Eran americanos, pero al mismo tiempo establecían sus claras distancias y discrepancias con la población indígena, africana y las numerosas castas con las que compartían el mismo territorio.[18] Se corre el riesgo de definir monolíticamente su identidad si a través de la abstracción se elimina la importancia del carácter dialógico e interactivo —*distancias y discrepancias*— de toda conducta de la elite criolla en relación con su medio. Como señala Paul Smith, "[in some way] theoretical discourse limits the definition of the human agent in order to be able to call him/her the 'subject'" (30). No es raro entonces que la categoría de "agencia" resulte más flexible y dinámica que la de "sujeto", precisamente porque "the human agent exceeds the 'subject' as it is constructed in and by much postestructuralist theory as well as by those discourses against which postestructuralist theory claims to pose itself" (Smith 30). Las agencias criollas se definen, así, por sus proteicos perfiles en el plano político y declarativo, pero a la vez por una persistente capacidad de diferenciarse de las otras formas de la nacionalidad étnica.[19] Y esto porque, como hemos dicho, la peculiaridad del sistema español de dominación sobre el Nuevo Mundo permitía, además del traslado de instituciones y fueros, el crecimiento de un grupo social nativo y novedoso que supuestamente serviría como fuerza de penetración ideológica (y, naturalmente, biológica) entre la población indígena. Es curioso que en las clasificaciones modernas de los distintos sistemas coloniales de la historia occidental, las peculiaridades hispanoamericanas salten a la vista. Así ocurre, por ejemplo, en *Colonialism*, de Osterhammel, donde, de los tres sistemas distinguidos (colonias de explotación, enclaves marítimos y colonias de asentamiento), se incluye la variante hispanoamericana continental sólo en el primero, con la aclaración de que "European immigration led to an urban mixed society with a dominating creole minority" (Osterhammel 11), fenómeno que no se observa en ningún otro caso de la historia.[20] De ahí que se discuta aún la aplicabilidad del término "postcolonial" para la América Latina continental, más aun si el proceso de emancipación contra España fue liderado por sectores insterticiales como el de los criollos, y en realidad significó en la práctica una prolongación de la dominación étnica neo-europea sobre las poblaciones indígenas y negras a lo largo de los siglos XIX y XX. En pocas palabras, según algunos críticos latinoamericanos (por ejemplo Klor de Alva, "The Postcolonization" 270), nuestros países no han dejado de ser coloniales, o en el mejor de los casos, resultan simplemente neocoloniales, y por lo tanto el prefijo "post" le queda demasiado grande a la experiencia histórica y cotidiana de la región.[21]

Sin embargo, puede que sea útil plantear algunas ideas acerca del aparato teórico que ha renovado sustancialmente los estudios coloniales sobre Asia y África en la academia boreal, y vincular —si es posible— sus esfuerzos al campo hispanoamericano.

2. Alcances y limitaciones de la teoría postcolonial.

Como es de común saber, la gran renovación de los estudios literarios "coloniales" hispanoamericanos procede en buena medida —pero no solamente— de la gravitación que en las ciencias humanas y sociales ha tenido el pensamiento postestructuralista francés de la década del 60 en adelante. El influjo general de los escritos de Michel Foucault, Jacques Lacan y Jacques Derrida, especialmente, llegó al punto de que sus nombres resultaron referencias obligadas en la búsqueda por la renovación de los propios métodos y objetos de estudio. Las "formaciones discursivas" a las que Foucault constantemente alude, entre las que sin duda se encuentran las disciplinas académicas tal como fueron concebidas tradicionalmente, a manera de estancos compartimentalizados de conocimiento, no sólo modificaron su visión interna de su producción de saber en relación con el poder político, sino que por ello mismo se esforzaron por encontrar nuevos caminos de investigación, ampliando notablemente sus objetos de estudio y revisando su función social. En el caso de la crítica "colonial", la interdisciplinariedad quedaba, pues, abierta como la mejor vía para una comprensión idónea de la producción letrada dentro de toda su compleja red de significaciones, cambiando los paradigmas de "autor" por "sujeto" y de "texto" por "discurso" (Adorno, "Nuevas perspectivas") e, incluso, más adelante, el de "discurso" por "semiosis" (Mignolo, "Afterword", "La semiosis colonial", "Colonial and Postcolonial"). De este modo —y parcialmente— se desestetizaba saludablemente el ejercicio de la disciplina, y se incluían en la mira numerosos textos no literarios y muchas formas de representación no textual que revelaban un quehacer cultural antes invisible a los ojos de la crítica centrada sólo en autores profesionalizados. El campo, pues, se transformaba en vehículo de liberación —conceptual, al menos— y se resistía a seguir sirviendo como instrumento de una anticuada dominación teórica en las ciencias humanas, recogiendo en lo posible las muchas voces no escuchadas.

Asimismo, dentro de la tradición hispanoamericana, los trabajos de Ángel Rama y Antonio Cornejo Polar, entre otros, sirvieron para concebir la producción discursiva "colonial" como un vasto corpus difícilmente encasillable en las formas literarias más convencionales. El fundamental libro póstumo de Rama, *La ciudad letrada*, así como los esbozos del marco de la heterogeneidad cultural desde los tempranos estudios de Cornejo Polar (véase Mazzotti, en prensa), señalaban ya que la literatura del periodo de dominación española se alimentaba y dialogaba con un intenso mar de voces y memorias, de cuya manipulación o silenciamiento resultaba causa directa. Y esto no sólo en el plano de las vigencias estéticas. De este modo, revalorar la producción "colonial" ya no en función de su dependencia de los modelos europeos, sino también en lo que su propia complejidad interna nos dice sobre el mundo inmediato en el que surgió, abrió las puertas para un cuestionamiento saludable del canon, reinsertándolo dentro del corpus y reconfigurándolo sustancialmente. La oralidad indígena salió ganando, para descubrirse a sí misma reina y señora de las preocupaciones actuales. Pero, en función de su propia ajenidad (un sistema lingüístico en posición de inferioridad diglósica), y de sus propios marcos de aparición y eficacia sociocomunicativa, forzó a las recientes generaciones de "colonialistas" a apropiarse de las herramientas de otras disciplinas, que podían ayudar a ejercer lecturas novedosas de discursos canónicos y no canónicos.

Una de esas otras disciplinas —aunque en realidad empapa todas las humanidades, y por lo tanto es más bien un campo y una herramienta común que otra cosa— es la conocida teoría postcolonial. No repetiré la historia de sus orígenes generalmente atribuidos a *Orientalism* (1978) de Edward Said, así como sus antecedentes inmediatos, Frantz Fanon y Aimé Césaire, rescatados también como figuras centrales en las luchas anticoloniales del siglo XX. Para todo eso ya existen suficientes compilaciones e introducciones.[22] Conviene señalar solamente que la teoría postcolonial tiene en realidad una amplia gama de exponentes y casi ninguna forma fija y definida. Incluso, se debate el alcance de sus postulados y métodos (una atención especial a la producción cultural y un manejo interdisciplinario evidente) como marco general para explicar toda situación en que las subjetividades se ven mediatizadas (tanto en las metrópolis como en las periferias) por relaciones de poder colonial. Además de Said, la "Santísima Trinidad" de la teoría postcolonial (como la llama Robert Young en *Colonial Desire*) se completa con las figuras de Homi Bhabha y Gayatri Chakravorty Spivak. En todos ellos, aunque en cada uno en diferentes medidas, el directo influjo de la "alta" teoría francesa (Foucault, Lacan, Derrida, casi respectivamente) ha sido crucial y ha corrido paralelo al desarrollo del campo "colonial" hispanoamericano.

Igualmente, hay que diferenciar la teoría postcolonial de la crítica postcolonial, con la cual guarda una relación de mutua atracción y rechazo, sobre todo porque algunos de los críticos (Aijaz Ahmad, Benita Parry, Arif Dirlik y Chinweizu, entre otros) no ven un compromiso político serio con las luchas por la liberación de los países del Tercer Mundo por parte de los teóricos más connotados, sino simplemente una traducción y variación para la academia anglofónica de los pensadores franceses ya mencionados y una discutible relación con el análisis de clase y de modos de producción económica (sobre todo en Said, y más en Bhabha), que enfatizó el tradicional análisis marxista del problema colonial. Al mismo tiempo, otro sector de la crítica postcolonial (Paul Gilroy, Wole Soyinka y Robert Young, por ejemplo) ve en el marxismo sobre todo una versión ilustrada de la razón universal europea, que intenta homogeneizar otras racionalidades a partir de una narrativa de progreso y modernidad que descuida las particularidades culturales de las sociedades no occidentales a las que se aplica.

Este grueso panorama tiene como fin introducir algunas críticas ya establecidas tanto en el mundo angloparlante como en el específico hispanoamericano, y a la vez analizar dos o tres categorías de los teóricos postcoloniales y su posible utilidad en los estudios literarios "coloniales" del periodo de dominación española en la región. Por eso, conviene recordar que desde su mismo origen, el término "postcolonial" se empleó estrictamente para hablar de la situación de aquellas ex colonias europeas en África y Asia liberadas luego de la Segunda Guerra Mundial (Ahmad, "The Politics of Literary Postcoloniality" 5-7). La meditación sobre ese contexto específico y sobre la producción cultural que constituía su marca de identidad estaba destinada a ejercer una función terapéutica, post-traumática, mediante el examen riguroso del pasado y su violencia racial. El "deseo de olvidar el pasado colonial" (Ghandi 4), de encontrar en la amnesia postcolonial la satisfacción para una urgencia por reinventarse, quedó frustrado por la recurrencia de ese pasado en todas las formas de la vida cotidiana y muchas del pensamiento artístico. Así, los estudios postcoloniales surgieron como "a disciplinary project devoted to the academic task of revisiting, remembering, and, crucially, interrogating the colonial past" (Ghandi 4).

En esa interrogación del reciente pasado colonial africano y asiático, se ha intentado revertir el flujo universalizador de la razón ilustrada y provincializar simbólicamente a Europa, encontrando en la lógica del dominio colonial una enfermedad ("the darker side of Enlightment", como diría Mignolo) que atraviesa el centro mismo de su *episteme* "liberadora". Recordar ese pasado, para Bhabha, no es un mero acto de introspección, sino más bien un re-membrar, un poner juntas las piezas de un cuerpo mutilado a fin de recuperar en el presente las marcas de la identidad perdida (*The Location of Culture* 63). Con un obvio bagaje bajtiniano y lacaniano, Bhabha incursiona en el análisis del discurso colonial (al menos durante la que Moore-Gilbert [114] clasifica como su primera etapa de pensamiento, de 1980 a 1988), y enfrenta el problema de la mímica y la hibridez del sujeto colonial en el contexto de la dominación inglesa en la India. En su célebre ensayo "Of Mimicry and Man", del 84 (luego revisado para *The Location of Culture*), Bhabha sitúa el efecto de la mímica y la respuesta del simulacro que hace del colonizado cercano al aparato de poder inglés un remedo descentrador de la propia identidad del sujeto colonizador al no poder reconocerse plenamente en ese "otro" que le habla en inglés y se viste como él. Partiendo del concepto bajtiniano de "hibridismo", Bhabha desarrolla su propia definición: "hybridity is a problematic of colonial representation [...] that reverses the effects of the colonialist disavowal, so that other 'denied' knowledges enter upon the dominant discourse and estrange the basis of its authority" ("Signs Taken for Wonders" 156). En ese sentido, se desata una cadena de mensajes desestabilizadores, que reflejan por parte del sujeto dominado un uso metonímico de los patrones discursivos y culturales del dominante, pero que no llegan a ocultar en ese uso aquellos rasgos propios que despertarán en el colonizador una paranoia profunda. Aun más profunda que la ambivalencia (la cual implica identificaciones dobles por parte del colonizado y del colonizador, según Young, *Colonial Desire* 161), la mímica "implies an even greater loss of control for the colonizer, of inevitable processes of counter-domination produced by a miming of the very operation of domination, with the result that the identity of colonizer and colonized becomes curiously elided" (Young, *White Mythologies* 148). Para Bhabha, la mímica se convierte en una agencia sin sujeto que asemeja a un "otro" sin llegar a serlo plenamente a los ojos del colonizador (v. Young, *White Mythologies* 148).

Como se ve, las categorías y métodos del psicoanálisis lacaniano sirven en este caso para la descripción de mentalidades que tienen como base epistemológica dominante una razón universalizadora. Aplicadas a los casos de pobladores nativos de la India directamente afectados por la presencia colonial, su ejercicio por parte del(os) teórico(s) postcolonial(es) revela un universo de sentido que la historiografía economicista no llega siquiera a vislumbrar. Ahora bien, a pesar de que quedaría mucho más por decir de los trabajos de Bhabha, así como de Albert Memmi y su dualismo básico, de la internalización del enemigo en Ashis Nandy, o de los estudios subalternos y sus aportes a la historiografía sudasiática,[23] las aplicaciones de este aparato conceptual suelen pasar por alto, en el caso hispanoamericano, dos aspectos fundamentales. Primero, el que durante los siglos XVI y XVII las relaciones de poder y dominación están orientadas ante todo por una voluntad oficial de llevar verdades religiosas consideradas inapelables al centro mismo de la subjetividad de los dominados, en este caso las poblaciones indígenas.[24] Esto, naturalmente, no elimina ni necesariamente supera las consecuencias prácticas de la política imperial ni los deseos individuales de peninsulares advenedizos por un enriquecimiento súbito. Sin embargo, el análisis del discurso "colonial" hispanoamericano debe inevitablemente pasar por el tamiz de esta concepción trascendentalista de las operaciones dominantes —con su preocupación neotomista por el "bien común" y la "gloria externa de Dios"— si desea mantenerse en contexto. Segundo, que en el caso específico de los criollos, la idea de simulacro o de mímica puede resultar insuficiente, ya que no se trata aquí de un "otro" que se transfigura en presencia de la autoridad metropolitana, sino de individuos que se autoconciben como parte del poder imperial, y sin embargo no se consideran a sí mismos extranjeros en América. ¿Cómo resolver este dilema? Quizá el concepto más cercano al campo hispanoamericano de la versión de Bhabha de la teoría postcolonial sea el concepto ya mencionado de ambivalencia, en que las lealtades y los rechazos duales nos pintan un sujeto ontológicamente inestable, en plano de igualdad y hasta superioridad frente a los españoles, y sin embargo en situación de inferioridad en cuanto a su representación política. Pese a ello, y en cualquier caso, la carencia de un conocimiento seguro de las "general preconditions" a las que aludía Mowitt puede llevar a traslados quizá demasiado simplificadores de la complejidad hispanoamericana.[25] Además, hay que considerar que las ambivalencias criollas no son necesariamente simultáneas, sino alternas, lo cual podría generar desde cierta mirada crítica un cuadro metafóricamente esquizofrénico. De cualquier manera, algunas de sus manifestaciones también pueden ser descritas dentro de la categoría de "imitación diferencial" que Claude-Gilbert Dubois (28-35) propone para el manierismo.

Pese a su relativa antigüedad (de más de veinte años) y a las numerosas críticas recibidas desde adentro y desde afuera,[26] es posible considerar que el aparente encubrimiento que el prefijo "post" implica con respecto a situaciones neocoloniales podría ser subvertido si se recuerdan las palabras de Lyotard sobre la oposición que genera el prefijo ante toda situación de dominación. Propone Lyotard que dicho prefijo sugiere que "it is possible and necessary to break with tradition and institute absolutely new ways of living and thinking" (90). En un sentido amplio, como también ha señalado Gianni Vattimo en *El fin de la modernidad*, el prefijo "post" no necesariamente significa una secuencia temporal, sino simplemente una práctica oposicional que puede darse dentro de un estado de dominación extranjera o incluso cuando la historia enseña que, en rigor, no se puede hablar de "colonias" en el sentido actual de la palabra para los casos hispanoamericanos pre-ilustrados. Esto indica un sentido de superación, implícito en el prefijo de marras, y el hecho de que el deseo de la liberación (al menos desde los sectores directamente dominados, como los indígenas y africanos) ya significa de por sí la simultaneidad relativa de subjetividades divergentes. Así lo propone también Bhabha cuando afirma que "the epistemological 'limits' of those ethnocentric ideas [of postenlightenment rationalism] are also the enunciative boundaries of a range of other dissonant, even dissident histories and voices" (*The Location* 4-5).[27]

No olvidemos, sin embargo, que el campo hispanoamericano apenas si resulta considerado en el debate actual y en la enorme difusión que ha adquirido la teoría postcolonial en la academia boreal. Ghandi, por ejemplo, al criticar el domesticamiento del saber tercermundista por parte de los teóricos postcoloniales, que "alterizan" categorías de conocimiento y referencias centrales dentro las culturas post o neocoloniales para acomodarlas a la *episteme* occidental, señala que "rarely does it [postcolonial theory] engage with the theoretical self-sufficiency of Africa, Indian, Korean, Chinese knowledge systems" (x). Como se ve, el pensamiento hispano y latinoamericano en general brilla por su ausencia en esta preocupación angloparlante.[28]

3. La especificidad hispanoamericana.

Según se colige de los apuntes anteriores, no deja de ser interesante, aunque también problemática, la aplicación de los conceptos de "camuflaje", "hibridación" o "mímica" a instancias y textos criollos que oscilan entre subjetividades encontradas. Las agencias criollas se manifiestan en diferentes contextos y en diferentes direcciones, lo cual nos retorna a la idea inicial de que su relación "colonial" con la metrópoli es casi siempre dual. Háblese de "colonia" o de "virreinato" (hechas las aclaraciones pertinentes sobre el hecho de que el concepto de "colonia" o "factoría" no explica realmente el sistema de dominación española antes de las reformas borbónicas de la segunda mitad del siglo XVIII),[29] lo cierto es que las subjetividades pre-ilustradas de nuestros letrados criollos frecuentemente adoptaban caminos de expresión que explícita o implícitamente marcaban la diferencia con las otras "naciones" y a la vez planteaban una forma de superioridad con la metrópoli.

Cada caso es distinto y, como siempre, resulta difícil unimismar el laberinto de subjetividades de todo el conjunto criollo. Sobre los letrados mexicanos y peruanos a los que en su mayoría se dedican los trabajos de este volumen, se puede afirmar que desarrollan formas de conciencia sobre la diferencia y sujeción al poder ultramarino desde las primeras décadas de la presencia española en el Nuevo Mundo. El principio del "pacto de sujeción" es debidamente analizado por Bernard Lavallé, quien traza los lineamientos generales de la legislación indiana y de qué manera los criollos se sitúan y enfrentan a ella a través de numerosas negociaciones concentradas en los tres pactos de sujeción durante el periodo virreinal. Por su lado, Solange Alberro subraya la importancia de dos factores en el surgimiento temprano de una conciencia criolla en la Nueva España: el "proceso adaptativo" de los primeros conquistadores y pobladores hispanos y la agencia (en el sentido propio de "diligencia") de un sector del clero por transmutar esas aspiraciones criollas en símbolos de la práctica religiosa que no ignoraban los elementos de la cultura nativa. En el siguiente trabajo, Mary Gaylord explica cómo los hechos de la conquista de México contribuyen a forjar una voz metropolitana descentrada, como la de Gabriel Lobo Lasso de la Vega en su *Mexicana*, que antecede en buena medida a algunos de los postulados y modalidades estéticas del Barroco, a partir de una voz *alterada* en función de la experiencia cortesiana. Con eso, nos entrega una visión novedosa sobre el desarrollo del arte europeo a partir del impacto de la presencia americana. Inmediatamente después viene el trabajo de Yolanda Martínez-San Miguel sobre la *Segunda carta* de Cortés y su estrategia retórica, en la que propone la ciudad de Mexico-Tenochtitlan como objeto de deseo que marca por su abundancia y exceso un rasgo particular de las letras hispanoamericanas tempranas. Sigue la colaboración de Kathleen Ross sobre el enigmático *Tratado del descubrimiento de las Indias* del criollo mexicano Juan Suárez de Peralta y su carácter chismográfico como modo de representación de una subjetividad marginada en el contexto imperial del aplastamiento sobre las aspiraciones de sus congéneres criollos en la conspiración del Marqués Don Martín Cortés.

Luego mi propio trabajo sobre Terrazas y Saavedra Guzmán como exponentes de un dislocamiento ontológico temprano por parte de un sector de la nobleza criolla mexicana. La sección de la Nueva España se cierra con el estudio de Mabel Moraña sobre el célebre relato del motín de junio de 1692 escrito por Carlos de Sigüenza y Góngora, con las ambigüedades propias de un representante de los criollos letrados en su relación con el poder imperial.

    La segunda parte de este volumen trata aspectos de la cultura en el Virreinato de la Nueva Castilla o del Perú. Comienza con un artículo de Rolena Adorno que deja sentada una posición rotunda con respecto al polémico manuscrito de Nápoles en el cual se imputa la autoría de la *Nueva Coronica* de Waman Puma en favor del jesuita mestizo Blas Valera. Asimismo, subraya la importancia de este debate en sus implicancias sobre los estudios criollistas e indigenistas actuales. Paul Firbas la sigue en su rastreo del término "antártico" como signo de una separación (por parte de los letrados criollos o criollizados del Perú) toponímica y ontológica con respecto al ser de la dominación boreal y "ártica". Lo sigue Teodoro Hampe Martínez con una clara argumentación sobre los mecanismos políticos y jurídicos ejercidos por los criollos peruanos en el proceso de canonización de su paisana Rosa de Santa María, conocida también como Isabel Flores de Oliva o, más sencillamente, Santa Rosa de Lima. Continúa Pedro Lasarte en su nutrido contrapunteo de los dos más grandes satíricos del periodo virreinal, Mateo Rosas de Oquendo y Juan del Valle y Caviedes. Por último, cierra el volumen el no menos impecable trabajo de José A. Rodríguez-Garrido sobre la relación entre el ejercicio de la voz poética y el del poder en la Lima del Virrey Marqués de Castell-dos-Rius (1708-1710). Todos estos trabajos son contribuciones importantes a aspectos específicos del *mare magnum* del campo "colonial" en México y el Perú. Habrá, ciertamente, muchos temas que faltaría tratar en una visión enciclopédica de semejantes territorios y complejidades jurídico-sociales. Espero al menos que en conjunto sirvan como motor de debate y aclaración de caminos en varios aspectos importantes del campo.

    Su mayor mérito consiste en tratar el problema del discurso criollo en sus propias coordenadas históricas. Cada uno de estos artículos se sustenta en investigaciones de campo principalmente centradas en el conocimiento de los hechos y la tradición discursiva hispanoamericana. Su erudición consiste no sólo en la exactitud y seriedad de los datos ofrecidos, sino especialmente —y como consecuencia natural— en la conciencia de una labor que no puede dejar de sostenerse sobre el manejo de archivos y fuentes directas de la producción primaria. En otras palabras, una compenetración directa (personal, biográfica, ideológica y cultural) con las realidades sobre las cuales se trabaja.

Aunque quedan, repito, muchos puntos por cubrir (bastaría pensar en las complejidades caribeñas y brasileñas), estos ensayos ponen al día el debate latinoamericano sobre el criollismo desde la disciplina literaria, y se ofrecen, así, como parte de un diálogo particularmente fecundo. El lector, esperamos, sabrá sacar provecho de ellos.

NOTAS

[1] Una breve muestra de lecturas innovadoras sobre los nombres citados incluiría a Martínez-San Miguel, Merrim, Ross, Falla (aunque este último desde una polémica visión de recuperación nacional de Peralta), Moraña ("Barroco y conciencia criolla", *Viaje al silencio*, especialmente el segundo capítulo), etc. Ni mencionar que la última renovación del campo tiene también mucho que ver con el cambio de paradigmas generados en la academia norteamericana desde fines de los 80 y a la mejor comprensión de autores indígenas como Waman Puma, Alvarado Tezozomoc, Titu Cusi Yupanqui, Joan de Santacruz Pachacuti, etc. Ver al respecto, entre otros, Adorno, "Nuevas perspectivas" y *Guaman Poma: Writing and Resistance in Colonial Peru*; Mignolo, "Afterword" y *The Darker Side of Renaissance*; Lienhard, "La interrelación creativa" y *La voz y su huella*; Chang-Rodríguez, *La apropiación del signo* y *El discurso disidente*; López-Baralt, *Ícono y conquista*; etc.

[2] Fundamentales, en ese sentido, son los aportes de Lavallé sobre el criollismo en el Perú, y de Alberro, Liss, Lafaye, Brading y otros, en México.

[3] Entre otros, los trabajos de Kinsbruner (cap. 2), Lynch y Stoetzer ilustran bien el fenómeno a partir de la segunda mitad del XVIII. Véase también Konetzke, que presenta numerosos antecedentes de la legislación indiana en los cuales se ampararon los criollos de fines del XVIII para establecer sus reclamos dentro de la propia tradición hispánica, como en "una pragmática de Enrique III en las Cortes de Madrid del año 1396, en la cual con las más rigurosas cláusulas se prohíbe a los extranjeros que puedan obtener beneficios algunos en Castilla" (52).

[4] La polémica sobre el mal uso del término "colonia" data por lo menos de 1951, cuando el historiador argentino Ricardo Levene publicó su célebre ensayo *Las indias no eran colonias*, en respuesta hispanófila a la vieja retórica nacionalista hispanoamericana. La historiografía posterior enfatizó los aspectos económicos y dominantes del periodo y reafirmó el uso, tanto que se hizo fácil adaptar al castellano el vocabulario posterior de la llamada *"postcolonial theory"* de la década del 80 en adelante. Una actualizada recusación del término se encuentra en Klor de Alva, "Colonialism and Postcolonialism as (Latin) American Mirages", ampliada en 1995. En un sentido más general, pero señalando limitaciones desde el foco de enunciación de los teóricos postcoloniales, véase Grínor Rojo, "Crítica del canon".

⁵ Es el mismo sentido que se conserva en la *Recopilación de Leyes de Indias* de 1681, que recoge 6.377 Leyes de Indias dictadas entre los siglos XVI y XVII. La Ley XVIII, Título VII, Libro IV, una de las poquísimas en que se menciona la palabra "colonia", dice que "cuando se sacare colonia de alguna ciudad" se haría para "hacer nueva población" con las personas que no tuviesen tierras. Por ningún lado se infiere una equivalencia entre el concepto de "colonia" y el de la organización general de los dominios de Ultramar.
⁶ Hay que señalar, sin embargo, que el propio Solórzano es ambiguo sobre las connotaciones jurídicas de la institución colonial, al enfatizar el sentido de pertenencia a un cuerpo mayor, el del Imperio, por parte de las provincias indianas, aunque sin mencionar su diferencia específica. Refiriéndose a esa pertenencia en un solo cuerpo, dice: "y en términos de derecho común lo enseñan con el exemplo de las colonias de los romanos varios textos y autores de cada paso" (*Política indiana*, Libro II, Cap. XXX, f. 245).
⁷ Para una síntesis de los periodos y modalidades que abarca el imperialismo británico, véase Simon C. Smith (especialmente Capítulos 1-3) y The British Library of Information. Asimismo, Marshall 318-37. Una revisión general del fenómeno del imperialismo se encuentra en los ensayos recopilados por Owen y Sutcliffe.
⁸ El proceso, no olvidemos, fue gradual, con marchas y contramarchas en relación con las Leyes Nuevas, como la Ley de Malinas de 1545, que reestablecía parcialmente las encomiendas. Más detalles sobre concesiones posteriores hechas a criollos descendientes de conquistadores en Konetzke, "La condición Legal".
⁹ En el caso andino, por ejemplo, el tributo excesivo de los encomenderos, así como las epidemias de 1525, 1546, 1558-59 y 1585, se encargaron de reducir una población estimada entre 4 y 15 millones a sólo 1 millón 300 mil en 1570 y 700.000 en 1620 (Klarén 49-50). Asimismo, el sistema de reducciones y corregimientos extendido por el Virrey Francisco de Toledo en la década de 1570, además de su asimilación no retributiva en términos de servicios de la antigua institución indígena de la *mit'a* para el trabajo en las minas, estimularon el descenso de la producción agrícola y la consiguiente disminución de los pobladores (véase Millones, *Perú colonial*, Cap. 2). Los estudios tradicionales sobre Toledo, como el de Levillier, proponen más bien una visión benéfica de las reducciones (véase Levillier I, 246-52).
¹⁰ El descontento no se limitaba al chisme, la malhabladuría ni la proclama oral o escrita. A veces llegaba hasta la conspiración, como nos cuenta sobre México Juan Suárez de Peralta (véase el estudio de Kathleen Ross en este volumen), en la segunda parte de su *Tratado del descubrimiento de las Indias* (1589). Otras veces, consistía en rebeliones abiertas o abortadas en las que eventualmente se creaban alianzas de criollos y mestizos (véase López Martínez, Cap. 1, para los casos cuzqueños de la década de 1560; también Lavallé, "La rebelión de las alcabalas" y *Quito et la crise de l'Alcabala (1580-1600)*, especialmente Capítulos VI y VII, para la rebelión quiteña de las alcabalas de 1592-93).

¹¹ Así se ve en la documentación examinada, por ejemplo, por Latasa Vassallo, en que se cita una carta del Virrey Marqués de Montesclaros a Felipe III, fechada en Lima el 22 de febrero de 1609. Allí el Virrey se queja de que son tantos los expedientes (más de 500) con solicitudes presentadas por los "beneméritos" o patricios criollos descendientes de conquistadores y "primeros pobladores" del Perú, que "'aún quitando las horas del descanso común' no había conseguido hojear más de 200" (Latasa Vassallo 2).

¹² Pese a ello, la presencia criolla no es desdeñable, al menos en la Audiencia de Lima durante el siglo XVIII, como demuestra Lohmann Villena. La flexibilidad legal para tal participación estaba sin duda permitida, como indica la Ley XIII, Título II del Libro II de la *Recopilación de Leyes de Indias*: "Porque siendo de una Corona los Reinos de Castilla y de las Indias, las leyes y orden de gobierno de los unos y de los otros, deberán ser lo más semejantes y conformes que se pueda; los de nuestro Consejo en las leyes y establecimientos que para aquellos estados ordenaren y procuren reducir la forma y manera de gobierno de ellos al estilo y orden con que son recogidos y gobernados los Reinos de Castilla y de León en cuanto hubiere lugar y permitiere la diversidad y diferencia de las tierras y naciones". Asimismo, Konetzke cita varios pasajes de la legislación real que favorecen la participación limitada de los criollos en el clero, la administración y las armas. Las limitaciones, sin embargo, al parecer fueron demasiadas para las aspiraciones criollas.

¹³ Pagden (56) señala que eran 733 en el México del año 1604. Según el dato ofrecido por Pilar Latasa Vassallo (ver nota 11), en el Perú de 1609 no serían menos de 500.

¹⁴ Entre otros rasgos acentuados por la experiencia común de los baqueanos en las Antillas, y luego extendidos al resto de los pobladores españoles y criollos de las Américas, son notables los préstamos léxicos de lenguas nativas, así como el seseo y el yeísmo, que persistieron como rasgos del español americano hasta hoy en día (Rivarola 47-56; también su Cap. III para el tema del enriquecimiento léxico a partir de préstamos nativos. Más información en los trabajos de Lope-Blanch, Fontanella de Weinberg, y Rosario, entre otros).

¹⁵ En el mismo capítulo, Cárdenas compara a un criollo de origen humilde con un peninsular en una conversación cualquiera, y en ella, dice, "oyremos al Eſpañol nacido en las Indias, hablar tan pulido[,] corteſano y curioso, y con tantos preambulos[,] delicadeza, y eſtilo retorico, no enſeñado ni artificial, ſino natural, que parece ha ſido criado toda ſu vida en Corte, y en compañia muy hablada y diſcreta, al contrario veran al chapeton, como no ſe haya criado entre gente ciudadana, que no ay palo con corteza que mas bronco y torpe sea" (ff. 176v-177).

¹⁶ "Si el Peru es la tierra en que mas igualdad tienen los dias, mas tenplanza los tienpos, mas benignidad los ayres i las aguas, el ſuelo fertil, i el cielo amigable; luego criarà las coſas mas ermoſas, i las gentes mas benignas i afables, que Aſia i Europa" (Calancha f. 68).

¹⁷ Pecaría de corto si reprodujera aquí cualquier lista de este tópico transgenérico de la exaltación territorial. La tentación no es poca, pues sería

imposible no mencionar siquiera, además de los nombrados, *El Paraíso en el Nuevo Mundo*, de Antonio de León Pinelo, la *Historia de la Villa Imperial de Potosí*, de Bartolomé Arzáns de Orsúa y Vela, *La Eſtrella de Lima convertida en Sol ſobre ſus Tres Coronas*, de Francisco Echave y Assu, el *Suelo de Arequipa convertido en cielo*, de Ventura Travada y Córdoba, los *Júbilos de Lima*, de Pedro de Peralta, etc.

[18] Aunque no es fácil establecer una separación numérica tajante entre criollos y peninsulares por pertenecer ambos al mismo estatuto legal de "españoles", una mención sobre los porcentajes de los "blancos" frente a los otros grupos raciales y étnicos puede ayudar a tener una idea de las proporciones. En México, eran el 0,5% de la población total del país en 1570, y llegaban al 10% a mediados del siglo XVII (Alberro 155). En el Perú, por la misma fecha, Rosenblat (volumen 1, 59) calcula unos 70.000 dentro de una población total de 1.600.000; es decir, ni siquiera un 5%.

[19] Uso, obviamente, el concepto de "nación" en su sentido antiguo, y en esto no hay nada sorpresivo. Tanto Pagden como otros se han referido a una "nación criolla" forjada a partir del reconocimiento de un origen regional, una aspiración dinástica y una comunidad de lengua e intereses compartidos por los descendientes de españoles nacidos en Indias para diferenciarse de los demás grupos. Me refiero al tema más en extenso en mi artículo del presente volumen.

[20] Puede ser, por ello, demasiado difusa la distinción de McClintock (295) entre una "deep settler colonization" (casos nombrados de Algeria, Kenia, Zimbabwe y Vietnam) y una "break-away settler colonization" (EE.UU., Sudáfrica, Australia, Canadá, Nueva Zelandia). Mignolo ("La razón postcolonial" 54) propone que en el primer grupo ("colonias de profundo asentamiento") hay que diferenciar las anteriores y las posteriores a 1945. Entre las anteriores incluye, por ejemplo, al Perú, cosa que no hace McClintock.

[21] Véase también la crítica general de McClintock al término "postcolonial" en sí.

[22] Son obligadas las referencias a las compilaciones de Ian Adam y Helen Tiffin; Bill Ashcroft, Gareth Griffiths y Helen Tiffin; Peter Hulme; Patrick Williams y Laura Chrisman; así como las introducciones de Leela Ghandi y Bart Moore-Gilbert.

[23] Importantes son los debates suscitados en diversos contextos por el trabajo iniciado por Guha, Chatterjee y otros historiadores de la India. Ver sus entradas en la bibliografía, así como las compilaciones *A Subaltern Studies Reader, 1986-1995* (Guha, ed.), *Selected Subaltern Studies* (Guha y Spivak, eds.) y el célebre "Can the Subaltern Speak?" de Spivak. En el debate latinoamericanista (aunque no necesariamente latinoamericano), véase el "Founding Statement" del Latin American Subaltern Studies Group, la respuesta de Florencia Mallon y la contrarrespuesta de Rabasa y Sanjinés.

[24] "Las tendencias políticas y filosóficas al interior de las diversas órdenes religiosas que llegaron al Perú no siempre concordaban enteramente con las iniciativas de los gobernadores y mandos político-militares ni de los

funcionarios que cuidaban sobre todo el fortalecimiento del patronato real. Esto ocurría, en parte, porque durante la etapa de la conquista, la presencia de religiosos era parte de las instrucciones reales por establecer una política evangelizadora, manteniéndose un relativo equilibrio entre el poder temporal y el eclesiástico" (Mazzotti, "Indigenismos de ayer" 79). Lo confirma Tibesar: "La participación de los religiosos en muchos aspectos administrativos que no fueran estrictamente eclesiásticos es malentendida por ciertos historiadores modernos peruanos, que piensan que los religiosos se inmiscuyeron en asuntos que no eran de su incumbencia. No obstante, [...] esta actividad de los religiosos estuvo en muchos casos conforme con las instrucciones de la Corona, por lo menos al comienzo de la Conquista. Más tarde iba a rectificarse el equilibrio entre la autoridad civil y religiosa. Lo que sucedería especialmente bajo el Virrey Toledo, 1569-1581, aunque no sin algunos malentendidos" (76, n. 3). Ver también, para mayores detalles, el ya clásico estudio de Lewis Hanke.

[25] El propio Bhabha lo reconoce al proponer que sus trabajos parten de una retórica y contextos particulares, y que la experiencia concreta de la historia colonial es la base para una reflexión posterior en la que "private and public, past and present, the psyche and the social develop an interstitial intimacy" (*The Location* 13).

[26] Para el primer caso, es revelador el libro de Ahmad, *In Theory*, y "The Angel of Progress" de Anne McClintock; para el segundo, el ya mencionado Rojo, especialmente 12-17.

[27] Véase también Mignolo ("La razón postcolonial") para una reflexión sobre la importancia de la posicionalidad del crítico "postcolonial" en la validez de sus propias afirmaciones.

[28] Como mero indicio onomástico, obsérvese que la breve referencia en Bhabha al famoso intelectual cubano Roberto Fernández Retamar lo convierte en "Roberto Retamar" (*The Location* 173). Esto recuerda el gesto típico e involuntario de muchos angloparlantes de reducir sólo al apellido materno la genealogía de los patronímicos hispanos.

[29] Las reformas en el monopolio comercial y la división administrativa (creación de nuevos virreinatos, como los de Nueva Granada y del Río de la Plata) fueron percibidas por los criollos como una "segunda conquista" (Lynch, "Introducción". *The Spanish American Revolutions*) en la cual ellos resultaban los primeros dominados. El ya citado Konetzke, sin embargo, nos recuerda que a pesar de la legislación española en favor de la participación limitada de los criollos en el poder temporal y espiritual, el proyecto borbónico de unificar un solo "cuerpo de Nación" entre españoles europeos y americanos fracasó por haberse ya forjado en el Nuevo Mundo una identidad colectiva y un sentido de la diferencia ontológica que ningún decreto podía borrar.

Bibliografía

Adam, Ian, y Helen Tiffin, eds. *Past the Last Post: Theorizing Postcolonialism and Postmodernism*. Calgary: University of Calgary Press, 1990.
Adorno, Rolena. *Guaman Poma: Writing and Resistance in Colonial Peru*. Austin: University of Texas Press, 1986.
_____ "Nuevas perspectivas en los estudios coloniales literarios hispanoamericanos". *Revista de Crítica Literaria Latinoamericana* 28 (1988): 11-28.
Ahmad, Aijaz. "The Politics of Literary Postcoloniality". *Race and Class* 36, 3 (1995): 1-10.
_____ *In Theory. Classes, Nations, Literatures*. Londres: Verso, 1992.
Alberro, Solange. *Del gachupín al criollo. O de cómo los españoles de México dejaron de serlo*. México: El Colegio de México, 1992.
Ashcroft, Bill, Gareth Griffiths y Helen Tiffin, eds. *The Empire Strikes Back: Theory and Practice in Postcolonial Literatures*. Londres: Routledge, 1989.
Balbuena, Bernardo de. *Grandeza mexicana*. México: Por Melchior Ocharte, 1604. Ejemplar de Houghton Library, Harvard University.
Bhabha, Homi. "Of Mimicry and Man: The Ambivalence of Colonial Discourse". *October* 28 (1984): 125-133.
_____ "Signs Taken for Wonders: Questions of Ambivalence and Authority under a Tree Outside Delhi". *Critical Inquiry* 12, 1 (1985): 144-165.
_____ *The Location of Culture*. Londres: Routledge, 1994.
Brading, David. *Orbe indiano. De la monarquía católica a la república criolla, 1492-1867*. México: FCE, 1991.
British Library of Information, The. *What is British Imperialism?* Nueva York: The British Library of Information, 193[9].
Calancha, Antonio de la. *Chronica Moralizada del Orden de San Agustín en el Perú con sucesos exemplares vistos en esta Monarchia*. Barcelona: por Pedro de Lacavalleria, 1638. Ejemplar de la John Carter Brown Library.
Cárdenas, Juan de. *Problemas y secretos maravillosos de las Indias* [1591]. Edición facsimilar. Madrid: Ediciones Cultura Hispánica, 1945.
Covarrubias Horozco, Sebastián de. *Tesoro de la lengva castellana, o española*. Madrid: Por L. Sánchez, impressor del rey n.s., 1611.
Chang-Rodríguez, Raquel. *La apropiación del signo: tres cronistas indígenas del Perú*. Tempe: Center for Latin American Studies, Arizona State University, 1988.

_____ *El discurso disidente: ensayos de literatura colonial peruana.* Lima: Pontificia Universidad Católica del Perú, Fondo Editorial, 1991.

Chatterjee, Partha. *Nationalist Thought and the Colonial World: A Derivative Discourse?* Londres: Zed Books for the United Nations University, 1986.

_____ *The Nation and Its Fragments: Colonial and Postcolonial Histories.* Princeton: Princeton University Press, 1993.

_____ *A Possible India: Essays in Political Criticism.* Delhi y Nueva York: Oxford University Press, 1997.

Dubois, Claude-Gilbert. *Le maniérisme.* París: Presses Universitaires de France, 1979.

Duviols, Pierre. "Guamán Poma, historiador del Perú antiguo: una nueva pista". *Revista Andina* 1 (1983): 103-115.

Falla, Ricardo. *Lo peruano en la obra de Pedro de Peralta y Barnuevo. El caso de la Lima fundada.* Lima: UNMSM, 1999.

Fernández de Córdoba, Francisco. "Prólogo al lector" (fechado el 8-IX-1620). En Alonso Ramos Gavilán, *Historia de Nuestra Señora de Copacabana.* La Paz: Academia Boliviana de la Historia, [1621] 1976, 2a. ed. 7-9.

Fontanella de Weinberg, María Beatriz. *El español de América.* 2a ed. Madrid: Editorial MAPFRE, 1993.

Ghandi, Leela. *Postcolonial Theory. A Critical Introduction.* Nueva York: Columbia University Press, 1998.

Guha, Ranajit. *Elementary Aspects of Peasant Insurgency in Colonial India.* Delhi: Oxford, 1983.

_____ *An Indian Historiography of India: A Nineteenth-century Agenda and Its Implications.* Calcutta: Centre for Studies in Social Sciences, Calcutta, by K.P. Bagchi & Co., 1988.

Guha, Ranajit, ed. *A Subaltern Studies Reader, 1986-1995.* Minneapolis: University of Minnesota Press, 1997.

Guha, Ranajit, y Gayatri Chakravorty Spivak, eds. *Selected Subaltern Studies.* New York: Oxford University Press, 1988.

Hanke, Lewis. *The Spanish Struggle for Justice in the Conquest of America.* Filadelfia: University of Pennsylvania Press, 1949.

Hulme, Peter, ed. *Postcolonial Theory and Colonial Discourse.* Manchester: Manchester University Press, 1993.

Kinsbruner, Jay. *Independence in Spanish America. Civil Wars, Revolutions, and Underdevelopment.* Albuquerque: University of New Mexico Press, 1994.

Klarén, Peter Flindell. *Peru. Society and Nationhood in the Andes.* Oxford: Oxford University Press, 2000.
Klor de Alva, J. Jorge. "Colonialism and Postcolonialism as (Latin) American Mirages". *Colonial Latin American Review (CLAR)* I, 1-2 (1992): 3-23.
_____ "The Postcolonization of the (Latin) American Experiencie: A Reconsideration of 'Colonialism,' 'Postcolonialism,' and 'Mestizaje'". *After Colonialism. Imperial Histories and Postcolonial Displacements.* Gyan Prakash, ed. Princeton: University of Princeton Press, 1995. 241-75.
Konetzke, Richard. "La condición legal de los criollos y las causas de la Independencia". *Estudios americanos* 2, 5 (Sevilla, enero 1950): 31-54.
Kuznesof, Elizabeth Anne. "Ethnic and Gender Influences on 'Spanish' Creole Society in Colonial Spanish America". *Colonial Latin American Review* 4, 1 (1995): 153-176.
Lafaye, Jacques. *Quetzalcoatl and Guadalupe. The Formation of Mexican National Consciousness. 1531-1813.* Benjamin Keen, trad. Chicago: The University of Chicago Press, [1974] 1976.
Latasa Vassallo, Pilar. "¿Criollismo peruano versus administración española? Posición criollista del virrey Montesclaros (1607-1615)". En *Actas del Primer Congreso Internacional de Peruanistas en el Extranjero (1999).* Publicación electrónica: < http://www.fas.harvard.edu/~icop/pilarlatasa.html > Página visitada en abril del 2000.
Latin American Subaltern Studies Group. "Founding Statement". *Dispositio* 19, 46 (1994): 9-11.
Lavallé, Bernard. "Del 'espíritu colonial' a la reivindicación criolla o los albores del criollismo peruano". *Histórica* II, 1 (1978): 39-61.
_____ "La rebelión de las alcabalas (Quito, julio de 1592-abril de 1593). Ensayo de interpretación". *Revista de Indias* 44, 173 (1984): 141-201.
_____ *Quito et la crise de l'Alcabala (1580-1600).* París: Editions du Centre National de la Recherche Scientifique, 1992.
_____ *Las promesas ambiguas. Ensayos sobre el criollismo colonial en los Andes.* Lima: Fondo Editorial de la Pontificia Universidad Católica del Perú (FEPUCP), 1993.
Levene, Ricardo. *Las Indias no eran colonias.* Buenos Aires: Espasa-Calpe, 1951.
Levillier, Roberto. *Don Francisco de Toledo. Supremo organizador del Perú.* Buenos Aires: Publicaciones del Congreso Argentino, 1935. 3 vols.

Lienhard, Martin. *La voz y su huella. Literatura y conflicto étnico-social en América Latina, 1492-1989*. La Habana: Casa de las Américas, 1989.

_____ "La interrelación creativa del quechua y del español en la literatura peruana de lengua española". *500 años de mestizaje en los Andes*. Luis Millones y Hiroyasu Tomoeda, eds. Osaka: Museo Nacional de Etnología, 1992. 27-49.

Liss, Peggy K. *Orígenes de la nacionalidad mexicana, 1521-1556. La formación de una nueva sociedad*. Agustín Bárcena, trad. México: Fondo de Cultura Económica, [1975] 1986.

Lohmann Villena, Guillermo. *Los ministros de la Audiencia de Lima en el reinado de los Borbones (1700-1821)*. Sevilla: Consejo Superior de Investigaciones Científicas, 1974.

Lope-Blanch, Juan M. *El español de América*. Madrid: Ediciones Alcalá, 1968.

López-Baralt, Mercedes. *Ícono y conquista: Guaman Poma de Ayala*. Madrid: Hiperión, 1988.

López Martínez, Héctor. *Rebeliones de mestizos y otros temas quinientistas*. Lima: Imp. Gráfica Villanueva, 1971.

Lynch, John. *The Spanish American Revolutions, 1808-1826*. New York, Norton, 1973.

Lyotard, Jean-François. *The Postmodern Explained to Children. Correspondence 1982-1985*. Julian Pefanis y Morgan Thomas, trads. y eds. Sydney: Power Publications, 1992.

Mallon, Florencia. "The promise and Dilemma of Subaltern Studies: Perspectives from Latin American History". *The American Historical Review* 99, 5 (1994): 1491-1515.

Marshall, J. P., ed. *The Cambridge Illustrated History of the British Empire*. Cambridge: Cambridge University Press, 1996.

Martínez-San Miguel, Yolanda. *Saberes americanos. Subalternidad y epistemología en los escritos de Sor Juana*. Pittsburgh: IILI, 1999.

Mártir de Anglería, Pedro. *Décadas del Nuevo Mundo*. Traducción al español del *De Orbe Novo* [1530], por Joaquín Torres Asensio. Buenos Aires: Editorial Bajel, 1944.

_____ *Opera. Legatio Babylonica [1516], De Orbe Novo Decades Octo [1530], Opus Epistolarium*. Ed facsimilar. Introd. de Erich Woldan. Graz, Austria: Akademische Druck, 1966.

Mazzotti, José Antonio. "La heterogeneidad colonial peruana y la construcción del discurso criollo en el siglo XVII". En *Asedios a la heterogeneidad cultural. Libro de homenaje a Antonio Cornejo Polar*. José Antonio Mazzotti y U. Juan Zevallos Aguilar, coords. Filadelfia: Asociación Internacional de Peruanistas, 1996. 173-196.

_____ "Indigenismos de ayer: prototipos perdurables del discurso criollo". *Indigenismo hacia el fin de milenio. Homenaje a Antonio Cornejo Polar.* Mabel Moraña, ed. Pittsburgh: IILI-Biblioteca de América, 1998. 77-102.

_____ "Heterogeneidad cultural y estudios coloniales: la prefiguración y la práctica de una ruptura epistémica". *Antonio Cornejo Polar y los estudios latinoamericanos.* Friedhelm Schmidt, ed. Pittsburgh: IILI, en prensa.

McClintock, Anne. "The Angel of Progress: Pitfalls of the Term 'Postcolonialism'". *Colonial Discourse and Postcolonial Theory: A Reader.* Patrick Williams y Laura Chrisman, eds. Nueva York: Columbia University Press, 1994. 291-304.

Memmi, Albert. *The Colonizer and the Colonized.* [1957] Boston: Beacon Press, 1967.

Merrim, Stephanie. *Early Modern Women's Writing and Sor Juana Inés de la Cruz.* Nashville: Vanderbilt University Press, 1999.

_____ ed. *Feminist Perspective on Sor Juana Inés de la Cruz.* Detroit: Wayne State University, 1991.

Mignolo, Walter. "Afterword. From Colonial Discourse to Colonial Semiosis". *Dispositio* 36-38 (1989): 333-37.

_____ "La semiosis colonial: la dialéctica entre representaciones fracturadas y hermenéuticas pluritópicas". *Crítica y descolonización: el sujeto colonial en la cultura latinoamericana.* Beatriz González Stephan y Lúcia Helena Costigan, eds. Caracas: Universidad Central de Venezuela, 1992. 27-47.

_____ "Colonial and Postcolonial Discourse: Cultural Critique or Academic Colonialism?". *Latin American Research Review* 28 (1993): 120-131.

_____ *The Darker Side of Renaissance. Literacy, Territoriality, and Colonization.* Ann Arbor: University of Michigan Press, 1995.

_____ "La razón postcolonial: herencias coloniales y teorías postcoloniales". *Postmodernidad y postcolonialidad. Breves reflexiones sobre Latinoamérica.* Alfonso de Toro, ed. Madrid: Iberoamericana, 1997. 51-70.

Millones, Luis. *Perú colonial. De Pizarro a Túpac Amaru II.* Lima: COFIDE, 1995.

Moore-Gilbert, Bart. *Postcolonial Theory. Contexts, Practices, Politics.* Londres: Verso, 1997.

Moraña, Mabel. "Barroco y conciencia criolla en Hispanoamérica". *Revista de Crítica Literaria Latinoamericana* 28 (1988): 229-51.

_____ *Viaje al silencio. Exploraciones del discurso barroco.* México: UNAM, 1998.

Mowitt, John. "Foreword. The Resistance in Theory". *Discerning the Subject.* Paul Smith, ed. Minneapolis: University of Minnesota Press, 1998. ix-xxiii.

Nandy, Ashis. *The Intimate Enemy: Loss and Recovery of Self Under Colonialism.* Delhi: Oxford, 1983.

Osterhammel, Jürgen. *Colonialism. A Theoretical Overview.* Shelley L. Frisch, trad. Princeton: Markus Wiener, 1997.

Owen, Roger, y Bob Sutcliffe (eds.). *Studies in the Theory of Imperialism.* [1972] Londres: Longman, 1975.

Pagden, Anthony. "Identity formation in Spanish America". *Colonial Identity in the Atlantic World, 1500-1800.* Nicholas Canny y Anthony Pagden, eds. Princeton: Princeton University Press, 1987. 51-93.

Poot-Herrera, Sara. "Los criollos: nota sobre su identidad y su cultura". *Colonial Latin American Review* 4, 1 (1995): 177-184.

Rabasa, José y Javier Sanjinés. "Introduction: The Politics of Subaltern Studies". *Dispositio* 19, 46 (1994): v-xi.

Recopilacion de leyes de los reynos de las Indias. Mandadas imprimir, y publicar por la Magestad catolica del rey don Carlos II, nuestro señor. Va dividida en qvatro tomos, con el indice general, y al principio de cada tomo el indice especial de los titulos, que contiene... Madrid: I. de Paredes, 1681. 4 vols.

Rivarola, Luis. *La formación lingüística de Hispanoamérica.* Lima: Fondo Editorial de la Pontificia Universidad Católica del Perú, 1990.

Rojo, Grínor. "Crítica del canon, estudios culturales, estudios postcoloniales y estudios latinoamericanos: una convivencia difícil". *Kipus. Revista Andina de Letras* 6 (1997): 5-17.

Rosario, Rubén del. *El español de América.* Sharon, CT: Troutman Press, 1970.

Rosenblat, Ángel. *La población indígena y el mestizaje en América.* 2 vols. Buenos Aires: Nova, 1954,

Ross, Kathleen. *The Baroque Narrative of Carlos de Sigüenza y Góngora: A New World Paradise.* Cambridge: Cambridge University Press, 1993.

Salinas y Córdova, Fray Buenaventura de. *Memorial de las historias del Nuevo Mundo Piru.* Lima: Universidad Nacional Mayor de San Marcos, [1630] 1957.

Schwartz, Stuart. "Colonial Identities and *Sociedad de Castas*". *Colonial Latin American Review* 4, 1 (1995): 185-201.
Smith, Paul. *Discerning the Subject*. Minneapolis: University of Minnesota Press, 1988.
Smith, Simon C. *British Imperialism 1750-1970*. Cambridge: Cambridge University Presss, 1998.
Solórzano Pereira, Juan de. *Política indiana/sacada en lengua castellana de/los dos tomos de derecho, i govierno municipal/ de las Indias Occidentales que mas copiosamente escribio en la latina*. (Traducción y reescritura del *De Indiarum jure*, 1629). Madrid: Por Diego Díaz de la Carrera, 1648. Ejemplar de la John Carter Brown Library.
Spivak, Gayatri Chakravorty. "Can the Subaltern Speak?". *Colonial Discourse and Postcolonial Theory: A Reader.* Patrick Williams y Laura Chrisman, eds. Nueva York: Columbia University Press, 1994. 66-111.
Stoetzer, O. Carlos. *The Scholastic Roots of the Spanish American Revolution*. Nueva York: Fordham University Press, 1979.
Suárez de Figueroa, Cristóbal. *El passagero* [1617]. Madrid: Sociedad de Bibliófilos Españoles, 1914.
Tibesar, O. F. M., Antonino. *Comienzos de los franciscanos en el Perú*. [1953] Iquitos: Centro de Estudios Teológicos de la Amazonía, 1991.
Young, Robert J. C. *White Mythologies. Writing History and the West*. [1990] Londres: Routledge, 1996.
_____ *Colonial Desire. Hibridity in Theory, Culture and Race*. Londres: Routledge, 1995.
Vattimo, Gianni. *La fine della modernitá*. Milano: Garzanti, 1987.
Vega, Inca Garcilaso de la. *La Florida del Ynca. Hiſtoria del Adelantado Hernando de Soto, Gobernador y Capitan General del Reino de la Florida, y de Otros Heroicos Caballeros Eſpañoles e Yndios, escrita por el Ynca Garcilaſſo de la Vega, Capitan de Su Magestad, Natural de la Gran Ciudad del Cozco, Cabeça de los Reinos y Provinçias del Peru*. Lisboa: Imprenta de Pedro Crasbeeck, 1605. Ejemplar de la John Carter Brown Library, Providence.
Williams, Patrick y Laura Chrisman, eds. *Colonial Discourse and Postcolonial Theory: A Reader.* Nueva York: Columbia University Press, 1994.

El criollismo y los pactos fundamentales
del imperio americano de los Habsburgos

Bernard Lavallé
Université Sorbonne Nouvelle-Paris III

Primero, y durante mucho tiempo, el criollismo colonial ha sido estudiado a partir y en función de los roces, rencillas o enfrentamientos que nacieron, por una parte, de la voluntad sin falla y vigilante de los españoles peninsulares de contrarrestar las exigencias americanas cada vez más precisas y apremiantes; por otra, del activismo combativo de los propios criollos en defender lo que consideraban como sus derechos y su naciente identidad. No poca influencia tuvieron en esa imagen las "batallas de frailes", tan repetidas como muchas veces pintorescas, que surgieron a propósito de la cuestión de la alternativa. Basta con pensar en todo el partido que sacaron de ellas en el siglo pasado algunas de las más acertadas *Tradiciones peruanas* de Ricardo Palma.

Si, por supuesto, esas rivalidades constituyeron un capítulo importante de la historia del criollismo, si fueron su aspecto más visible y sin duda más impactante para uno y otro bando, no fueron ni mucho menos lo esencial. El criollismo fue globalmente el tenaz intento de los españoles de América —más tarde autodenominados españoles *americanos*— por encontrar su espacio identitario, pero también y sobre todo político, en el marco de una compleja monarquía "multirreinal" y pluricontinental.

Como siempre en tales casos, la dinámica silenciosa de los procesos desempeñó un papel a la larga decisivo. Los criollos no dudaron nunca en enfrentarse y pelear con los representantes del lejano poder colonial, eso es cierto. Sin embargo, también tenían cada día a la vista muchas oportunidades que les demostraban otra vía para su voluntad de encontrar una adecuación más favorable en y con el gran contexto de la monarquía hispana.

El pacto monárquico hispano y el problema de la justicia distributiva

Se suele vincular, no sin razón, el desarrollo de los procesos del criollismo en el antiguo imperio español de América con el siglo XVII y, en otro contexto, con expresiones en algunos aspectos diferentes surgidas en la centuria siguiente, sobre todo en su segunda mitad cuando, por una parte, la dinámica interna de la sociedad que se había ido acelerando siguió nuevos derroteros, mientras que, por otra, una serie de factores económicos y políticos venidos de fuera empezaron a cuestionar seriamente los equilibrios fundamentales pero ya obsoletos del viejo edificio colonial. Sin embargo, el llamado criollismo fue ya notable desde las primeras décadas de la presencia hispana en América. Algunos trabajos han estudiado cómo fue asomando, cómo en su nacimiento hubo una filiación directa y sin solución de continuidad con los planteamientos de los primeros españoles —conquistadores y después pobladores— instalados en el Imperio. También se han podido rastrear e identificar los puntos sobre los que empezó a haber reivindicaciones propias, roces, incomprensiones recíprocas, y al final discrepancias cada vez más agudas o abiertas con los poderes peninsulares y sus representantes aferrados a rancias directrices coloniales en las lejanas provincias indianas (Lavallé, "Del espíritu colonial a la reivindicación criolla").

En la perspectiva de lo que en adelante hemos de exponer, quisiéramos insistir primero sobre algunos aspectos que quizás no hayan recibido hasta la fecha la debida atención a pesar de la importancia —implícita en cuanto a los principios teóricos, pero bien real en lo concreto y práctico— que iban a tener en la evolución posterior del criollismo militante. Nos referimos a las largas, sabias y numerosas reflexiones del pensamiento político español del siglo XVI, y también a los debates que a veces éstas suscitaron, en cuanto a problemas tan fundamentales como la naturaleza y legitimidad de los poderes —en particular el que ejercía el soberano, sus eventuales límites frente a la(s) libertad(es) individual(es) y/o colectiva(s), los vínculos entre gobernantes y gobernados, las relaciones entre la sociedad y el individuo, lo divino y lo humano, etc.

Para la renovación y profundización del pensamiento español al respecto, incidieron y confluyeron por supuesto a lo largo de esa centuria diversos elementos. Se pueden citar así, en lo teórico, el desarrollo de las perpectivas jurídico-teológicas vinculadas con el auge y las renovaciones de la filosofía del Derecho Natural. En lo práctico, pensemos en la afirmación cada vez más notable y polifacética del poder real y estatal, primero con los Reyes Católicos, después —y sobre todo— con los dos primeros representantes de la nueva dinastía de los Habsburgos. Es de recordar, además, que los primeros años del reinado de ésta se vieron confrontados con los graves y fundamentales cuestionamientos del movimiento de las Comunidades de Castilla (1519-1521). Si bien para las ciudades castellanas terminó con la sonada derrota de Villalar y la consiguiente represión que era de esperar, no por eso dejó de tener en las mentes y la memoria de uno y otro bando una impronta duradera llena de rencores y sospechas mutuas.

En ese largo proceso, los interrogantes, o problemas, nacidos del nuevo contexto americano no podían sino desempeñar un papel muy importante. Bien conocidas son las implicancias teóricas de los planteamientos del Derecho Natural en pensadores de la época, siendo los más famosos Soto, Vitoria, Las Casas, y *a contrario* Sepúlveda. Bien se sabe también que las consecuencias de esos debates, tanto en España como en el Imperio, distaron mucho de quedar en el mero plano especulativo. Estuvieron íntimamente vinculadas con las cuestiones más candentes y concretas de la época.

En cuanto a Las Casas se refiere, su constante y polifacética defensa de los indios no terminó, ni mucho menos, con la redacción de sus grandes tratados «americanos» más conocidos como la *Historia de las Indias* o la *Apologética Historia* y con su incansable activismo en los ámbitos más próximos al poder para reorientar la política ultramarina en un sentido más conforme con lo que él consideraba justo para los indios. Hacia mediados de los años 50, habiendo llegado a la Península el procurador de los encomenderos del Perú Antonio de Ribera, la Corona mandó estudiar por el Consejo de Indias y una junta *ad hoc* el pedido que traía: otorgar la perpetuidad de las encomiendas, cuestión que estaba en el candelero desde las Leyes Nuevas de 1542, y que tanta importancia tuvo en el nacimiento del protocriollismo americano. Entonces, como contribución espontánea al debate y respuesta a sus adversarios que se habían aprovechado de la oportunidad para relanzar sus viejas polémicas, Las Casas redactó un nuevo tratado significativamente titulado *De regia potestate*. Tan sólo publicado cinco años después de su muerte, esta obra muestra claramente cómo, en el corazón de su pensamiento sobre la joven y controvertida realidad americana había una reflexión eminentemente teórica y política sobre el poder real, esto es, sobre la naturaleza misma del Estado y de la sociedad (Las Casas, *De regia potestate*).

Más tarde, a comienzos ya del siglo XVII, en su *Defensio fidei catholicae et apostolicae adversus anglicanae sectae errores* (Coimbra, 1613) el jesuita Francisco Suárez desarrolló nítida y largamente las concepciones y teorías expresadas, entre otros, por el Protector de los indios. Desde muchos puntos de vista ese libro vino a dar una forma definitiva a toda la corriente que se había ido plasmando a lo largo de la centuria anterior. Según analiza Francisco Suárez, el poder real no era en sí de origen divino. Los poderes ejercidos por los soberanos, y por lo tanto la obediencia que les debían todos los súbditos, procedían de un pacto de la sociedad humana (*in pacto societatis humanae*).

El jesuita explicaba de manera detenida cómo se fundaba a este propósito en San Agustín y Ulpiano, famoso jurisconsulto romano del siglo III D.C. cuyos textos habían servido durante siglos de base a numerosísimas glosas y comentarios. Siguiendo a éste, que hablaba ya expresamente de pacto al referirse a la *lex regia*, el Padre Suárez afirmaba que el pueblo, el famoso *común* al que tantas veces se alude en los textos españoles y americanos del siglo XVI, delegaba su *potestas* al rey. El objetivo de esa transferencia era que éste mirase por el bien de la sociedad. En particular, se hacía bajo la obligatoria estipulación de que el rey gobernase con justicia. Al aceptar el poder, el soberano aceptaba *ipso facto* las condiciones bajo las cuales le era concedida la corona (Fernández Santamaría, *La formación de la sociedad y el origen del estado*, 171-256).

En su tratado anteriormente citado, Las Casas ya había puntualizado cómo el poder de los gobernantes derivaba de la libre voluntad de la comunidad, que les era anterior. Al fin de cuentas el rey no era sino un medio político para conseguir la conservación de la sociedad, de su bienestar y de los bienes comunes que había heredado o creado. Prácticamente, el célebre dominico concluía incluso que el soberano venía a ser una especie de administrador supremo de los bienes públicos, del patrimonio nacional. Por consiguiente, éste no le pertenecía, lo cual limitaba de manera significativa la libertad de acción real en este campo y los súbditos no se reducían al papel de meros receptores de la voluntad del soberano al respecto (*De regia potestate* VIII, 1).

Ese resumen por supuesto breve y esquemático de casi un siglo de largos debates nos permite sin embargo entender mejor uno de los problemas fundamentales alrededor del cual giró y se plasmó ya desde el inicio la reivindicación de los primeros pobladores españoles de América y luego, en la larga duración, la de sus descendientes criollos generación tras generación.

En los nuevos reinos indianos que, jurídicamente, si bien no en la práctica, gozaban de igualdad de derechos con los de Europa en el marco de la monarquía española, los súbditos se vinculaban al soberano con un pacto del mismo tipo. Además, en Europa el transcurso de los siglos podía haber esfumado de la mente del *común*, sin borrarlo todavía como hemos visto, su papel de contrayente en el pacto fundacional. En América en cambio, los conquistadores, los pobladores y sus herederos tenían sin duda alguna una conciencia mucho más clara de esa realidad y de lo que les correspondía al respecto.

En efecto, no olvidaban nunca —y los criollos recordaron con vehemencia a cada rato cuando surgieron los problemas más candentes a lo largo del siglo XVII— que ellos habían ganado y organizado esas tierras para la Corona, que habían creado esos reinos con los esfuerzos y méritos propios o de sus antepasados, pues bien conocido era que en esas empresas descubridoras y conquistadoras, según la expresión del célebre cronista Gonzalo Fernández de Oviedo: "casi nunca Sus Majestades pon[ían] sus haciendas y dinero en estos nuevos descubrimientos, excepto papel y buenas palabras".

En el centro de la reivindicación americana estuvo la tan ansiada *prelación*. Ese derecho de prioridad, por no decir de exclusividad, que los primeros españoles de Indias, conquistadores y pobladores, juzgaban tener en cuanto se refería a empleos, gratificaciones y honores concedidos en los reinos ultramarinos en que vivían, se transformó más tarde para los criollos en el eje y respaldo teórico de todas sus demandas. Tales cargos o premios eran al fin y al cabo para ellos un elemento fundamental de esos *bienes comunes* del reino de los que hablaban los tratadistas políticos del siglo anterior. Eran pues parte esencial del pacto fundador de la sociedad, americana en este caso. Resituados en la perspectiva de los grandes debates arriba expuestos, los numerosísimos textos criollos que centraban su alegato sobre los repetidos atentados a la justicia distributiva que constituía el no respeto de la prelación por el soberano, cobran así un sentido, si no nuevo, por lo menos más político, más radical y de más transcendencia.

Los criollos argumentaban que no se debía nombrar en América en detrimento de los *hijos de la tierra* y *beneméritos* a peninsulares cuyo escaso conocimiento del medio, cuya codicia e intención de volver pronto a España ya ricos, cuyo poco o ningún apego al bien común local hacían que en el fondo se despreocuparan por lo que pudiera resultar de su gestión. Como la Corona no tomaba en cuenta esas realidades a la hora de elegir a sus representantes, en la perspectiva americana éstas eran razones evidentes para los criollos, hijos patrimoniales de los reinos indianos, de que la defensa de los *bienes comunes* que eran de ellos y no del soberano, había dejado de constituir, como hubiera debido ser, el verdadero norte de la administración real.

En otras palabras, detrás de las multiformes y tantas veces reiteradas reivindicaciones criollas del siglo XVII en prácticamente todos los ámbitos de la vida colectiva americana, había en última instancia un cuestionamiento mucho más profundo que el que se podría creer surgido de la mera insatisfacción o de una envidiosa frustración ante las ventajas evidentes otorgadas a los peninsulares: el rey infringía los términos del pacto fundador por el que los súbditos de Indias le reconocían como soberano.

Por supuesto, con el siglo XVII y la época barroca la imagen del rey evolucionó. Su figura se revistió de heroicidad, en alguna forma tendió a divinizarse como bien lo demostraba la función edificante de las numerosas fiestas reales tanto en la Península como en las capitales de los lejanos reinos ultramarinos. Paralelamente aumentó de manera evidente la sumisión exigida de los súbditos, pero no por eso éstos, olvidaron las bases del viejo compromiso dinástico.

El tácito consenso del *acato pero no cumplo*

Para entender cabalmente el contexto en que se desarrollaron las crisis suscitadas a propósito de las quejas y demandas criollas del siglo XVII, así como para evaluar su alcance verdadero, es preciso tomar en cuenta también otro tipo de pacto tácito entre los españoles de América y el rey.

En cuanto llegaron a América las llamadas *Leyes Nuevas* de 1542 edictadas bajo la influencia directa del Padre Bartolomé de Las Casas, la ira de los encomenderos y de todos aquellos que vivían gracias a su generosidad se focalizó contra el hecho de que, en adelante, los *repartimientos* de indios no serían más que vitalicios. Aunque oficialmente desde el inicio, esto es los primerísimos años del siglo XVI, la Corona nunca nada había especificado al respecto ni había hecho ninguna promesa, aquellos que los gozaban los habían considerado como definitivos —*perpetuos* para emplear el vocabulario de la época— aduciendo que se los debía considerar y tratar igual que los señoríos de España nacidos de la Reconquista y desde entonces perennes.

En Nueva España, los revuelos causados por las estipulaciones de las *Leyes Nuevas* no fueron más allá de quejas llenas de sentimiento redactadas por los cabildos, y de alguna que otra confabulación que las autoridades coloniales informadas a tiempo por los acostumbrados delatores pudieron fácilmente controlar. Al contrario, en los Andes donde la sociedad había sido desde los inicios mucho más crispada y reacia ante el asentamiento cada vez más notable de un poder real por eso mismo bastante receloso ante el comportamiento de las flamantes elites nacidas de la Conquista, las cosas pasaron rápidamente a mayores. Liderados por Gonzalo Pizarro, los encomenderos del Perú tomaron el camino de la rebelión y después, por un encadenamiento fatal, el de la guerra abierta contra el poder real. Éste no es el lugar para entrar en los detalles de las causas y desarrollo de un proceso político-bélico complejo cuya historia, además, es bastante conocida. En efecto, por razones evidentes llamó la atención de los grandes cronistas de la época y en este siglo de estudiosos seguidores de las vías abiertas hace más de treinta años por una serie de investigaciones pioneras y programáticas de Marcel Bataillon (Lohmann Villena, *Las ideas jurídico-políticas*).

Quisiéramos más bien insistir sobre el desenlace y las consecuencias a largo plazo de la crisis en la memoria de los colonos, por una parte, y de los círculos del poder tanto en España como en Lima, por otra. Finalmente, sobreponiéndose a los graves reveses que conocieron en las campañas iniciales y a las notables desventajas que jugaban en su contra, las armas del rey quedaron victoriosas en cuanto a los aspectos militares se refiere (Hampe Martínez Cap. 3). Sus representantes pudieron ganar las batallas decisivas, a veces más gracias a traiciones y promesas secretas hábilmente negociadas con ciertos enemigos que al valor táctico de los jefes o al arrojo de sus seguidores. Los principales cabecillas de la *rebelión* murieron en las batallas o fueron ajusticiados sin piedad cuando no habían sabido cambiar oportunamente de bando.

Así y todo, en lo político la Corona distó mucho de aprovecharse sin contemplaciones de la nueva situación así creada para imponer definitiva y totalmente lo dispuesto por las famosas *Leyes Nuevas* que habían sido el detonante de una crisis que tarde o temprano no podía sino estallar. No se le olvidaron ni mucho menos las angustias que la *rebelión* había suscitado en la Península, tan distante del escenario andino y por eso mismo tan poco preparada para imponerle su voluntad.

Durante la contienda, que se alargó prácticamente cuatro años, de 1544 a 1548, el poder político español había podido comprobar y medir las enormes dificultades de toda clase que obstaculizaban, y en no pocos casos hacían inoperante, la reacción estatal y sus esfuerzos. Piénsese en las limitaciones impuestas por la duración e incomodidades de los viajes transoceánicos tan interminables como inciertos, en la ausencia de muchas infraestructuras de poder y la ineficacia de otras entonces apenas incipientes, en la escasez de medios de la Corona, en la poca fiabilidad de muchos funcionarios para quienes el servicio del Estado distaba mucho de ser una norma imperativa tanto más que ya estaban negociando intereses personales con los encomenderos, etc.

A la inversa, las nuevas elites locales lo tenían casi todo a su favor. Conocían ya a fondo al país, habían tejido entre ellas redes de solidaridades o vínculos numerosos y fuertes, podían influir de forma rápida, decisiva y de muchas maneras sobre la dinámica social y económica cuya evolución no podía obviamente hacerse sin su participación. En fin, frente a las decisiones reales que vulneraban gravemente sus derechos, ya sustentaban planteamientos, construían discursos, sabían esgrimir alegatos. Éstos, además no carecían de argumentos sólidos y fundados en la nueva lógica colonial nacida de la Conquista que la nueva aristocracia surgida de ésta no había tardado en desarrollar para contrarrestar los ataques que le lanzaban desde España o desde el mismo Perú los partidarios más activos y eficaces del lascasismo militante.

Esto explica sin duda en gran parte por qué la Corona optó de hecho por transigir. En lo esencial, esto es sobre lo de la *perpetuidad* de las encomiendas, no cedió, y no tenía ninguna razón por qué hacerlo. Sin embargo, sí revisó el carácter vitalicio de las encomiendas. Decidió que en adelante éstas se darían *por dos vidas*, además sin precisar —ni saber sin duda todavía— lo que pasaría al terminarse éstas. Así se alargaban los plazos, se alejaba y en cierta manera se esfumaba el espectro de las perspectivas inminentes más angustiosas para los encomenderos y sus descendientes a partir de la segunda generación. Dejando los problemas en suspenso, se hacían menos acuciantes. Al mismo tiempo, esta política dilatoria permitía al rey hacer una concesión y no tener que retractarse quedando mal. Además la medida podía abrir paso a todas las esperanzas de los encomenderos americanos. Efectivamente, hasta bien entrada la centuria siguiente ellos no habían de cejar en su repetido empeño por conseguir la tan ansiada *perpetuidad*. Sobre su conveniencia, la Corona siguió recibiendo informes contrastantes, no sólo de los diferentes grupos de presión americanos sino también de las propias *juntas* que reunió en España para discutir el tema y hacerle propuestas.

Sobre este problema central y tan sensible para los conquistadores y los pobladores como después para las primeras generaciones criollas y el devenir posterior de sus demandas, tal desenlace parece a la vez significativo y premonitorio del signo bajo el cual habían de inscribirse en adelante las relaciones entre la Corona y sus súbditos españoles de América. Conocedores de los alcances y límites objetivos de su poder y de los de la parte adversa —es decir de las elites indianas— los órganos del poder central español optaron por una regla de conducta que podríamos calificar de mediana. Ésta parece haber sido, de hecho y por mucho tiempo, aunque sólo implícitamente, uno de los principios rectores en el gobierno de las lejanas provincias ultramarinas.

Después del vendaval de la *rebelión* pizarrista que sin duda sirvió al respecto más de revelador que de causa real, todo funcionó como si a la Corona le bastase con estar segura de que los americanos no ponían en tela de juicio los principios mismos de la autoridad real y del vínculo colonial para que les dejase una posibilidad de maniobra, incluso de transgresión, bastante amplia y profunda. Ese nuevo pacto implícito venía a ser así una adecuación fluctuante y espontánea entre una autoridad lejana, voluntariosa pero realista, y las aspiraciones de los súbditos americanos. Éstos, en la forma, acataban sin reparos las reales cédulas y las decisiones del Consejo de Indias. En cuanto al fondo, esto es a la hora de cumplir, modulaban bastante su actuación antes de todo en función de sus intereses, aunque teniendo bien presentes las reglas no escritas que regían, en la práctica si no en derecho, la política peninsular.

Tal fue la realidad a que llegaron nuestras conclusiones en anteriores trabajos, pero no son más que ejemplos entre muchos que se podrían citar. Consideremos la crisis quiteña de 1592-1593 suscitada por la imposición de la alcabala en un contexto regional por muchas razones bastante tenso. De manera que puede parecer sorprendente al analista de hoy y que también lo fue, y con pesar, para aquellos que en los momentos más álgidos y difíciles nunca habían flaqueado en defensa del rey, ya pasados los primeros días de la represión militar además muy selectiva de Arana, jefe de la expedición mandada allá por el virrey, fue sobre esa base como se saldaron, en lo político, las cuentas todavía pendientes (Lavallé, *Quito y la crisis de la alcabala*).

En el ámbito de la justicia privada, hemos visto funcionar lo mismo a comienzos del siglo XVIII, cuando el Consejo de Indias tuvo que juzgar, después de muchas y largas tergiversaciones, los evidentes y repetidos desmanes de los dos primeros marqueses de Valleumbroso, figuras más conspicuas y controvertidas del patriciado cuzqueño de la época. A pesar de lo mucho y grave que se les podía reprochar, y que era bien conocido de todos hasta en el Consejo de Indias, se terminó sentenciando que en fin de cuenta no había para tanto. Según había terminado informando el alcalde del crimen de Lima —encargado de ir a investigar el caso en el Cuzco— resultaba insustancial la acusación central lanzada contra ellos, esto es el "devaneo de la soberanía" que les habían imputado sus adversarios, sabiendo quizás que ésta era la única acusación capaz de despertar la susceptibilidad y la vigilancia del gobierno madrileño (Lavallé, *El mercader y el marqués*).

Muchos son los aspectos de la vida social americana en los que la Corona y sus lejanos súbditos llegaron así a una especie de acomodo que iba a instalarse en una larga duración de más de un siglo y medio. En efecto, mucho más tarde, esto es en la segunda mitad del XVIII, cuando la nueva dinastía borbónica decidió rescindir de manera unilateral ese viejo contrato —tácito pero bien conocido de todos— con un conjunto de reformas fiscales, administrativas y políticas, desató las crisis que sabemos, exacerbó las oposiciones y aceleró o revitalizó los viejos procesos cuestionadores surgidos en la centuria anterior y hasta, para algunos, en el ya remoto siglo XVI.

Teniendo en cuenta la perspectiva arriba indicada, toda una serie de realidades coloniales cobran un sentido nuevo o por lo menos se sitúan de otra forma en el complicado tejido de las relaciones entre España y su imperio. En primer lugar, los más impactantes y estudiados han sido los problemas de la corrupción multiforme de funcionarios encumbrados o humildes, eclesiásticos simoníacos, empresarios incumplidores, contrabandistas o evasores fiscales de toda laya (Pietschmann, "Corrupción en las Indias españolas"). Sin embargo, más allá, el tan difundido y arraigado fenómeno de la transgresión en prácticamente todos los campos y a todos los niveles de la vida social, complemento casi inevitable de las innumerables excepciones y dispensas oficiales de una sociedad de privilegios, es significativo del funcionamiento mismo del Estado en América, pero sin duda también en cierta medida en la misma metrópoli. Revela los fuertes correctivos que los grupos de poder locales, en busca de un espacio de poder propio y más a su conveniencia, podían imprimir, con la anuencia tácita de la Corona, a las directivas oficiales hasta, a veces, desvirtuarlas y hacerlas inoperantes o reducir notablemente su alcance, cuando les parecía lesivo para sus proyectos.

En tal contexto, las elites criollas no podían sino interrogarse en cuanto a su verdadero interés en ese sistema. Por muchos aspectos sentían con razón el peso molesto e injusto del aparato estatal que obraba sin duda alguna de manera prioritaria, y no pocas veces descarada o burda, a favor de los nacidos en la Península. En este sentido, a lo largo del siglo XVII los innumerables problemas de la alternativa de oficios en las órdenes religiosas, las trabas de la pesada legislación económico-fiscal y sus monopolios paralizantes y los atentados constantes contra el principio de la prelación en muchos campos de la vida social, fueron para ellas otros tantos reveladores dolorosos de lo que padecían sus intereses, resultándoles cada vez más difícil soportarlo.

No por eso, sin embargo, podían olvidar o ignorar las concesiones que en la práctica ellos conseguían imponer al Estado, los bemoles que ponían a sus intenciones. ¿Cómo podían desconocer las ventajas que ellos sacaban de un sistema en que eran una pieza fundamental e imprescindible frente a los vencidos de la Conquista y a todos los dominados? Al mismo tiempo, Madrid los frustraba menos de lo que ellos decían y más de lo que podían aceptar. Con el paso del tiempo, las garantías y protección que esos patriciados criollos sacaban de ese acomodo tácito se les harían cada vez más presentes, hasta llegar al momento en que, en la segunda mitad del siglo XVIII, las verdaderas víctimas de la sociedad colonial empezarían a rechazar, con la violencia si fuese necesario, que siguiesen así las cosas.

LOS CRIOLLOS FRENTE AL *PACTO COLONIAL*

En fin, el criollismo americano estaba involucrado en un tercer pacto con la Península. Con la aparición del llamado mercantilismo europeo del siglo XVII cuyo desarrollo corrió parejo con las exigencias y rivalidades de una nueva geopolítica de las entonces emergentes potencias imperiales europeas, Francia, Inglaterra y Holanda, dichos centros impusieron a sus lejanas periferias una serie de normas de tipo sobre todo económico, pero en el fondo de naturaleza también política.

La historiografía moderna designa esto genéricamente bajo el nombre de *pacto colonial*. Se trataba de compulsivos conjuntos reglamentarios que vinculaban exclusivamente las colonias con sus respectivas metrópolis. Sólo se las autorizaba a abastecerse con éstas. De allí el nombre de *l'exclusif* que tenía este sistema en la Francia de la época y de *mercados reservados* como lo designaban los ingleses. No podían desarrollar producciones que pudieran competir de una forma u otra con las de la "madre patria". Se tenían que dedicar a proveer materias primas que ésta necesitaba y sobre todo negociaba después con fuertes ganancias en los mercados europeos, en particular los del Norte. Les estaba absolutamente prohibido tener cualquier tipo de relaciones con otros países o con asentamientos extranjeros. En una palabra, las colonias se encontraban en todos los aspectos supeditadas a sus lejanas capitales, y el *pacto colonial*, tan famoso como mal nombrado, pues no suponía ningún tipo de negociación entre ambas partes, ni mucho menos, tenía por único objetivo organizar, mantener y, si fuera posible, reforzar esa dependencia para con los centros de decisión europeos.

En el caso español, la reglamentación de la *Carrera de Indias* que se había ido conformando tempranamente y después se había precisado por una serie de cédulas reales en el transcurso del siglo XVI, lo había en alguna forma prefigurado. Además, le había dado un carácter a la vez más pesado y con los monopolios comerciales de los puertos del bajo Guadalquivir (Sevilla, Sanlúcar de Barrameda, Cádiz) por una parte, de unos cuantos emporios americanos (Vera Cruz, La Habana, Cartagena, Panamá, Lima) por otra. Todo esto se completaba con el sistema de flotas que hacían en principio imposible, o en todo caso muy excepcional, los viajes de navíos sueltos, e implicaba una vigilancia policial y sobre todo fiscal constante, multiforme y siempre reparona.

Pasando el tiempo, la realidad distó cada vez más de acoplarse estrictamente a lo dictaminado por el Consejo de Indias y la sevillana Casa de Contratación. Los historiadores de la *Carrera* han demostrado cómo el fraude no tardó en insinuarse y luego campeó en toda ella. Estaba presente en los embarques y desembarques clandestinos de mercaderías y personas en la bahía de Cádiz por los *metedores*, en las evasiones fiscales a las que se prestaban los funcionarios tanto en España como en América y en las innumerables transgresiones de lo previsto por unas disposiciones legales apremiantes pero muchas veces poco realistas y siempre molestas. Por todas esas razones, el contrabando dentro del sistema mismo se convirtió rápidamente en el eje real y omnipresente de los intercambios. Los especialistas han discutido mucho para tratar de llegar a una estimación aproximada de lo que representaba realmente. Sin ese correctivo, en efecto, todas las largas series de cifras oficiales del comercio que tantos debates han suscitado desde hace medio siglo no tienen sino un valor muy relativo y sobre todo en muchos aspectos engañoso (Oliva Melgar, "Fraude consentido y fraude legalizado").

Si el sistema del *exclusivo* al hispánico modo fue decayendo a lo largo del siglo XVII, no fue sólo porque todo sistema de ese tipo engendra forzosamente ilegalidad y transgresión, como lo prueba sobradamente lo que estaba pasando por esas mismas fechas en las Antillas francesas, holandesas o inglesas. Se debió también a la larga y profunda decadencia de una metrópoli cada día más incapaz de imponer y hacer efectivas las normas que ella misma había edictado para su provecho. Bien conocido es que la crisis económica, política, social, demográfica, etc. que azotó a la España de los últimos Austrias sobre todo a partir de los años 40 más o menos, tuvo impactos múltiples y profundos en la América de entonces tanto más que los períodos de guerra con las demás potencias europeas ya instaladas en el Nuevo Mundo fueron cada vez más frecuentes conforme fue avanzando el siglo. Signo más evidente de ello, en la década de 1701-1710 la *Carrera de Indias* había perdido más del 90% del tonelaje con respecto al de los años de 1611-1620, esto es un siglo antes. En cuanto al número de barcos concernidos, el descenso era del mismo orden si se comparan los años 1715 y 1615 (García Baquero, 2a. parte, Cap. 9).

Sin embargo, los estudios más recientes sobre esos problemas han insistido en que estas variaciones no se debían interpretar, como durante mucho tiempo se había hecho, en función de una supuesta crisis americana paralela o similar a la que sufrían entonces los países del viejo continente (Romano, *Coyunturas opuestas*). En realidad, se trató fundamentalmente de una reducción trágica para España de la capacidad de acción del Estado cada año más imposibilitado, por múltiples razones, de seguir drenando como antes hacia Europa las riquezas indianas. A medida que la Península se iba hundiendo en el marasmo, las economías americanas se iban consolidando a pesar de los altibajos de los ciclos económicos y de las sorpresas de las coyunturas. Sus producciones se diversificaban. Las redes comerciales regionales e interregionales se fueron estructurando y se ensancharon. Las cantidades provenientes de las Cajas reales y destinadas a los gastos de defensa del continente, en particular en las zonas marginales menos pujantes, crecían constantemente gracias a los famosos *situados* reinyectados después en las economías locales. De una manera general, seguía creciendo la cuota de reinversión local tanto más que también aumentaba la autosuficiencia en muchos sectores hasta entonces total o principalmente dependientes del abastecimiento procedente de Europa (García Baquero, 326-337).

Mientras tanto, vulnerados en sus intereses y ambiciones por la legislación metropolitana, los patriciados criollos ya bien establecidos y que controlaban los poderes locales y comarcales, eran cada vez más conscientes de la situación, y sobre todo ya no vacilaban en decirlo, no pocas veces sin recelo cuando no con cierta agresividad. Sus textos hacen constantemente hincapié en tal idea. Ellos —es decir las riquezas americanas que a pesar de todo seguían llegando mal que bien a España— permitían a ésta no hundirse definitivamente. A pesar de un contexto muy desfavorable, ella mantenía así su rango en el concierto europeo y podía seguir presentándose todavía en última instancia como la defensora de la fe en un continente donde la asediaban por todos lados su secular enemigo, el Islam, la Reforma luterana en los países del norte y la vecina Francia empeñada en discutirle el liderazgo continental.

En muchas regiones de América, los monopolios imperiales salían mellados. En cuanto a lo territorial se refiere, en el Caribe los ataques franceses, ingleses y holandeses se transformaban en asentamientos definitivos, primero en las pequeñas islas entonces sin valor del arco antillano, después en las mayores de más esperanzadoras posibilidades y sobre todo peligrosamente más próximas a las rutas vitales de la *Carrera*. En lo comercial, la penetración inglesa y holandesa era asimismo una realidad innegable y en algunos casos ya apenas clandestina por no decir notoria. Hasta los navíos franceses, en particular oriundos de Bretaña, entraron en la danza con cierto éxito en las costas del Pacífico al iniciarse el siglo XVIII (Klooster; Malamud Rikles).

También en lo humano las cosas empeoraron notablemente. La emigración peninsular de personas particulares, tan importante a lo largo del siglo XVI, se fue agotando durante el XVII con el colapso demográfico de la Península. Los funcionarios procedentes de España escasearon, a la vez porque América no era ya para ellos tan atractiva como antes y sobre todo porque el Estado carecía ahora muchas veces de fondos, o sencillamente de barcos, para mandarlos allá. En efecto, bajo el reinado de Carlos II pasaron a veces varios años sin flota hacia América.

Esa tendencia se acentuó cuando, también a finales de la centuria, el agotamiento crónico del erario público aceleró el proceso de las ventas de cargos, incluso a no pocos candidatos (más de uno de cada tres) oriundos de las mismas regiones en que habían de ejercer sus funciones. Esto iba en contra de todas las reglas entonces vigentes y aceleró sin duda alguna la confusión de los intereses privados y públicos. Los cálculos demuestran así cómo para el Imperio en su conjunto, de 1687 a 1712, el 51% de los oidores fueron criollos y tan sólo un 42% peninsulares (Burkholder y Chandler). Recordemos por ejemplo a ese propósito cómo por esas mismas fechas hubo momentos en que en Lima prácticamente todos los miembros de la Real Audiencia eran americanos y los escasos peninsulares estaban obviamente identificados con los intereses de conocidas familias criollas.

En el campo eclesiástico pasó lo mismo. Los comisarios de misiones tenían entonces muchas dificultades para reclutar candidatos para América, aun cuando por razones presupuestarias esas posibilidades eran cada vez más excepcionales. Por este motivo entre otros, la Compañía de Jesús insistió larga y fuertemente para poder incluir en sus misiones hacia América, a partir del último tercio del siglo, un porcentaje de padres y hermanos no españoles que además fue creciendo con el tiempo. En fin, en muchas provincias regulares americanas los repetidos y exacerbados problemas de la alternativa entre frailes criollos y peninsulares que tantos revuelos habían causado a lo largo de la centuria se fueron apaciguando, o incluso desaparecieron. Dejaron de ser como en las décadas anteriores el foro predilecto del criollismo más militante y creativo. Fue sencillamente porque el grupo español llegó en muchos casos a ser numéricamente tan insignificante que ya no le era posible siquiera cubrir los oficios que la tan ansiada alternativa les reservaba cada uno de dos trienios en las elecciones capitulares. No hablemos de los casos en que la alternativa siguió funcionando sin problemas porque, en realidad, servía de encubrimiento a una regulación de las luchas de poder entre varios bandos criollos (Lavallé, *Recherches sur l'apparition*, 660-685).

El criollismo no desapareció. Ninguno de los planteamientos que había ido desarrollando a lo largo del siglo XVII se olvidó. Los enfrentamientos entre gachupines o chapetones y criollos tampoco se olvidaron. En el ámbito de las relaciones individuales no siguieron escaseando los roces y a veces las peleas. Sin embargo, a comienzos de la centuria siguiente, cuando sube al trono la nueva monarquía, se trataba más bien de una especie de hilo rojo de la conciencia colectiva que del campo abierto de los enfrentamientos más visibles. En esto también, los nuevos derroteros que seguiría más tarde la nueva dinastía borbónica se encargarían de reactivar, sobre bases en parte nuevas, los viejos problemas de los siglos anteriores.

oOo

Por muchas vías y por muchas razones, los criollos del siglo XVII pudieron, pues, resolver parte de sus problemas con la Península o inflexionar sus decisiones —no forzosamente en los textos legales pero sí en los matices de la práctica cotidiana— a partir de una negociación constante, sutil y sobre todo multiforme con los representantes del lejano Madrid al que los unían —y al que lo oponían— tantos vínculos contradictorios.

Esa negociación fue de hecho un resultado convergente. Provenía de las propias contradicciones y de los límites de la realidad del poder colonial que distaba mucho, y cada vez más conforme fue avanzando la centuria, de lo que se planeaba en los círculos inmediatos a la Corte y al Consejo de Indias. Por otra parte, nacía del estatuto ambiguo de los criollos. Sus quejas, prácticamente todas fundadas, sus frustraciones, justificadas las más veces, no deben hacer olvidar que, a pesar de todo, constituían una pieza clave e indispensable del sistema colonial. Sin ellos, sin su colaboración, nada era posible, lo cual los capacitaba de manera inmejorable para imponer, aunque solapadamente o de manera indirecta, un orden más conforme con sus intereses o por lo menos no tan lesivo para ellos.

BIBLIOGRAFÍA

Burkholder, Mark A. y D. S. Chandler. *De la impotencia a la autoridad: la Corona española y las Audiencias en América 1687-1808*. Roberto Gómez Ciriza, trad. México: Fondo de Cultura Económica, 1984.

Fernández-Santamaría, José Antonio. *La formación de la sociedad y el origen del Estado. Ensayos sobre el pensamiento político español del Siglo de Oro*. Madrid: Centro de Estudios Constitucionales, 1997.

García-Baquero González, Antonio. *La Carrera de Indias: suma de la contratación y océano de negocios*. Sevilla: Algaida, 1992.

Hampe Martínez, Teodoro. *Don Pedro de La Gasca (1493-1567)*. Palencia: Diputación Provincial de Palencia, 1990.

Klooster, Wim. "Los holandeses en el Caribe, 1648-1700". *L'espace caraïbe théâtre et enjeu des luttes impériales, XVI°-XIX° siècles*. Bordeaux: Maison des Pays Ibériques, 1996. 139-150.

Las Casas, Bartolomé de. *De regia potestate*. Luciano Pereña et al. Madrid: Consejo Superior de Investigaciones Científicas, 1984.

Lavallé, Bernard. "Del espíritu colonial a la reivindicación criolla, o los albores del criollismo peruano". *Histórica* II, 1 (Lima, 1978): 39-61.

_____ *Recherches sur l'apparition de la conscience créole dans la vice-royauté du Pérou. L'antagonisme hispano-créole dans les ordres religieux. XVI ième- XVII ième siècle*, thèse de doctorat d'Etat. Lille: Université de Lille III, 1982.

_____ *El mercader y el marqués, las luchas de poder en el Cusco (1700-1730)*. Lima: Banco Central de Reserva del Perú, Fondo Editorial, 1988.

———— *Quito y la crisis de la alcabala (1580-1600)*. Quito: Corporación Editora Nacional, 1997.

Lohmann Villena, Guillermo. *Las ideas jurídico-políticas en la rebelión de Gonzalo Pizarro*. Valladolid: Universidad de Valladolid, 1977.

Malamud Rikles, Carlos Daniel. *Cádiz y Saint Malo en el comercio colonial peruano (1698-1725)*. Cádiz, 1986.

Mariana, Juan de. *De rege et regis institutione*. Toledo, 1599.

Oliva Melgar, José María. "Fraude consentido y fraude legalizado: el fracaso de la fiscalidad ordinaria en la Carrera de Indias en el siglo XVII". *L'espace caraïbe théâtre et enjeu des luttes impériales, XVI°-XIX° siècles*. Bordeaux: Maison des Pays Ibériques, 1996. 151-181.

Pietschmann, Horst. "Corrupción en las Indias españolas: revisión de un debate en la historiografía sobre Hispanoamérica colonial". *Instituciones y corrupción en la Historia*. Valladolid, 1998.

Romano, Ruggiero. *Coyunturas opuestas, la crisis del siglo XVII en Europa e Hispanoamérica*. México: El Colegio de México, 1993.

Suárez, Francisco. *Defensio fidei catholicae adversus anglicanae sectae errores*. Coimbra, 1613.

La emergencia de la conciencia criolla: el caso novohispano

Solange Alberro
El Colegio de México

Es bien sabido que las causas que llevaron a los reinos americanos, que habían permanecido durante casi trescientos años en el seno del imperio español sin mayores tropiezos, a proclamar su independencia en las primeras décadas del siglo XIX, son ante todo políticas, al quedar estrechamente condicionadas por la coyuntura peninsular. En efecto, desde el advenimiento de los Borbones ilustrados y la imposición de reformas drásticas, numerosos síntomas habían advertido acerca de tensiones, descontentos y reinvindicaciones existentes en las sociedades coloniales americanas, capaces de originar eventualmente movimientos políticos que buscarían modificar la naturaleza del nuevo pacto colonial con la metrópoli. Conscientes de la necesidad de atender esta situación, la monarquía y algunos de sus servidores más lúcidos idearon planes en los que las posesiones americanas, sin dejar de pertenecer al gran conjunto imperial, se verían otorgar una autonomía relativa en ciertos campos.[1] En otras palabras, se trataba de adaptar a los tiempos nuevos el viejo imperio recién modernizado por las reformas ilustradas, haciendo compatibles algunas aspiraciones políticas locales de las elites con un régimen propiamente colonial, en un Commonwealth *avant la lettre*. Nada de esto prosperó: al invadir España en 1808, Napoleón canceló toda posibilidad de evolución natural para el imperio. En América, la derrota de la monarquía española y la entronización de un régimen espurio rompió brutalmente el lazo secular con la metrópoli y precipitó un proceso evolutivo que habría precisado todavía de varias décadas para alcanzar una armoniosa madurez. Por lo tanto, la causa inmediata y fundamental de las independencias hispanoamericanas fue, efectivamente, de carácter político.

Sin embargo, un factor tan significativo como la invasión napoleónica tuvo semejante impacto porque encontró la caja de resonancia particularmente sensible que constituían unas elites americanas agitadas por resentimientos y aspiraciones percibidas como legítimas, por las ideas efervescentes que caracterizan la Ilustración y sus frutos, la Revolución de Independencia norteamericana y la Revolución Francesa y sobre todo, por la conciencia ya consolidada de una identidad propia. Analizaré brevemente las circunstancias y las etapas de esta toma de conciencia, sin la cual los acontecimientos peninsulares de 1808-1813 no habrían probablemente sido lo decisivos que resultaron ser. Dicho sea de otro modo, postulo aquí que la conciencia de una identidad, llamada primero "criolla" y más adelante "americana", fue la condición necesaria para que surgieran los movimientos de emancipación que desembocaron en la proclamación de las independencias hispanoamericanas. El ejemplo novohispano, sin duda uno de los mejor conocidos, es el campo de análisis a partir del cual intentaré esbozar un modelo susceptible tal vez de adaptarse en cierta medida a otras regiones hispanoamericanas.

LA ACULTURACIÓN INELUDIBLE, O LAS TRAMPAS DE "LA TIERRA"

Podemos distinguir dos vertientes importantes en el proceso evolutivo que desemboca en una toma de conciencia de una identidad propiamente americana. La primera corresponde sin duda a lo que podemos considerar la adaptación de los conquistadores primero y luego de los colonizadores al medio local, que tuvo un carácter casi siempre involuntario, inconsciente e inevitable (Alberro, *Del gachupín al criollo*). Para percibir su importancia —regularmente soslayada por quienes persisten en ver la empresa colonizadora hispánica de manera esquemática en la que *sólo* la población indígena fue sometida a un brutal proceso aculturativo mientras los españoles supuestamente se habrían mantenido incólumes en su agresiva e inmarcesible hispanidad—, sólo basta recordar que los peninsulares siempre fueron minoría en América. Constantemente superados por la población indígena, incluso en lo más negro de la catástrofe demográfica que la diezmó, rebasados pronto por la exuberancia vital de las llamadas "castas", los peninsulares que estaban muy presentes en las capitales y las ciudades grandes y pequeñas, escaseaban en la mayor parte del territorio americano. Además, su presencia solía ofrecer modalidades que favorecían a menudo los contactos, préstamos y finalmente, las asimilaciones con las culturas (en el sentido antropológico) que los rodeaban y no pocas veces, acababan por absorberlos.[2] Pensemos por ejemplo en tantos encomenderos y luego hacendados, en los mineros, labriegos, pequeños funcionarios, los clérigos, desparramados en sierras de difícil acceso, en costas y desiertos inhóspitos, en llanuras entrecortadas por barrancos, en regiones selváticas aisladas por ríos caudalosos y pantanos insalvables... ¿cómo mantener, lejos del trato regular con otros paisanos y faltos de los medios que lo hagan posible, el estilo de vida propiamente hispánico? ¿Dónde y cómo encontrar la esposa española, el vino y el trigo del pan de cada día, el traje nuevo que sustituyese al que se hizo jirones, la vida aldeana en torno a la iglesia, la plaza y su cabildo? A menudo, la manceba fue indígena, mestiza, negra o mulata y ella crió a los hijos en su propia cultura, o al menos, lo que de ella quedaba o la que se iba creando. Más aún, si la concubina era hija de algún principal indígena —caso frecuente—, el español se vio sometido a presiones familiares ineludibles, puesto que su situación y desempeño dependieron entonces en gran parte del respaldo otorgado por la parentela de la mujer, eslabón imprescindible entre el español y la comunidad autóctona. Así, el mismo amo acababa por vestir, calzar, comer, beber, dormir, bailar y finalmente, sentir, pensar, soñar como los que lo rodeaban. Sin quererlo y sin sospecharlo siquiera, el español perdido en la geografía y la humanidad americana dejó de ser el que arribó algún día a tierras americanas. En cierta medida, se iba pareciendo un poco al indígena, que ya no era el de antes, ni tampoco el que se suponía era ahora.

Si el aislamiento constituyó el factor principal de aculturación para los españoles residentes en ranchos, haciendas, reales de minas desperdigados en regiones indígenas apartadas, la ciudad y particularmente la capital del virreinato, precisamente por la multiplicidad de contactos que favorecía, no resultó menos peligrosa en cuanto se refiere a la conservación de la identidad hispánica de sus moradores; porque, pese al trato constante con sus compatriotas en un marco sólidamente estructurado por un urbanismo occidental mediterráneo donde las instancias de gobierno civil y eclesiástico, las instituciones, los gremios, las relaciones sociales y el modus vivendi en general correspondían efectivamente a una *Nueva* España, los españoles siguieron siendo una minoría entre los indígenas, los africanos esclavos o libres y las diversas mezclas cada día más numerosas.

Bien es cierto que su estatus de dominante les confirió una superioridad con relación a los demás grupos y los modelos socioculturales europeos, impuestos por el régimen colonial al conjunto de la población, fueron o bien los únicos aceptados o al menos, los más prestigiados. Así las cosas, la presencia abrumadora de la población no europea en las ciudades y su influencia en la minoría española se dejaron sentir de manera mucho más sutil que en la hacienda de cacao y el ingenio azucarero de tierra caliente, el real de minas norteño, la hacienda agrícola o ganadera.

En efecto, cabe imaginarse la situación de una familia blanca acomodada establecida en una mansión del centro de la capital, de la que se supone estaría mucho más protegida de influencias aculturativas que las anteriores. Aunque la esposa legítima del amo fuese con toda probabilidad española, el hogar —como el del ranchero, minero, hacendado o funcionario—, albergaba a una numerosa servidumbre vinculada con un sinfín de parientes que desempeñaban funciones muy diversas y establecían con los amos relaciones complejas de subordinación y solidaridad mutua. Quien viera a los señores de casa vestir sedas y rasos, beber vino en la mesa —aunque estuviese "mareado" por la larga travesía—, ir en carroza, cumplir celosamente con sus obligaciones de buenos católicos y emular en todo a la "gente principal", no habría sospechado tal vez que los vástagos de tan noble pareja eran amamantados por una esclava negra de Angola, atendidos en sus primeros años por una *pilmama* indígena, consentidos más tarde por la cocinera mulata, los sirvientes mestizos e indígenas, gente toda que les inculcaban de manera tan natural como inevitable nociones, representaciones, reflejos, actitudes y sensibilidades indelebles que se volverían ya parte indisociable de su personalidad;[3] que el mismo amo tenía tal vez bajo el ancho techo de su morada a varios hijos ilegítimos habidos con sirvientas y esclavas, compañeros de juego de los legítimos e intermediarios afectivos y culturales entre sectores e individuos teóricamente separados; que si bien el vino y el pan de trigo eran imprescindibles en la mesa cuando se recibía un huésped, el pulque y la tortilla de maíz eran el ordinario familiar; que la señora no desdeñaba tomar el baño de temascal aconsejado por las sirvientes, despúes de alumbrar a un nuevo hijo, ateniéndose a sus reconocidos efectos terapeúticos, etc. Incluso la calle, la plaza, la iglesia y las numerosas festividades creaban un marco y un ambiente saturado de sonidos, colores, olores, formas que, sin dejar de tener un sello hispánico, eran también distintos de los que prevalecían en las ciudades peninsulares. Este entorno familiar, doméstico, urbano y convivial —puesto que en los siglos que nos interesan, los prejuicios de ninguna manera implicaban la segregación y menos aún la exclusión—, dio origen a generaciones de españoles nacidos en Indias, es decir distintos de los que se habían quedado en la madre patria (Alberro, *Del gachupín al criollo*).

Tratemos de precisar en qué diferían de los peninsulares. Si damos crédito a los testimonios de los viajeros, funcionarios comisionados por un tiempo en la Nueva España y eclesiásticos metropolitanos, generalmente muy críticos, los españoles criollos, por su crianza y educación compartían muchos de los "vicios" de los indígenas, como son la indolencia, la incuria, el amor desmedido a los placeres de la carne, aunque no algunas de sus cualidades, como la humildad, y la frugalidad. Al mismo tiempo, se reconocía su fina cortesía, buen natural, generosidad, condición pacífica y celo católico y las brillantes prendas que los adornaban en su niñez y juventud, rápidamente arruinadas por la falta de empeño y ejercicio. Los mismos criollos se consideraban como más refinados y caballerosos que sus compatriotas peninsulares, quienes les parecían generalmente zafios y déspotas.

Entre las críticas y recriminaciones mutuas que unos y otros se fueron haciendo con creciente vigor —y rencor— especialmente a partir de la segunda mitad del siglo XVIII, podemos distinguir sin dificultad dos factores fundamentales. El primero ha sido bien estudiado y remite a los sentimientos de frustración de los conquistadores envejecidos y empobrecidos, de sus descendientes despojados de los privilegios otorgados a sus ancestros y condenados a ocupar situaciones de segundo o tercer plano, cuando no de miseria. Estos sectores, minoritarios pero importantes socialmente hablando a finales del siglo XVI, crearon un estado de ánimo duradero que pronto sería compartido por las elites criollas educadas y competentes, que se veían, salvo excepción, relegadas a destinos de segundo nivel tanto en el ámbito civil como eclesiástico, al quedar los de mayor relieve reservados a los españoles peninsulares.[4] Si bien la ausencia de oportunidades reales bien puede explicar la poca aplicación e inercia de los criollos en cuanto se refiere al desempeño público, pues sabían que sus esfuerzos por competir con los metropolitanos resultarían al fin de cuentas inútiles, no es menos cierto que sus legítimos resentimientos los llevaron a querer reinvindicar las diferencias que existían con sus rivales. Por lo tanto, estas diferencias, percibidas por unos como defectos cuando no como "vicios" y como cualidades por otros, reflejan, con toda la subjetividad que las embarga, la situación sociopolítica objetiva que prevalecía entre los criollos.

El segundo factor resulta ser más objetivo aún, aunque ha sido mucho menos estudiado por ser más difícil de rastrear y aceptar: se trata precisamente del proceso de adaptación y aculturación anteriormente señalado, inconscientemente experimentado por todos los españoles nacidos o establecidos en la Nueva España, y obviamente en las Indias en general y las islas Filipinas; porque, cabe repetirlo, es un hecho tan evidente como natural que los conquistadores y los colonizadores ya no eran, al cabo de unas décadas de permanencia fuera de la madre patria, semejantes a los que se habían quedado en ella o que de ella llegaban a los reinos de ultramar por un plazo determinado. Ahora bien, una cosa es haberse vuelto efectivamente diferente sin saberlo, otra es saberlo, otra es admitirlo, y otra más es reinvindicarlo. Hasta ahora, hemos considerado casos de aculturación espontánea dictada por el medio y las circunstancias y es de presumir que quienes estaban directamente afectados por estos múltiples procesos procuraban las más de las veces negarlo, o al menos, ocultarlo, cuando podían. Ésta fue a grandes rasgos la situación que imperó, con grados y modalidades variables, entre la mayoría de los españoles establecidos en Nueva España durante los tres siglos coloniales, repitiéndose el esquema adaptativo y aculturativo entre todas las generaciones de emigrantes. Pero para que la situación real adquiriese un carácter consciente, se precisaba que interviniese un sector particular de la sociedad colonial: las elites, y más concretamente, los letrados —que actualmente llamaríamos "los intelectuales"—, o sea, para los tiempos aquellos, los eclesiásticos. Esta intervención, ciertamente decisiva, constituye la segunda vertiente del proceso que estamos analizando.

El papel de los eclesiásticos y la emergencia de la identidad criolla

La Historia abunda en ejemplos en los que el conquistador que empieza por arrasar con la tierra y sus habitantes acaba por asimilarse a ella, al percibirla finalmente como cosa y obra suya y establecer con ella relaciones de dominación, pero también de protección y amor. Si bien una historia tristemente reductiva y simplista lo soslaya regularmente, cabe recordar que los indígenas que poblaban el gigantesco Marquesado del Valle lloraron amargamente la muerte de su señor Hernán Cortés, el cual por su parte se sentía suficientemente identificado con la tierra y los hombres por él conquistados como para pedir en su testamento que en caso de que falleciese en España, sus restos fuesen devueltos a la Nueva España y sepultados en el convento capitalino de religiosas concepcionistas, cuyo fundador era. Es probable que la mayoría de los conquistadores que permanecieron en el virreinato compartieron sentimientos similares y vemos que el segundo Marqués del Valle, el criollo Martín Cortés, no dudó en manifestar aspiraciones no sólo patrióticas sino incluso abiertamente independentistas, lo cual corresponde a la conciencia de una identidad novohispana todavía en ciernes, aunque precozmente preñada de implicaciones políticas.

Aparte de este pequeño aunque significativo sector directamente relacionado con los conquistadores y luego los encomenderos, el que desempeñó el papel fundamental en el alumbramiento de la conciencia de una identidad criolla es el eclesiástico: en primer lugar o sea durante todo el siglo XVI, los regulares y hacia las primeras décadas del siglo XVII, los seculares, quienes unieron sus intentos a los de aquéllos, en una dinámica de rivalidad cuyo resultado principal fue el de acelerar el proceso en cuestión. Por tanto, los primeros actores fueron españoles peninsulares, identificados con la gran empresa evangelizadora que el historiador francés Robert Ricard llamó la conquista espiritual, pronto seguidos por los españoles nacidos en la Nueva España.

Antes de señalar las principales etapas de este recorrido subterráneo que parte de un sentimiento difuso de alteridad con relación al mundo metropolitano, para desembocar en una clara y orgullosa conciencia de identidad, es preciso recordar que en los siglos que nos ocupan y particularmente en el ámbito ibérico, los eclesiásticos desempeñaban a grandes rasgos las mismas funciones que los intelectuales en la mayoría de los países occidentales actuales. Sus actividades abarcaban no sólo la amplia esfera de la asistencia pública, —que les será en gran parte arrebatada por los estados nacionales decimonónicos— sino también la de la educación de todos los sectores de la población, desde las primeras letras enseñadas por los curas y frailes a los niños indígenas hasta los diversos doctorados otorgados por la Universidad de México fundada en 1551 y los Colegios jesuitas abiertos en las principales ciudades del virreinato.

Pero aquí de nuevo, es preciso detenernos un poco sobre lo que significaba la "enseñanza" en los siglos que nos ocupan. En efecto, de la misma manera que lo que actualmente llamamos "lo político" y "lo religioso" eran, en el imperio español como en los demás países europeos, una sola y misma cosa al ser el soberano el ungido de Dios en la tierra —por lo que carece totalmente de sentido pretender "descubrir" y denunciar las connivencias existentes entre el trono y el altar—, la enseñanza exclusivamente impartida por seglares unía estrechamente las disciplinas y los conocimientos objetivos o heredados de la tradición con los propósitos religiosos, como lo muestran claramente las célebres *affaires* de Galileo, en el mundo católico, y la de Miguel Servet, en el calvinista. Así, en la Nueva España los eclesiásticos, regulares y seculares, no sólo enseñaban desde los párvulos hasta los doctorandos, sino también oficiaban en las innumerables iglesias y capillas, predicaban desde sus púlpitos, reprendían, aconsejaban y ordenaban desde el confesionario, dirigían las conciencias, discurrían, sugerían y decidían en los cabildos y tribunales eclesiásticos y en no pocas tertulias sociales, amistosas o familiares. Esto significa que en contacto con todos los sectores de la población y en el centro mismo de la dinámica que consideraríamos hoy en día como ideológica, los seglares fueron los primeros en enfrentarse con las dificultades adaptativas a un medio radicalmente nuevo, a buscar y encontrar los medios de sortearlas, a percibir las necesidades y aspiraciones aún latentes o emergentes de ciertos sectores de la sociedad colonial y a encauzarlas en soluciones que se adecuasen tanto a los intereses de estos sectores como a los de las instancias eclesiásticas a las que ellos pertenecían.

Entre las prácticas a las que recurrieron, podemos distinguir, sin duda de manera un tanto arbitraria, en la medida en que éstas fueron dictadas por las circunstancias y no tuvieron casi nunca un carácter realmente deliberado, sistemático ni secuencial, actitudes que van desde los intentos por reintegrar los pueblos americanos en la historia de la humanidad al vincularlos con los de la Antigüedad, la valoración del pasado indígena y la exaltación de la nueva Jerusalén erigida en la Nueva España, cuyas características y bondades empezaron a ser reconocidas, hasta la recuperación y reelaboración de algunos rasgos culturales y símbolos indígenas dentro de nuevos complejos identitarios.

El mismo Hernán Cortés había sido el primero en encomiar la realidad que iba descubriendo conforme se apoderaba de ella, con fines evidentemente políticos, puesto que se trataba de obtener el respaldo del Emperador en la empresa de conquista y colonización de lo que sería la Nueva España. Para ello, fue preciso describir y encarecer las riquezas de la tierra y la "policía" en la que vivían sus habitantes, por lo que recurrió a menudo a comparaciones con las ciudades, fábricas y costumbres más prestigiosas del Viejo Mundo, susceptibles de dar alguna cuenta de la realidad americana. Bernal Díaz del Castillo y la mayoría de los cronistas de la conquista no procedieron de otro modo, abriendo sin saberlo la vía prometedora y por ahora halagüeña de las analogías y luego rivalidades entre lo americano y lo europeo. Los cronistas de las órdenes religiosas no se conformaron con esto. Ansiosos por desterrar de raíz la idolatría y entendiendo que sólo conociendo sus múltiples facetas y manifestaciones podrían lograrlo, un Bernardino de Sahagún, un Toribio de Benavente-Motolinía o un Diego Durán emprendieron el estudio y el análisis de las prácticas idolátricas antiguamente observadas.

Pero resultaba imposible penetrar dentro de un sistema de creencias, valores, representaciones y ritos distinto del propio, hasta el punto de entender la lógica que lo regía, sin llegar a valorarlo e incluso admirarlo en algunas de sus manifestaciones. Así es como, al lado de severos juicios condenatorios del politeísmo, el sacrificio humano, el canibalismo ritual, la poligamia o la sodomía, encontramos también en los escritos de Sahagún, Motolinía, Las Casas, Durán y Torquemada, no pocos testimonios de la admiración que les inspiraron la "policía", el "orden y concierto" en los que vivían antiguamente los naturales, su moralidad, templanza y respeto por sus mayores y sus señores, que no dejaban de oponer a los vicios de los españoles. Más aún, llevados a la vez por su celo inquisitivo respecto del pasado idolátrico, su inevitable curiosidad intelectual y su deseo de encarecer la propia labor evangelizadora, algunos cronistas como Sahagún primero y luego Torquemada llegaron de manera natural a establecer una continuidad entre las antiguas dinastías autóctonas y los nuevos gobernantes españoles, como lo hacían por su lado ciertos Anales indígenas que, después de rastrear los orígenes de las principales casas autóctonas desde sus orígenes semimíticos, se conformaban con señalar la fecha de 1521 con esta escueta y reveladora notación: llegó el Marqués.[5] El establecer tal continuidad entre la situación anterior y posterior a la llegada de los españoles significa algo fundamental para nuestro propósito: la Conquista militar iba perdiendo relevancia ante la Conquista espiritual llevada a cabo por los religiosos mendicantes, y sobre todo, se promovía la visión de una sociedad cuyos orígenes no se remontaban a la irrupción europea en la tierra americana sino al establecimiento de los mexica en el valle de Anáhuac, e incluso el de sus antecesores.

Paralelamente a este proceso notable, nuestros frailes —franciscanos, dominicos, agustinos y luego jesuitas, siendo los primeros y los últimos los más activos y eficaces en ello— desarrollaron un discurso apologético a propósito de sus éxitos misioneros. Dos temas, regularmente tratados, llaman la atención. En primer lugar, los sentimientos, experimentados y manifestados por los religiosos, teñidos de orgulloso paternalismo no exento de autoritarismo hacia los indios, percibidos por ellos como lo eran los hijos por la mentalidad patriarcal. O sea, los naturales son sus hijos, amados, protegidos, pero también estrechamente sojuzgados. Así, las órdenes mendicantes consideraban que todo lo relacionado con lo indígena les competía y pertenecía, hasta que el proceso secularizador les fue arrebatando poco a poco a sus ovejas a partir de mediados del siglo XVI. Por consiguiente, los religiosos no sólo estudiaron con ahínco el pasado indígena para poder discernir mejor las trampas tendidas por la idolatría proteica: en estrecho contacto con los neófitas indígenas cuyas lenguas entendían y no pocas veces hablaban, obligados a negociar implícitamente con ellos, con sus creencias y prácticas, las soluciones empíricas que les permitieran sembrar entre ellos la semilla del Evangelio, los regulares acabaron por familiarizarse lo suficiente con las culturas indígenas como para recurrir a lo que en ellas podía favorecer en primer lugar sus propósitos misioneros y luego, los particulares de sus propias órdenes.

Al lado de la historia prehispánica y de la descripción de lo que llamamos hoy en día la "cultura" autóctona antigua, el segundo punto desarrollado en las crónicas religiosas de los siglos XVI y sobre todo XVII, es la apología de los santos varones y mujeres que, bajo el hábito del fundador de cada una de las principales órdenes activas en la Nueva España, dejaron el testimonio de una vida cuya santidad ratificada por la devoción popular, merecía, según los cronistas, recibir la consagración vaticana. Estos frailes y monjas, criollos nacidos en el virreinato o al menos criados en él, son presentados como el producto y el reflejo de la sociedad profundamente religiosa que había favorecido su florecimiento. Tomando en cuenta los valores de la época, el terreno religioso resultó ser el campo privilegiado donde los americanos podían rivalizar con los peninsulares en cuanto se refería a devoción y perfección y por lo tanto, los intentos de los cronistas religiosos por enaltecer a los hombres y mujeres de su orden corresponden a una exaltación de lo propiamente novohispano o peruano, en el caso del otro gran virreinato. Así, la beatificación y la canonización de un americano, por ejemplo la de Felipe de Jesús en Nueva España (beatificado en 1627) o la de Isabel Flores, mejor conocida como Rosa de Santa María de Lima, (beatificada en 1668 y canonizada en 1671) dieron lugar a verdaderas explosiones de fervor religioso y patriótico por parte de sus compatriotas. El hecho de que los promotores de estas consagraciones hubiesen sido en el primer caso los franciscanos y en el segundo los dominicos revela el trasfondo "político" —rivalidad entre las órdenes religiosas y aspiraciones patrióticas de las elites— de tales operaciones.

Pero antes de promover a los candidatos americanos a la santidad, estos mismos regulares habían, al menos en la Nueva España, empezado a recuperar ciertos elementos de la cultura indígena y a integrarlos dentro de la práctica religiosa. Hemos señalado anteriormente las aventuras intelectuales de los Sahagún, Motolinía, Durán, Torquemada, entre otros, quienes llevados por la voluntad y la necesidad de descubrir los eventuales resabios de la idolatría, acabaron valorando varios aspectos de las culturas autóctonas y estableciendo una continuidad histórica entre ellas y el orden colonial, lo que equivalía a atribuir el doble origen indígena y europeo a la sociedad mestiza emergente y a reducir el significado de la conquista militar.

Paralelamente a estos "intelectuales" que formalizaron los resultados de sus pesquisas y expresaron sus ideas respecto de ellos, muchos otros frailes, empezando por el mismo Pedro de Gante, se vieron obligados, ante la urgencia de tender puentes de comunicación con las masas indígenas, a aceptar y/o tolerar lo que no podemos dejar de llamar concesiones. Así por ejemplo los "mitotes", donde la danza, con sus peculiaridades coreográficas y rítmicas, los atavíos, adornos y pinturas de los participantes, los cantos que los acompañaban estaban estrechamente ligados a prácticas rituales cuyo contenido escapaba parcialmente al control de los religiosos (Alberro, "Bailes y mitotes..."); los términos adoptados para traducir nociones teológicas católicas como la Santa Trinidad o nombres como la Madre de Dios a las lenguas indígenas, términos que a veces conllevaban ambigüedades sospechosas;[6] la elección de lugares que pertenecían a la antigua geografía sagrada para edificar los santuarios cristianos; la selección de sobrenaturales cristianos con atributos o funciones susceptibles de articularse simbólicamente con las viejas deidades veneradas en los templos y adoratorios de la gentilidad, y para dar término a esta lista provisional, la recuperación, adopción y reelaboración de símbolos indígenas directamente vinculados con la vieja idolatría.[7]

Entre los glifos, las águilas, las serpientes, los "tigres" —o mejor dicho jaguares—, los coyotes, conejos, caracoles, chapulines, lagartijas, las "piedras preciosas" o *chalchihuitl*, los escudos o *"chimalli"*, las vírgulas, los nopales, magueyes y flores cruciformes, los discos y espejos de obsidiana, por mencionar algunos de ellos, que no tardaron en aparecer en fachadas, portadas, muros, arcos, pilastras, nichos, pilas, cruces, etc.; tanto de templos franciscanos como dominicos y agustinos, el símbolo de la fundación de Tenochtitlán, o sea la piedra situada en medio de la laguna, encima de la cual crece un nopal que sostiene un águila llevando una serpiente en el pico es de singular relevancia.[8] En efecto, el conjunto águila-serpiente volvió a aparecer en el México central en por lo menos unas diez construcciones franciscanas y agustinas del siglo XVI, lo que significa que los religiosos, deseosos de allegarse a los indígenas o incluso compenetrados de sus sentimientos identitarios, toleraron, aceptaron o incluso alentaron la representación del portento fundacional mexica. En la ciudad de México-Tenochtitlán, capital del antiguo imperio que recibió de Carlos V un escudo distintivo de factura hispánica, el conjunto simbólico mexica se mantuvo en los estandartes y pendones que las parcialidades indígenas sacaban con ocasión de las múltiples festividades urbanas en las que participaban. Sin embargo, el águila mexica aislada se hizo presente en un conjunto que aludía a Tenochtitlán-Nueva Jerusalén, o sea de contenido cristiano y milenarista, labrado en una piedra que los franciscanos colocaron en la esquina del atrio de su convento, en 1535.[9] Unos veinte años más tarde, Alonso de Montufar, arzobispo de México-Tenochtitlán y deseoso de asentar su autoridad sobre los naturales hasta entonces sometidos a los regulares, colocó a su vez los nopales aislados bajo sus propias armas, recuperando simbólicamente la dimensión indígena de la capital, cuyo nombre original se deriva de la palabra *tenoch*, o sea, nopal.

Pero fueron los jesuitas, llegados al virreinato en 1572, quienes, con ocasión de las grandes fiestas que organizaron en noviembre de 1578 para celebrar la recepción de las reliquias a ellos obsequiadas por el Papa Gregorio XIII con el fin de que fomentasen una devoción netamente tridentina entre una población en proceso acelerado de mestizaje biológico y cultural, resucitaron al complejo simbólico íntegro. Más aún, si bien éste sin lugar a duda había perdurado en los pendones indígenas, o sea en un marco estrictamente autóctono, los hijos del que pronto sería San Ignacio lo integraron esta vez en un marco *ya del todo cristiano*. En efecto, las fiestas celebradas, sus actores, el contenido de las canciones, poemas, obras de teatro, inscripciones, composiciones iconográficas y símbolos que adornaban los arcos y las diversas construcciones efímeras levantadas en el recorrido de la procesión y en los lugares principales remitían a un propósito estrictamente cristiano y triunfalista. Por ello, resulta significativo encontrar en todas estas manifestaciones una multitud de elementos culturales indígenas: aparte de la presencia de gruesos contingentes de mexicanos y otomíes provenientes de las parcialidades capitalinas y de los alrededores, grupos de alumnos indígenas cantaron en *náhuatl*, otros, adornados de plumas y sonajas de conchas bailaron sus mitotes al son de los sonoros *teponaxtlis*, aves y conejos vivos antiguamente asociados a las viejas deidades confirieron una dimensión cinética a ciertos arcos triunfales y finalmente, el símbolo fundacional mexica apareció varias veces en contextos distintos que le conferían una nueva legitimidad. Ahora bien, al quedar integrado en conjuntos simbólicos cristianos, podía convertirse de ahora en adelante en el señuelo identitario potencial de la nueva sociedad mestiza.

Unos quince años más tarde, los hijos del pobre de Asís a su vez, entendiendo el alcance de las sutiles elaboraciones jesuitas, idearon conjuntos que combinaron el portento mexica del nopal, el águila y la serpiente con un mensaje claramente franciscano. Sin embargo, mientras la formulación jesuita se dirigía a todos los sectores que componían la abigarrada sociedad colonial al amalgamar los elementos indígenas con los cristianos —por ejemplo el águila azteca en cuyo vientre se veía el monograma JHS—, la de los franciscanos parecía destinada a los solos indígenas y establecía una clara jerarquía: el nopal que sostenía al águila formaba la base sobre la cual San Francisco alzaba una cruz. La creación jesuita, más integrada y abstracta, sugería la *fusión* de lo indígena mediante Jesús / la Compañía de Jesús, mientras la franciscana implicaba una mediación jerarquizada a través del solo San Francisco, quien, pese a su eximia santidad, no podía pretender ser asimilado a Jesús (Alberro, "La Iglesia como mediadora cultural…"; *El Águila y la Cruz*).

De ahora en adelante, el símbolo fundacional de Tenochtitlán, ya totalmente rehabilitado, fue recuperado regularmente en el ámbito religioso y probablemente, civil. Los frescos que Alonso de Villasana pintó en 1594 en el santuario de Nuestra Señora de los Remedios, patrona del cabildo de la ciudad de México y por entonces objeto de una veneración mucho mayor que María de Guadalupe, del Tepeyac vecino, representaban las "armas de la ciudad", o sea la nopalera, el águila y la serpiente y no las que había otorgado Carlos V en 1523, en el contexto mariano que correspondía a la ermita.

De la alegoría y la representación visual bajo distintas modalidades, el conjunto simbólico no tardó en extenderse al discurso, bajo la forma de canciones, letras y versos recitados en las diversas festividades que ritmaban la vida capitalina, en particular las "venidas", o sea, las visitas realizadas por María de los Remedios a la ciudad, las celebraciones organizadas por las órdenes religiosas, los dos cabildos —el civil y el eclesiástico—, la beatificación de Felipe de Jesús, las entradas de virreyes, etc. Siguiendo el ejemplo dado por los jesuitas en 1578 y los franciscanos en la década de los noventa, un número creciente de eclesiásticos hizo suyos los símbolos indígenas que integró en conjuntos totalmente cristianos, al mismo tiempo que desarrolló en crónicas, sermones y textos de diversa índole temas que enaltecían a la Nueva España junto con las peculiaridades que la hacían distinta, pero al mismo tiempo *igual* o incluso superior a la Vieja, peculiaridades entre las que el pasado prehispánico fue cobrando una relevancia cada vez mayor.

Esta primera etapa del proceso había empezado con la temprana recuperación por los primeros doce franciscanos del águila mexica en el conjunto Tenochtitlán-Nueva Jerusalén, culminó con la *Imagen de la Virgen María Madre de Dios de Guadalupe*, publicada por el bachiller Miguel Sánchez en 1648. Dicho sacerdote, dotado de una extraordinaria sensibilidad y gran talento, amén de una amplia cultura, y movido de un ardiente patriotismo, supo, tal vez más que crear de todo punto el mito (en sentido antropológico) guadalupano, percibir el potencial simbólico de una advocación aún poco relevante y orquestar y desarrollar alrededor de ella los temas y los anhelos latentes en los sectores letrados de la sociedad capitalina. Con él, la solución de continuidad entre el México prehispánico y el mestizo colonial acabó por desvanecerse del todo a través de la Guadalupana que se volvió el estandarte triunfante de la identidad y conciencia criolla (Alberro, *El Águila y la Cruz*, Cap. 3, *passim*).

En consecuencia, la emergencia de una conciencia criolla novohispana se debió esencialmente a dos factores. Por una parte, el proceso adaptativo insoslayable de conquistadores y colonizadores, hizo de ellos individuos y sectores cada vez más diferentes de los peninsulares. Por otra, las estrategias de eclesiásticos, primero regulares y metropolitanos y luego seculares y criollos, quienes, llevados de dinámicas complejas, percibieron las mutaciones de la sociedad colonial en formación y fueron capaces de encauzar los anhelos latentes de sus sectores dominantes en fórmulas religiosas. Si bien el proceso adaptativo y hasta aculturativo sufrido de manera general por los españoles establecidos en el virreinato tuvo un carácter involuntario e inconsciente, el que inspiró las estrategias eclesiásticas no tardó en adquirir un sello deliberado, como lo atestiguan las creaciones simbólicas y discursivas que dio a luz.

Cabe preguntarse hasta qué punto este "modelo" novohispano es válido para los demás reinos americanos. Podemos afirmar que el proceso aculturativo de los españoles fue general en ellos y tal vez incluso más severo en algunos. En cambio, el papel de las elites eclesiásticas parece haber sido fundamental sólo ahí donde se reunieron dos condiciones: la preexistencia de una civilización prehispánica considerada como prestigiosa según los criterios occidentales y que permitiera las operaciones de sustitución, traslape, y finalmente, rehabilitación y recuperación simbólica necesarias al restablecimiento de una continuidad histórica; y la existencia de un virreinato con sólidas bases económicas e institucionales, dotado en particular de una capital populosa y próspera, con Corte, Catedral, Universidad y Colegios, conventos numerosos, Tribunal del Santo Oficio, gremios, cofradías, imprentas, librerías, teatros y todo cuanto constituía el entorno necesario al desarrollo de las elites coloniales. Porque sólo ellas, lo hemos visto, fueron capaces de encauzar y dar forma a las necesidades identitarias latentes de los españoles criollos. Huelga decirlo, los virreinatos del Perú y de Nueva España fueron los únicos que reunieron estas condiciones durante los siglos XVI y XVII, aun cuando en el primero, dotado de una capital española —Lima— y otra indígena —Cuzco—, las elites criollas no pudieron apropiarse del pasado indígena en la forma en que lo hicieron en la Nueva España. Por las mismas razones, la formulación religiosa de sus aspiraciones identitarias no pudo cristalizar alrededor de un sobrenatural netamente sincrético como la Guadalupana, sino de una santa de carácter totalmente hispánico, Santa Rosa de Lima. Sin embargo y pese a estas diferencias, los dos virreinatos recorrieron caminos bastante paralelos en cuanto se refiere a la emergencia de una conciencia criolla, mientras todo parece indicar que en los virreinatos más tardíos y sus dependencias, ésta fue más el producto de factores y actores distintos, cuyo análisis rebasa el marco del presente ensayo.

Notas

[1] La idea del franciscano Motolinía, de colocar a la cabeza de la Nueva España un miembro de la familia real "que la señoree y la ennoblezca" fue retomada en el siglo XVIII por varios políticos ilustrados como el conde de Aranda y, un poco más tarde, por el mismo Plan de Iguala del México independiente.
[2] Lavallé, en *Recherches sur l´apparition de la conscience créole*, proporciona ejemplos notables de aculturación de españoles aislados en regiones indígenas.
[3] La *pilmama* era una niña de siete a ocho años que cargaba y entretenía al niño de pocos años, quien había sido anteriormente amamantado por la *chichigua*.
[4] Estas cuestiones son tratadas por Bernard Lavallé, "De l'esprit colonial…". También en D. Brading, *The First America*. Cf. en particular la primera parte.
[5] Sahagún, Cap. 1, Libro Octavo. Ver también González Angulo, "El criollismo y los símbolos urbanos", por lo que se refiere a Torquemada.
[6] León Portilla, ed. en *Los Diálogos de 1524* proporciona varios ejemplos significativos. También Louise M. Burkhart, "Doctrinal Aspects…", *passim*.
[7] Para un primer análisis de estos diversos puntos, Alberro, "Acerca de la primera evangelización en México". También, "Los franciscanos y la emergencia de la conciencia criolla". Retomo y desarrollo estos temas en *El Águila y la Cruz. Orígenes religiosos de la conciencia criolla*, *passim*.
[8] Reyes-Valerio, *Arte Indocristiano*, en particular las listas y cuadros, 291-293. Para la amalgama sincrética de elementos indígenas, grecorromanos, medievales, renacentistas y cristianos, Gruzinski, *La Pensée métisse*, sobre todo en la segunda parte.

[9] Fernández Tejero y Nava Nava, 10-11, cit. por Enrique Florescano en *La Bandera Mexicana*... 42, nota 8, estudio que proporciona asimismo información sobre estos temas.

BIBLIOGRAFÍA

Alberro, Solange. *Del gachupín al criollo. O de cómo los españoles de México dejaron de serlo*. México: El Colegio de México, 1992. 2ª edición, 1997. Existe una edición francesa, *Les Espagnols du Mexique colonial. Histoire d´une acculturation*. París: Armand Colin-EHESS, 1992.

_____ "Acerca de la primera evangelización en México. Estrategias y contexto. Una modesta revisión". *La venida del reino. Religión, evangelización y cultura en América. Siglos XVI-XX*. G. Ramos, comp. Cuzco: Centro de Estudios Regionales Andinos "Bartolomé de las Casas", 1994. 11-30.

_____ "Los franciscanos y la emergencia de la conciencia criolla: Nueva España, siglo XVI". *Jarhbuch für Geschichte von Staat, Wirtschaft und Gesellschaft Lateinamerikas* 32 (1995): 303-319.

_____ "La Iglesia como mediadora cultural en la Nueva España, siglos XVI-XVII; la recuperación del complejo simbólico del águila y el nopal". *Entre dos Mundos. Fronteras culturales y agentes mediadores*. Berta Ares y Serge Gruzinski, coords. Sevilla: CSIC, 1997. 393-414.

_____ "Bailes y mitotes coloniales como producto y factor sincrético". *La Cultura plural. Homenaje a Italo Signorini*. Alessandro Lupo y Alfredo López Austin, eds. México: UNAM-Universitá degli Studi di Roma la Sapienza, 1998. 119-137.

_____ *El Águila y la Cruz. Orígenes religiosos de la conciencia criolla*. México: Fondo de Cultura Económica-El Colegio de México, 1999.

Brading, David. *The First America. The Spanish Monarchy, Creole Patriots, and the Liberal State 1492-1867*. Cambridge: Cambridge University Press, 1991.

Burkhart, Louise M. "Doctrinal Aspects of Sahagún's Colloquios". *The Life and Works of Bernardino de Sahagún; Pionner Ethnographer of Sixteenth Century Aztec Mexico*. J. Jorge Klor de Alva, Henry B. Nicholson y Eloise Quiñones Keber, eds. Albany: State University of New York, Institute for Mesoamerican Studies, 1988.

Fernández Tejero, Isabel y María del Carmen Nava Nava. "He de comer de esta tuna. Ensayo histórico iconográfico sobre el escudo nacional". Inédito, 1996.

Florescano, Enrique. *La Bandera Mexicana. Breve historia de su formación y simbolismo.* México: Fondo de Cultura Económica, 1998.

González Angulo, Jorge. "El criollismo y los símbolos urbanos". *Historias* 26 (abril-septiembre 1991): 73-83.

Gruzinski, Serge. *La Pensée métisse.* París: Fayard, 1999.

Lavallé, Bernard. *Recherches sur l´apparition de la conscience créole dans la vice-royauté du Pérou. L´antagonisme hispano-créole dans les ordres religieux. XVI ième- XVII ième siècle*, thèse de Doctorat d´Etat. Lille: Université de Lille III, 1982.

_____ "De l´esprit colonial à la revendication créole". *Esprit créole et conscience nationale.* J. Pérez, B. Lavallé, M. Birckel, Y. Aguila, J. Lamore y B. Chenot, eds. París: Editions du CNRS, 1980. 9-36.

León Portilla, Miguel (ed.). *Los Diálogos de 1524 según el texto de Fray Bernardino de Sahagún y sus colaboradores indígenas.* Edición facsimilar del manuscrito original, paleografía, versión del náhuatl, estudios y notas de... México: Fundaciones de Investigaciones Sociales A.C., 1986.

Motolinía, Fray Toribio de. *Historia de los Indios de la Nueva España.* Estudio crítico, apéndices, notas e índice de Edmundo O'Gormann. México: Porrúa, 1984.

Reyes-Valerio, Constantino. *Arte Indocristiano. Escultura del siglo XVI en México.* México: SEP-INAH, 1978.

Sahagún, Fray Bernardino de. *Historia general de las cosas de Nueva España.* México: Editorial Porrúa, 1985.

Jerónimo de Aguilar y la alteración de la lengua
(la *Mexicana* de Gabriel Lobo Lasso de la Vega)

Mary Malcolm Gaylord
Harvard University

> Mirábanle y mirábanse alterados,
> que cuando la española lengua oyeron
> por hombre tan remoto pronunciarse,
> no pudieron dejar de no admirarse (III.18).

Una invitación a reflexionar sobre conceptos como lo criollo y lo colonial me obliga a considerar de nuevo las fronteras de mi campo de estudio y los términos que uso para identificarme como investigadora sobre literatura. No se trata, evidentemente, de una crisis de identidad exclusivamente mía. Cruzar océanos, mudar de lugar — de Europa a América, de América a Europa, y no sólo una vez, sino en múltiples travesías, iniciadas en una variedad de puertos, en diferentes naves, y con misiones muy diversas—, estos desplazamientos intelectuales no son hoy en día meras opciones, supeditadas a la inclinación personal. Son, más bien, prácticas de pensamiento crítico con las que nos tenemos que comprometer, si nuestra mirada aspira a ser fiel a la naturaleza multiforme y cambiante del mundo hispánico de 1492 en adelante.

En el presente estudio, llamo la atención del lector sobre un curioso texto, la crónica en verso titulada *Mexicana* (1594) que celebra las hazañas de Hernán Cortés. Se trata de una obra peninsular que, en virtud de los orígenes y *curriculum vitae* de su autor, difícilmente puede considerarse un texto "criollo" y que, por lo tanto, ni siquiera ha obtenido su tarjeta de residencia en el área de los estudios coloniales. La *Mexicana* de Gabriel Lobo Lasso de la Vega fue escrita en España por un español que nunca cruzó el Atlántico, y quien además promete celebrar con sus versos un heroísmo perfectamente "español" o "ibero", como lo indican el título de la versión primitiva (*Cortés valeroso*, 1588) y las preferencias léxicas del poema. Parece que su autor se embarca en una odisea americana, imaginada con la ayuda de cronistas anteriores, a fin de volver a plantar sus pies en una tierra ibérica hecha más firme por la reiteración épica de una ideología contrarreformista e imperial.[1]

Es más que lícito preguntar ¿qué es lo que nos puede enseñar un texto de este tipo acerca de la identidad criolla, por no hablar de la *agencia* criolla? ¿No sería más lógico estudiar sus meandros discursivos en el contexto de las letras españolas de aquel fin de siglo, que se balanceaba en la cúspide manierista entre Renacimiento y Barroco? Para los efectos de la exploración conjunta que se lleva a cabo en el presente tomo, sin embargo, la elección de un texto épico no es de ninguna manera arbitraria. Si la literatura *sensu lato* ocupa un lugar privilegiado en la formación de identidades culturales, el género de la epopeya —que personifica en una o más figuras las aspiraciones, logros y fracasos de todo un pueblo— puede ayudarnos a explorar nociones tempranas de lo que serían una identidad y una subjetividad hispanoamericanas. Además, como género que ensalza tradicionalmente proyectos ambiciosos y hechos heroicos, la épica ofrece un lugar idóneo para estudiar las posibilidades de agencia activa —física y discursiva— que se concedían a un sujeto europeo transplantado.

Una convención literaria sigue en vigor a través de los tiempos como consecuencia de numerosas recreaciones que siguen, en gran medida, un guión prefabricado y previsible. No es menos cierto que las convenciones genéricas cobran nueva vitalidad en los momentos históricos y en los lugares concretos donde éstas se cultivan. Evidentemente, la *Mexicana* puede leerse dentro de la tradición épica europea e ibérica, clásica y renacentista, de la que sale; pero su tema americano nos obliga a buscar en el poema huellas de su contexto histórico, eso es, la España de Felipe II, que contemplaba un nuevo mundo americano desde su conciencia peninsular. En la medida que participa en dos formas de evolución histórica —la política y la literaria— es de esperar que Lobo Lasso no solamente acudiera a la rica herencia de la épica clásica y renacentista, que en 1594 ya contaba con varios ejemplos de una nueva epopeya americana,[2] sino que su propia obra hubiera de alterar la convención recibida en beneficio de otros poetas.

Las páginas que siguen ofrecen una lectura bifronte de uno de los episodios inaugurales de la *Mexicana*, que atiende tanto a los diversos pre-textos literarios como al imaginado contexto americano de ésta. Es precisamente en la intersección de tradición y contexto donde se hacen visibles la novedad de la representación lobolasiana de la historia de Jerónimo de Aguilar y las implicaciones de esta representación para el tema del español —hombre y lengua— en América.

1. El "nativo" como monstruo

> Así estaban confusos, suspendidos,
> al hablar de aquel monstruo dando oídos
> (III.19).

En su tercer canto, la *Mexicana* representa el retorno de un natural de España, Jerónimo de Aguilar, quien, tras ocho años de cautiverio, se une a la expedición de Hernán Cortés. Su experiencia lingüística entre los nativos de Yucatán le asegura un papel central como intérprete, porque ofrece un vínculo indispensable en la cadena de "lenguas" que se extiende desde el ambicioso Capitán extremeño hasta el gran Moctezuma, y que incluye a la célebre figura de doña Marina, "la Malinche". Si bien retoma un caso que en 1594 ya se había narrado varias veces, Lobo Lasso logra darle matices inéditos, sobre todo en el especial relieve que da a la acción discursiva, es decir, a las palabras y a la voz del cautivo redimido.[3]

Lo que en la crónica de Bernal Díaz sirve como un breve preámbulo a la futura actuación del "lengua" y también como anuncio del interés de la *Historia verdadera* por el espacio intermediario entre culturas, en la *Mexicana* llena todas las cincuenta y una octavas del Canto III. La escena de la aparición de Aguilar (estrofas 17 a 27) está enmarcada por dos relatos: una narración antecedente con la que el poeta, siempre desde la perspectiva del bando cortesiano, suple el contexto inmediato de su hallazgo y rescate, y el relato posterior en el que cuenta Aguilar las peripecias de su naufragio y servidumbre (estrofas 28 a 50). A su vez, estas dos narraciones se insertan entre dos de las digresiones filosófico-morales que, de acuerdo a la práctica renacentista, abren cada uno de los cantos del poema. La elección de temas para estos cantos —la Mutabilidad en el tercero y la Moderación en el cuarto— evidentemente no es obra del azar: Lobo Lasso extrae de la conocida historia del cautivo una fábula del hombre en cuanto hablante, en cuanto *homo loquens*. Así Aguilar se convierte en ejemplo del hombre que lucha por el control sobre su circunstancia, y sobre sí mismo, con las poderosas armas de su discurso.

El canto III presenta el momento en que los cuatro hombres que Cortés ha despachado en busca de los españoles perdidos encuentran en una playa desierta a un pequeño grupo de "indios". Mientras persiguen a "cuatro robustos jóvenes membrudos, / trenzados los cabellos y desnudos" (III.14), uno de éstos se vuelve repentinamente hacia sus perseguidores, tira sus armas sobre la arena, y les pregunta,

"¿por ventura, señores, sois cristianos?" (III.17). En el primer momento de este decisivo encuentro, Lobo Lasso concede al futuro "lengua" una prerrogativa discursiva que Bernal Díaz reserva para el Capitán, el privilegio de la interrogación. Y mientras Bernal utiliza la pregunta del líder ("¿Qué es del español?") para fijar la atención sobre un Aguilar hecho indio en todo menos su sucinta respuesta, cargada de resonancias ontológicas ("Yo soy" [84]), Lobo Lasso posterga la descripción del chocante aspecto físico del recién regresado, a fin de detallar la reacción de sus rescatadores. Y es precisamente en el asombro de éstos que ubica el momento de mayor intensidad poética del canto:

> 18. De tal pregunta todos admirados,
>
>> confusos y suspensos respondieron:
>> "Sí, somos," temerosos y turbados,
>> que por la estigia sombra la tuvieron.
>> Mirábanle y mirábanse alterados,
>> que cuando la española lengua oyeron,
>> por hombre tan remoto pronunciarse,
>> no pudieron dejar de no admirarse.
>
> 19. Cual si en callada noche tenebrosa
>> fantástica visión se les mostrara,
>> y en sombra negra, horrible y espantosa,
>> algún futuro mal les denunciara
>> y, con voz espantable, temerosa,
>> lo más ignoto de él les declarara,
>> así estaban confusos, suspendidos,
>> al hablar de aquel monstruo dando oídos (28).

Aquí es la sonoridad de la lengua castellana, en boca de "hombre tan *remoto*", en términos no de espacio geográfico sino de distancia cultural, lo que deja a los españoles con síntomas de la *admiratio* que el poeta en su turno procura inspirar en el lector. Tan extraño es este hablante todavía desconocido (armas nativas, cuerpo pintado, cara labrada) que su aspecto vuelve casi incomprensibles las palabras familiares con las que invita a sus oyentes a reconocerlo. Incapaces de reconciliar el conflicto entre señas visuales y auditivas, los españoles creen por unos instantes que están en presencia de un fantasma venido del más allá, o que escuchan no a un ser humano sino a algún monstruo. Para su elaboración poética de este momento de máximo asombro, el poeta elige un extendido símil de los llamados virgilianos ("*Cual si* en callada noche tenebrosa..., *así* estaban confusos...")*.* Con este recurso, Lobo Lasso pretende elevar la escena en cuestión a la altura de famosas revelaciones épicas, donde los dioses o alguna voz oracular hacen declaraciones a los mortales mediante señas y portentos. No permite, sin embargo, que el momento se reduzca a los términos de una comparación no menos hiperbólica que banal, ya que necesita incorporar la experiencia del reencuentro a la evolución narrativa de su poema. Mientras el "monstruo" sigue hablando, sus oyentes descubren, para su gran sorpresa, que la voz que escuchan es perfectamente comprensible, a más de gentil ("con voz baja, humilde, regalada"). Tras la invocación de unos valores heroicos que deben resultar gratos para sus interlocutores ("Valerosa compañía"), el hablante les pide primero clemencia y luego redención de la "bárbara costumbre" y "dura servidumbre" que ha sufrido (III.20).

El narrador da a su postura de penitente la plasticidad morbosa de una imagen policromada de mártir: "Las manos altas y ojos en el cielo, / y ambas rodillas a la arena dadas; / de un cerdoso, revuelto y negro pelo, / las arrugadas carnes cobijadas; / en el plegado rostro sin consuelo, / de muerte mil señales estampadas" (III.21).[4] En este retrato, las marcas de inhumanidad (el "cerdoso" pelo, por ejemplo) mezclan lo salvaje con "mil señales" de la muerte. El supuesto bárbaro se representa como metonimia de muerto. En su calidad de mártir, Aguilar debe describir para sus benefactores las entrañas devoradoras de la Naturaleza y de la naturaleza humana americanas que lo han tenido cautivo. Tan aterradora le parece la idea de ser literalmente devorado, que prefiere la muerte a manos de españoles: "antes que *de estas gentes las gargantas* / traguen mis flacas carnes, ...quiero / sólo saber que *a manos de hombres* muero" (III.22). Las voraces gargantas de los indígenas lo llevan metonímicamente hacia las oscuras entrañas del océano y de la tierra, escenarios de su naufragio y cautiverio. Es de esta casi sepultura que parecen salir los diversos ruidos que constituirán su voz: llantos, sollozos, y discurso inteligible. En la economía poética del poema de Lobo Lasso, las entrañas "b/vocales" de la Naturaleza mexicana representan no solamente una muerte destructora, sino también un principio femenino generativo. La sepultura americana es a la vez vientre y cuna. Liberado de su cautiverio, Aguilar renace al mundo y a la cultura, que le devuelven vida e identidad. De la monstruosa boca devoradora que emite un caos de sonidos, mediante la cual el poeta evoca a América (espacio, habitantes, lenguas), sale el que ha de ser "lengua" de la expedición, apoderándose en seguida de un discurso plenamente racional. Su muerte figurativa lo ha preparado para un dramático renacimiento en brazos de unos representantes de su comunidad cultural. Una vez armado de las señas verbales de su identidad (apellido, patria), el natural de Ecija no tarda en lanzar su propia narración histórica, que llena las restantes octavas del canto. Para el futuro traductor, volver a la lengua castellana es volver a entrar en el mundo real y discursivo de la Historia. Al escaparse del silencio donde vivió sepultado, del "otro lado" de la frontera cultural, este personaje emblemático pasa primero por un momento intensamente lírico que recuerda las "mil muertes" pasadas que están cifradas en su cuerpo. Cuando emerge de este limbo lírico, se dedica a contar la propia historia y la de sus compañeros menos afortunados, y a revelar a los conquistadores su experiencia del "otro mundo" desconocido, inscribiéndose así plenamente en la historia triunfal de Cortés que será el tema principal del resto del poema de Lasso.

2. Lengua y lenguaje en el siglo XVI hispánico

La manera lobolasiana de imaginar el regreso del futuro intérprete ofrece poderosas resonancias de la preocupación con la lengua y con el lenguaje que se registra en muchísimos textos hispánicos del siglo XVI. El Canto III de la *Mexicana* puede considerarse representativo de un rasgo, nunca como se debe subrayado, que caracteriza las tempranas crónicas de Indias, todas las cuales —como si hubiesen convertido en norma narrativa la frase con la cual Nebrija hace de la Lengua "compañera del Imperio"— incluyen en su discurso ejemplos de lo que podríamos llamar la aventura lingüística. Es decir que, desde las páginas donde Colón documenta el primer encuentro de españoles con amerindios en la isla de San Salvador, el cronista tiende a fijar la mirada (y el oído) no sólo en hazañas y peligros mortales, sino también en crisis de comunicación o en instancias de desamparo lingüístico que serían el pan de cada día de las primeras generaciones de europeos que se atrevieron a alejarse de su mundo verbal conocido.[5]

En la Europa del XVI, una serie de cuestiones palpitantes en torno al lenguaje ocupaban, *mutatis mutandis*, a poetas, preceptistas, y filósofos.[6] Entre los temas más debatidos estaban la cambiante relación entre lenguaje y verdad; los límites del lenguaje como vehículo expresivo de la experiencia humana en todas sus dimensiones (piedra de toque de la lírica amorosa profana y mística); la relación entre lengua e identidad cultural (Nebrija, Valdés, Bembo, Du Bellay y demás defensores de las vernáculas); el papel de la destreza verbal en la automodelación y en la fortuna socio-política del individuo (en *El Cortesano* de Castiglione, por ejemplo); la capacidad de palabras y textos para trascender el momento de su enunciación (deseo de la Fama). A primera vista, esta preocupación por el poder de la palabra —que con frecuencia recomienda el cultivo de la escritura o el estudio de obras impresas— parecería indicar que el fenómeno de base es la conocida alianza entre Libro y Poder. El Siglo de Oro peninsular parece hacer alarde de una devoción a la palabra escrita e impresa que tiende a elevar la *textualidad* por encima de la *oralidad*.[7] Visto el fenómeno desde América y desde la perspectiva de los estudios coloniales de las últimas décadas, el libro europeo funciona explícita o implícitamente como enemigo de una oralidad amerindia que la cultura de la imprenta aspira a trascender o a subsumir.[8] No obstante, no cabe duda que la imaginación literaria de la temprana modernidad europea se interesa no menos por voces que por textos.[9] La fascinación concreta por la voz —que se da con toda lógica en la época que vio la entrada definitiva de la comunicación verbal en la época de la reproducción mecánica gráfica— va más allá de cuestiones intelectuales abstractas. Interesarse concretamente por la voz es ocuparse de la figura de quien habla, del momento mismo cuando éste "da voz" a un pensamiento o un sentimiento, del carácter auditivo de sus enunciados y demás expresiones, y del lugar de la voz humana dentro de un universo de sonidos. Los escritores y eruditos del Renacimiento se acercaron al tema de la voz desde dos ángulos, divergentes pero complementarios. En la esfera del Arte, el tema de la voz se inscribe dentro una preceptiva sobre la imitación de modelos, ejercicio mediante el cual se intentaba recuperar las grandes voces de la Antigüedad grecolatina. Desde la otra parte, es decir, desde la Naturaleza, la voz "inculta" motiva a los entusiastas de refranes, cuentos y poesía tradicional a coleccionar, a fin de preservarlos, los enunciados del hombre o de la mujer "natural".

Al hablar de la doble fascinación renacentista por la voz humana, que abarcaba textos de máximo artificio y voces de la más perfecta naturalidad, tocamos una curiosidad léxica de la época. Con la palabra "voz", la lengua española hace que uno de sus principales *significantes de sonido* sea al mismo tiempo un *significante de significantes* ("voz" también quiere decir "vocablo", "palabra"). Con la palabra "razón", que indica el atributo de la inteligencia o la actividad del raciocinio, pero que en plural (*razones*) significa "palabras", construye una segunda paradoja que en esta acepción se intersecta con la primera. Como palabra que significa "palabras", *razones* celebra la superioridad del habla humana razonada; *voz*, en cambio, se inclina en sentido contrario, confundiendo el discurso humano con otras fuentes de sonido y llevándola hacia la descomposición del sentido. En esta tensión entre *voces* y *razones* se cifran varios aspectos del dilema del siglo XVI hispánico ante las vicisitudes de su experiencia lingüística.[10] Si el poeta, con la libertad que se otorgaba a la búsqueda de expresividad afectiva, podía explorar el espacio que separa sollozos, suspiros y gemidos de expresiones verbales más exquisitas, en otras esferas más prácticas la distancia entre sonidos proto-verbales y un discurso plenamente racional se cita para poner en tela de juicio la misma humanidad de ciertos seres, la mayoría de ellos amerindios. Cuando se dice de los españoles de la *Mexicana* que, viendo a un "bárbaro", no esperan que salgan de su boca más que ruidos amenazadores, vemos a éstos instalados en unos hábitos de percepción que forman parte de la herencia cultural helénica, que hacía del habla confusa una señal no solamente de extranjería sino de exclusión de la comunidad de los hombres civilizados.[11]

Pero en este Canto del poema de Lasso de la Vega, la expectativa no se cumple: el bárbaro en apariencia no lo es en sus palabras, que además de correctas, se oyen gentiles. Dicho de otro modo, donde los españoles se preparan a oír voces, escuchan razones. Y una forma de *admiratio* se sustituye por otra: el susto de ver y oír a un bárbaro se convierte en la experiencia mucho más misteriosa de ver al bárbaro mientras escuchan al vecino. El violento cruce de señas da lugar a una doble extrañeza: el bárbaro ya no es bárbaro y, sin embargo, tampoco es un perfecto ejemplar del hombre civilizado. Se trata de la inquietante experiencia que Freud, tres siglos más tarde, caracterizara como *unheimlich*, en la que algo familiar se envuelve en misterio, mientras algo extraño cobra simultáneamente un desconcertante aire de familiaridad.[12]

Con el bárbaro/vecino que habla castellano, Lobo Lasso crea una especie de *coincidentia oppositorum* humano, que funde categorías de oposición ontológica y confunde la labor epistemológica de los europeos. La angustia de éstos, quienes toman al desconocido hablante "por la estigia sombra", da la razón —*avant la lettre*— al padre del psicoanálisis moderno, quien observa el vínculo entre experiencias de extrañeza y un miedo a la muerte agudizado por el temor primitivo de ver redivivos a los muertos, miedos que el hombre moderno reprime con éxito imperfecto. Que una crisis de orden principalmente *lingüístico* sea capaz de despertar estas imaginaciones morbosas en el primer siglo colonial no deja de tener su propio misterio. A las raíces de la representación de esta angustia cultural nos acercamos ahora por la ruta filológica.

3. AGUILAR ENTRE ACHAEMENIDES Y POLIFEMO (LA DEUDA VIRGILIANA)

Las deudas de Lobo Lasso para con el Príncipe de los poetas latinos no se limitan al recurso estilístico del símil, ni a vagas reminiscencias de las escenas tenebrosas, amenazadoras, que abundan en la obra de éste. De hecho, el autor de la *Mexicana* hubo de encontrar en Virgilio el modelo exacto para la versión de la búsqueda y encuentro de Jerónimo de Aguilar que ofrece en su propio poema.

El episodio que Lobo Lasso toma de la *Eneida* es protagonizado por un curioso personaje, el griego Achaemenides, perdido tras la retirada de Troya de los griegos. Su historia, que se intercala en el relato autobiográfico que hace Eneas a petición de la reina de Cartago, clausura la secuencia retrospectiva que viene ocupando los libros II y III del poema virgiliano. Los troyanos, que han encontrado un refugio dudoso en la isla volcánica de los Cíclopes, ven salir del bosque siciliano a una figura extraña: "cum subito e silvis, macie confecta suprema, / *ignoti nova forma viri* miserandaque cultu / procedit supplexque manus ad litora tendit" (III.590-92). Virgilio acentúa la extrañeza del recién aparecido con el recurso maravillosamente económico del hipérbaton, cuyo efecto intensificador el poeta castellano intentará recrear en variantes de la palabra latina *ignoti* ("lo más *ignoto*", estr. 19, y "por *ignota* vía del cielo", estr. 20) y en la resonancia con el "hombre tan *remoto*" de la estrofa 18 de su poema.[13] En el sucio forastero ("dira inluvies, immissaque barba, / consertum tegumen spinis" [vv. 593-94; cf. *Mexicana*, III.21]), los troyanos no tardan en reconocer a un enemigo de antaño: "En todo lo otro Griego parecía," como traduce el mismo lugar ("at cetera Graius" [III.594]) el doctor Gregorio Hernández de Velasco.

La aparición del desconocido no conduce en la *Eneida* a una crisis de índole ontológica. Falta por completo el prolongado error de percepción que convierte a una figura entre "la extraña y nueva gente" en monstruo para los españoles de Lobo Lasso y que les permite su "fantástica visión" del forastero. Por otra parte, el texto latino, que señala los brazos tendidos, el arrodillamiento (*Eneida* III.591, 607-8) y las lágrimas y ruegos (III.599) del recién aparecido, y que insiste en su deseo de morir a manos de hombres ("si pereo, hominum manibus periisse iuvabit" [III.606]), proporciona a Lobo Lasso un certero guión para estos elementos centrales de su representación de la aparición de Aguilar. El poeta español pudo encontrar también en el episodio de Achaemenides la petición de los oyentes de éste que les cuente su patria, linaje e historia (III.608-9), y en los comienzos de su narración autobiográfica (III.613-15), la forma concreta de intercalar el relato del ex-cautivo de Yucatán en su poema.[14]

Son tantas las semejanzas entre la fuente latina y su refundición española de milenio y medio después, que el poeta parece haber preparado, para el lector culto como para sus personajes poéticos, una experiencia "*unheimlich*" de orden literario, histórico y cultural. En su glosa de un relato de la *Eneida*, casi idéntica a la fuente clásica, el autor de la *Mexicana* introduce diferencias tan inquietantes como significativas. Si bien un número extraordinario de detalles vinculan uno y otro episodio, los paralelos sirven también para iluminar algunas de las elecciones más idiosincráticas del cronista poético de la conquista de México.

El "otro" del texto virgiliano es a la vez más y menos otro que el Aguilar de Lobo Lasso: siendo griego, es ex-enemigo de los troyanos, hasta ex-socio del odiado Ulises, pero no se toma nunca por un bárbaro. Por otra parte, como han señalado algunos clasicistas, este griego lleva un nombre persa, el cual hace más complejas su figura y su dimensión simbólica para los contemporáneos de César Augusto, quien apenas había acababdo, en el año 20 a. de C., con la prolongada resistencia de los persas al expansionismo imperial romano. La integración de un griego persa al bando de los futuros romanos se ha visto como una manera de predicar la clemencia hacia enemigos derrotados, promesa de tolerancia de parte de los que mantenían la *Pax romana*. Por todo ello, en virtud de las instancias piadosas de Anchises, padre de Eneas, el personaje ficticio Achaemenides (invención, al parecer, de Virgilio) se incorpora sin problema al bando cuyos descendientes han de ser fundadores de Roma.[15]

En el Canto III de la *Eneida*, el griego se une a los troyanos, y juntos luchan con la geografía y demografía sicilianas, cuyo horror reside en los habitantes del monte Etna, que tiemblan y hacen temblar a cuantos los oyen. Es más: el griego Achaemenides acaba de escaparse del Cíclope Polifemo, en cuya cueva (metonimia de su boca, y por lo mismo de su grotesco apetito y de su voz) casi ha sido devorado. Junto con la sinestesia grotesca que recuerda el desmembramiento de sus desgraciados compañeros, y la metonimia que iguala los *pasos* de los Cíclopes a sus *voces*, el narrador de Virgilio (aquí es Eneas) intensifica el horror visual del "monstrum horrendum, informe ingens, cui lumen / ademptum" (III.658-59), recordando a la vez sus espantosos ruidos que sacuden mar y tierra ("clamorem immensum..., quo pontus et omnes/ contremuere undae, penitusque exterrita tellus/ Italiae curvisque immugiit" [III.672-73]). No se le atribuye al forastero la menor dificultad lingüística, ni siquiera promete emitir sonidos inhumanos. En el universo histórico-mítico de Virgilio, sólo se habla latín. Con la materia bruta de unas mismas figuras retóricas, el autor de la *Mexicana* construye un mundo de diferencias notablemente distinto. De todas las transformaciones que presenta su *contrafactum* del episodio de Achaemenides, el signo unificador es la *confusión*, centro, como hemos visto, de la experiencia de los soldados españoles ("De tal pregunta todos admirados, / confusos y suspensos respondieron" [estr. 18]). En la figura de Aguilar, primero, Lobo Lasso con-funde lo que Virgilio separa. No sólo junta, como había hecho el mantuano, múltiples señas de barbarie y muerte con la vulnerable figura de una víctima de todas estas. Une en una misma figura al Cíclope con el griego, fundiendo la promesa de una "voz espantable y temerosa" del uno con los humildes ruegos del otro. Esta fusión de contrarios hace palpable en Aguilar la potencialidad alienante, alteradora, de su estancia recién terminada entre auténticos bárbaros. Aun cuando el narrador épico disuelve la paradoja, convirtiendo la monstruosa figura compuesta en un sevillano "en Ecija nacido", no permite que se disipe del todo la angustiante incertidumbre que rodea a esta figura, repentinamente trasladada de la barbarie a la civilización. Más bien acentúa la incertidumbre, cultivando una *coincidentia oppositorum* que abarca más que un solo personaje. El lenguaje figurado del canto tercero vincula a los mismos conquistadores con una fuerza monstruosa casi mítica: evocados por el epíteto colectivo "el Ibero", hacen "retumbar las selvas mudas / con voz discorde, presurosa, ardiente" (estr. 16), y obligan a huir en un humilde "bajelillo" a los menos poderosos. Semejantes expresiones, que sugieren que el conquistador más fuerte es susceptible de convertirse en bárbaro en el nuevo contexto, no dejan de sorprender en un poeta tan entusiasta de proyectos imperiales.

Las deudas lobolasianas con la *Eneida* también nos ayudan a ver más claramente lo que distingue a su Aguilar entre otras representaciones contemporáneas, cuyos autores parecen más ansiosos por volver al hilo rector de la narración principal y menos dispuestos a explorar las implicaciones de semejante roce con lo "bárbaro". Francisco López de Gómara, por ejemplo, deja al famoso ex-cautivo esencialmente intacto; lo retrata en simbólica fidelidad a los valores de su cultura, atento a unas *Horas* cristianas que lleva consigo, su ecuanimidad apenas turbada por años de sufrimiento (II, 31-32). Tanto el relato de Gómara como el de Bernal Díaz, que concede mayor importancia ontológica al cautiverio de Aguilar cuando le hace pronunciar la mínima y misteriosa auto-presentación "Yo soy", ofrecen un neto contraste con el proceder de Lobo Lasso. El poeta épico retarda la marcha de su narración a fin de dramatizar, en *tempo lento*, el retorno del nativo español, mientras éste recorre un itinerario expresivo que lo lleva desde meros gestos y sonidos que sólo quieren ser significativos hasta la plenitud del discurso histórico.

Llama la atención sobre todo el hecho de que el poeta no haya exiliado la perturbación lingüística y mental a los márgenes de su epopeya.[16] El autor de la *Mexicana* obliga a sus personajes —así como al lector— a vivir la perturbación de habla y discurso, a tocar con las manos la inquietante extrañeza de este fantasma hablante, a tenerla en sus brazos hasta darle cabida en su realidad vivida y en su narración. De este abrazo simbólico, nadie sale ileso. Al contemplar a Jerónimo de Aguilar, nos dice el poeta en el tiempo reiterado del imperfecto, todos los españoles se contemplan a sí mismos. Es en consecuencia de esta mirada especular y reflexiva que se ven sobresaltados, transformados, alterados en el sentido radical de esta palabra.[17] Se ven literalmente hechos otros: "Mírban*le* y mírban*se* alterados". Ni siquiera el narrador se mantiene al margen del resultante contagio epistemológico y ontológico: mediante el uso repetido de los adjetivos "débil" y "ronco" para caracterizar su propia voz, el narrador asocia el timbre de ésta con los titubeos del ex-cautivo.[18] Como el mismo Aguilar, Lobo Lasso no se lanza a narrar antes de desviarse del camino de la historiografía hacia esa fuente tradicional de expresiones primordiales de la voz humana que es la lírica.

4. La lengua en el otro mundo

Para muchos poetas, el viaje hacia el oscuro corazón del lenguaje es también un itinerario hacia experiencias de las cuales el lenguaje no pasa de ser la figura, que los lleva a contemplar la mortalidad, la muerte y el mundo de ultratumba. Es este mismo viaje hacia espacios y tiempos más allá de la vida, de lo visible y de lo conocido que propone Garcilaso de la Vega en su *Egloga I*, y cuyos ecos se oyen en el Canto III de la *Mexicana*.[19] Las octavas 18 y 19 de este canto condensan y reconfiguran los versos que su predecesor y homónimo pone en la boca del pastor Nemoroso. Enfrentándose en la memoria a la "tenebrosa noche" de la muerte de su amada, Nemoroso se asemeja al ruiseñor que vierte su dolor en puro canto ("desta manera suelto yo la rienda / a mi dolor, y ansí me quejo en vano / de la dureza de la muerte airada" [vv. 338-340]); después vuelve a oír la angustiada voz de Elisa en trance de muerte, "que a la cruda, / inexorable diosa demandaba[s] / en aquel paso ayuda" (vv. 376-78). Estos versos evocan de forma inolvidable un gesto que ha definido la poesía desde sus inicios órficos: el poeta levanta la voz para afirmar su sentimiento frente a la aniquilación de ambos (sentimiento y voz) que supone la muerte. Dado su tema histórico, no era de esperar que Gabriel Lobo Lasso de la Vega siguiera al toledano en su creación de un Orfeo moderno. Donde los dos poetas sí coiciden es en su intenso interés por la experiencia estremecedora de oír una voz extraña, como si fuera de ultratumba. Y el poeta épico, de acuerdo con su intención de celebrar los triunfos del Ibero, se sirve del rescate de la lengua —y del futuro "lengua"— como emblema de la victoria de valores europeos sobre la casi muerte de la existencia entre bárbaros.

Observamos además en el Canto III la *translatio imperii* poética y cultural del siglo XVI en una de sus instancias concretas: el "nuevo mundo" del descubrimiento y la conquista españoles aquí usurpa cabalmente las funciones simbólicas de los "otros mundos" de la mitología antigua y la teología judeo-cristiana. En la medida que transporta a seres humanos con su actividad lingüística más allá de todo lo conocido (espacio, tiempo, cultura, la vida misma), más allá de todo lo imaginable, el nuevo "otro mundo" americano ostenta muchas semejanzas con los reinos de Plutón (río Leteo y Estigio lago) y con el profundo lago del infierno de la misa católica de muertos. Numerosos son los textos de la temprana modernidad hispánica que pintan los territorios americanos, y el Océano y mares que se tienen que atravesar para alcanzarlos, como una región de pérdidas y enajenaciones, de impotencia, parálisis, muerte, y alguna vez incluso, como hemos visto, de resurrección y nueva vida. Las múltiples apropiaciones poéticas de Lobo Lasso de la Vega no solamente dan un acceso más preciso a la forma en que se imaginaba América desde la Península Ibérica: en ellas vemos también motivos que aparecen con frecuencia en el discurso teórico de la época sobre *poesía*. En sus *Anotaciones a las obras de Garcilaso de la Vega* (1580), Fernando de Herrera incita a los que quieran seguir el arduo camino de los grandes poetas a emprender viajes virtuales, en busca de maravillas inéditas que enriquezcan sus versos. Por extensión, el erudito sevillano asocia la excursión transoceánica con prácticas que aseguran la perpetua renovación de la Poesía, la cual de esta manera podrá superar los logros de Petrarca, Garcilaso y otros, ofreciendo al poeta osado el premio de la inmortalidad (66-78). Parecería que la conciencia de un peligro latente en los audaces itinerarios de la metáfora aumenta con la evolución de la poesía culterana y barroca. Mientras Herrera, al recomendar estrategias de conquista y apropiación tropológica, se limita a recomendar al poeta que no se deje distraer en las tierras "ajenas" de la figura, que regrese "luego" al terreno de la "propriedad" del sentido literal, en los comienzos del siglo XVII todo un coro de críticos y poetas (Juan de Jáuregui, Francisco Cascales, Lope de Vega, Quevedo) señalan con mayor severidad los peligros discursivos, estéticos y éticos que acechan al imprudente viajero de la metáfora, una figura cuyo nombre de época era "traslación". En este sentido, la conocida controversia en torno a la "Nueva Poesía" gongorina puede describirse como un tironeo entre entusiastas y censores de una *poética novomundial*.[20]

La escena que ocupa al poeta épico en este canto sobre la mutabilidad ilumina cómo, en el siglo XVI, se fueron vinculando los peligros materiales que se asociaban con las expediciones americanas con un tipo de amenaza más difusa, aunque no menos temible, contra la identidad humana y cultural, cuyas características más elementales son respectivamente el lenguaje y la lengua. Si por una parte las expediciones transoceánicas amenazaban naufragio, cautiverio, muerte, también hacían pensar (gracias precisamente a relatos como el de Jerónimo de Aguilar) en el peligro de perder la lengua española y en la posibilidad aun más aterradora de verse desprovisto de toda capacidad de discurso racional, privado no solamente de la ciudadanía nacional sino también de la más convincente prueba de su humanidad.

Cuando Lobo Lasso hace de la historia de Aguilar la puerta de entrada a su narración heroica, hace visible un aspecto curioso de la angustia lingüística que caracteriza el primer siglo de la diáspora hispánica. Un episodio como el que acabamos de analizar seguramente no nos documenta con exactitud la dificultad comunicativa que encontraron los españoles en América, donde ciertamente la experiencia más típica y más repetida no podía ser la de enfrentarse con hispanohablantes extraviados. No deja de sorprender que el poeta haya elegido poner en primer plano una comunicación intralingüística, que no nos haya ofrecido el drama de un intento de comprensión interlingüística que aspirara a trascender barreras culturales reales. Tampoco elige, como bien lo podría haber hecho, ubicar su epifanía lírico-histórica en el logro sorprendente de auténtica comunicación con un indígena. Bien podría haber evocado, con no menos respaldo del principio de verosimilitud, alguna instancia de comprensión "maravillosa" entre un europeo y un nativo de América. Con el personaje del futuro traductor, sin embargo, la voz de este "hombre tan remoto" se nos da disfrazada de una otredad que lo es sólo en apariencia. Por muy sucio, despeinado y harapiento que se vea, el Aguilar de Lobo Lasso no pasa de ser un simulacro de bárbaro. Lejos de permitir al lector un modo de acceso al mundo del otro, lo que este encuentro de los soldados de Cortés con el cautivo termina permitiendo es que el "auténtico español" salga del escondrijo donde ha vivido preso y muerto para su propia comunidad. La resultante escena ritual así viene a ser una versión de juegos infantiles como el juego del "cucú" o en inglés *peekaboo*. Según Freud, el niño inventa semejantes diversiones en un intento de superar una primitiva experiencia traumática. Aterrado por la primera ausencia de sus padres y por la aparición de un sustituto desconocido, el niño se sirve de múltiples repeticiones de un proceso semejante, en el que desaparecen y vuelven a aparecer personas u objetos, para domesticar su terror inicial.[21]

La intensidad que confiere el Canto III de la *Mexicana* al episodio del "retorno del nativo" español ostenta, en el plano literario-cultural, el mismo carácter ritual y lúdico del juego infantil. A los personajes españoles, como a su lectorado peninsular, el poema permite revivir primero la experiencia inicial de terror ante las implicaciones de una América desconocida para la comunicación lingüística, y luego el alivio de ver "restaurado" el orden del discurso en castellano. El episodio celebra poéticamente el retorno, no solamente del cautivo, sino también de los testigos de su regreso y del texto mismo, a la claridad inteligible de la lengua castellana, a las convenciones reconfortantes de la civilización, a la seguridad de la verdad cristiana. Y en su centro dramático coloca la figura de una fiera domada, paradójicamente el *homo loquens* Jerónimo de Aguilar, a quien vemos salir de un cautiverio más angustiante que el del cuerpo. Lo que aquí se rescata son nada menos que su lengua y su voz como sujeto de un discurso que lo va alejando de ruidos elementales, hasta hacerle dueño de la expresión poética y de la narración histórica.

Sin embargo, a pesar de la teleología triunfalista de este poema, el episodio dedicado a Aguilar sigue siendo bifronte. Si con una cara tiene la mira puesta en las próximas hazañas del Ibero, con la otra no termina de contemplar el mundo de la barbarie que con el rescate del cautivo parece querer abandonar. Esta anécdota, que reduce a una oveja perdida al rebaño de su cultura, al orden lingüístico del castellano y al género de la epopeya, al mismo tiempo efectúa el retorno de la atención de poeta y lectores justamente al espacio desordenado que lengua, cultura y literatura intentan domesticar. Y en lugar de reprimir las fuentes del terror, más bien aproxima la imaginación europea a una zona límite de su experiencia, representando al hombre amenazado por la pérdida de su voz. En este último reducto de la identidad y de la misma humanidad, donde el personaje Aguilar se salva del abismo de la aniquilación cultural, el poeta sugiere otra posibilidad inquietante cuando muestra, como hemos visto, a todos los actores de su drama alterados ya por este primer roce del poema con la sombra de una otredad radical.

5. "Nuevo lenguaje" y "extranjera poesía" (Castillejo, Góngora)

Un estudio de la representación lobolasiana del futuro intérprete de Cortés no puede dejar de señalar las implicaciones del personaje para la historia *poética* de los siglos XVI y XVII. Si los escritores de generaciones posteriores pudieron encontrar en este lugar de la *Mexicana* agua para su molino poético, sin duda se debe al hecho de que el endecasílabo más llamativo del Canto III de Lasso ("*Mirábanle y mirábanse alterados*") tiene poderosas resonancias con unos versos que había escrito más de medio siglo antes Cristóbal de Castillejo. En el soneto muy citado que compone el defensor de casticismos literarios para reprender a los autores de la renovación italianizante de la poesía peninsular renacentista, se evoca otra instancia de extrañeza lingüístico-cultural. El momento de intenso desconcierto se da cuando se topan en el Monte Parnaso dos bandos de poetas españoles:

> Garcilaso y Boscán, siendo llegados
> Al lugar donde están los trovadores
> Que en esta nuestra lengua y sus primores
> Fueron en este siglo señalados,
>
> Los unos a los otros *alterados*
> *se miran, con mudanza de colores*,
> temiéndose que fuesen corredores
> espías o enemigos desmandados;
>
> Y juzgando primero por el traje,
> Paresciéronles ser, como debía,
> Gentiles españoles caballeros;

Y oyéndoles hablar *nuevo lenguaje,*
mezclado de extranjera poesía,
con ojos los miraban de extranjeros (*Obras* II, 229).

Al arribo de las dos eminencias poéticas, nos dice el primer cuarteto, ya "están los trovadores", instalados en un lugar que parece ser el suyo propio. Y éstos no solamente ocupan la mítica cumbre, sino que están identificados en la percepción del narrador poético con la misma lengua de sus versos ("nuestra lengua y sus primores"). La llegada de Garcilaso y Boscán cuenta con la fuerza de la sorpresa, y de ésta se desencadena una rápida sucesión de reacciones: 1) alteración inicial de los dos grupos, en el sentido de perturbación; 2) paranoia de los defensores de la tradición ante la posibilidad de espionaje o traición de parte de los nuevos; 3) relajamiento de la tensión, en vista del atuendo gentil, caballeresco, español de éstos; y finalmente, 4) una reacción xenofóbica ante el nuevo discurso de los intrusos ("nuevo lenguaje / mezclado de extranjera poesía").

Sin olvidar la conocida hostilidad de Cristóbal de Castillejo frente a la nueva poesía italianizante —que sobredetermina el léxico normativo del poema y dicta su enfoque en la perspectiva de los defensores de la tradición— está claro que la alteración que abre y cierra la secuencia de reacciones es una alteración mutua. "Los unos a los otros *alterados / Se miran*", nos dice el narrador, ubicando el desconcierto no en uno solo de los bandos, sino en ambos con un valor de reciprocidad promovido también por el sintagma "con mudanza de colores", atribuible a cualquiera de los grupos o a ambos. En el verso final el fenómeno de una alienación mutua vuelve a cobrar forma emblemática, cuando el poeta, al afirmar que los trovadores "Con *ojos* los [eso es, a los nuevos] miraban *de extranjeros*", siembra con un hipérbaton, acaso irónico, la duda si los "ojos de extranjeros" pertenecerán a los que ven o a los que son vistos. Es decir que, en este encuentro simbólico entre los protagonistas de dos movimientos poéticos que se disputan la preeminencia cultural y la ejemplaridad en el cultivo de la poesía, la *alteración* es un proceso sufrido por todos. Y en todos sus sentidos, porque la mirada mutua asusta, excita, y a fin de cuentas transforma a todos. Ante la radical novedad lingüística todos —y no únicamente los que afirman su papel de innovadores— se confiesan alienados, desnaturalizados, y por implicación desposeídos de ese patrimonio cultural de todos que es "nuestra lengua". Como bien lo sabía el Ovidio de los *Tristia* y del *Ex Ponto*, encontrarse entre extranjeros es convertirse uno mismo en extranjero, hasta en bárbaro.[22]

6. El criollo y la alteración de la lengua

La decisión del autor de la *Mexicana*, de refundir una escena fundacional de la poesía española renacentista que capta la lucha por el control de "nuestra lengua", tiene una doble significación. Primero, comprueba la importancia primordial del lenguaje y de la lengua como instrumentos indispensables de la autodefinición cultural, dentro y fuera de casa. Es decir, en el caso de España, dentro y fuera de la Península, en el Mediterráneo o en las Nuevas Españas transoceánicas. Al reunir, en su evocación de eventos y personajes nunca vistos por él, diversos lugares clásicos en la representación poética de la extrañeza, y en especial de la extrañeza lingüística, Lobo Lasso atestigua la trascendencia que tenía este tema para sus contemporáneos.

La fábula etnocéntrica de que se ocupa Gabriel Lobo Lasso de la Vega es también un *locus classicus* de las llamadas crónicas de Indias. En cada versión de la historia del retorno del nativo, que pasa por variantes como la historia de Pedro Serrano en los *Comentarios reales del Inca* (Libro I, capítulo 8), se presenta una alegoría de la diáspora americana de los españoles y de su lengua. En todas ellas, la figura encargada de personificar la experiencia de verse separado de la comunidad cultural encarna una angustia en la que la dimensión lingüística es central. Ciertamente en estas alegorías el texto literario o historiográfico intenta representar situaciones que habían de ser frecuentes para las primeras generaciones de hispanoamericanos: la experiencia inédita de oír algarabías novomundiales y la otra —a veces más desconcertante— de escuchar la propia lengua en boca de otros, aun cuando esos otros lo fueran sólo en apariencia.

Cuando los cronistas se sirven de este venerable *locus* para dramatizar las crisis de identidad que no pudieron dejar de acompañar el fenómeno de la dislocación masiva del siglo XVI hispánico, a menudo ponen en boca de sus personajes afirmaciones, como el "Yo soy" del Aguilar de Bernal, que se parecen mucho al comentadísimo "Yo sé quien soy" de Don Quijote (I.5). Si Lobo Lasso permite que el natural de Ecija abunde sobre los datos concretos de su identidad española, al mismo tiempo sugiere los límites de su autoconocimiento. Como muchos españoles desplazados, hispanoamericanos a la fuerza o por elección, el personaje Aguilar sabe quién es, pero descubre que puede volverse otro, que *no puede no ser otro* en su nuevo contexto. En este sentido, de la misma manera que su compañero Gonzalo Guerrero ha sido canonizado como "el padre del mestizaje", Jerónimo de Aguilar podría ser nominado como "el padre del criollismo", por ser el primero que renace, en suelo americano, a la conciencia de su lengua y cultura europeas.[23]

El segundo valor del *contrafactum* de Lobo Lasso es recordarnos que, en esta labor de automodelación y autorreconocimiento culturales, la poesía ha desempeñado desde siempre un papel principal, alguna vez tan decisivo como el de cualquier tratado filosófico o protocolo diplomático. El soneto de Castillejo, intercalado en una composición más extensa titulada "Reprensión contra los poetas españoles que escriben en verso italiano", abre formalmente un capítulo largo y conflictivo de la historia literaria castellana.[24] Es justamente en las últimas décadas del siglo, cuando Lobo Lasso prepara su epopeya sobre la campaña mexicana, que estas "guerras culturales" se acercan a su encrucijada más desgarradora con la aparición de la Nueva Poesía de Góngora.

El perfil discursivo del natural de Ecija, con su mezcla de lágrimas, sollozos, gritos, gestos, y palabras marcadas por interrupciones y ronquera, se anticipa a los ritmos desiguales y a la dificultad de la poética culterana. Góngora procurará acercar la lengua castellana al latín por la vía de la desnaturalización, alterando y alienando el lenguaje poético en lengua castellana.[25] El Aguilar de la *Mexicana* puede, por lo tanto, considerarse un antecedente importante de toda una serie de monstruos del lenguaje poético, como el *Polifemo* de Góngora, el Grisóstomo de la "Canción desesperada" (*Don Quijote* I.14), o incluso como el Segismundo de *La vida es sueño*.

Si este rasgo tan fundamental de la poética gongorina —una estética basada en la *alteración de la lengua*— tiene raíces importantes en la imaginación española de América, nos urge volver a escudriñar la relación entre los dos Barrocos, el español y el colonial novohispano. No es imposible que el Barroco español deba parte de sus contrastes desgarradores, de su gusto por imágenes y palabras nuevas, de su misma dificultad, al impacto de la experiencia transatlántica (real o soñada) sobre la imaginación del Viejo Mundo. Si fuera así, el llamado "Neobarroco" sería no un artículo de exportación europea, sino más bien una segunda etapa, plenamente americana, en la poetización hispánica de la experiencia de expansión mundial.[26]

Es por haber intuido, desde España, las profundas repercusiones culturales de la diáspora —que aseguraban que ni la lengua española, ni la herencia clásica, ni los discursos poéticos de su día podían dejar de experimentar la *alteración cultural* ocasionada por su traslado a tierras americanas— que Gabriel Lobo Lasso de la Vega merece un lugar en la historia literaria y cultural del mundo hispánico.

NOTAS

[1] Los vínculos ideológicos que unen la *Mexicana* al mundo de la Contrarreforma han sido observados por José Amor y Vázquez en un importante artículo que complementa la introducción del mismo crítico a su edición del poema. Consúltense ambos estudios para el currículum literario de Lobo Lasso, que incluye dos tragedias (una sobre la destrucción de Constantinopla, otra sobre la reina Dido), diversos romances y unos *Elogios en loor de los famosos varones* (1601), uno de los cuales es Hernán Cortés.

[2] Entre estos ejemplos, se incluían los tres cantos del *Carlo famoso* (1566) que dedica Luis Zapata a la expedición de Cortés, los tres libros de la *Araucana* de Alonso de Ercilla (1569, 1578, 1589), y las *Elegías de varones ilustres de Indias* (1589) de Juan de Castellanos.

[3] Roberto Castillo Sandoval ofrece una documentación pormenorizada de todas las versiones conocidas de la historia de Aguilar en su estudio del *Cautiverio feliz* de Pineda y Bascuñán.

[4] Para el tema de la representación de bárbaros y salvajes en la temprana modernidad hispánica, se pueden consultar los estudios de Roger Bartra, Edward Dudley y Anthony Pagden.

[5] Sobre la experiencia de la dificultad de comunicación entre españoles y habitantes nativos, véanse Emma Martinell Gifre, *Aspectos lingüísticos del descubrimiento y la conquista*, y José Luis Rivarola, "Lengua, comunicación e historia del Perú" en *La formación lingüística de Hispanoamérica* del mismo estudioso.

[6] Para un resumen de esta preocupación en el mundo hispánico, véase "El apogeo del castellano" de Antonio Alatorre en su *Los 1,001 años de la lengua española* (152-272). Para la perspectiva hispanoamericana, consúltese el libro de José Luis Rivarola (*passim*).

[7] La máxima defensora de una compleja oralidad áurea, compañera de su textualidad, es Margit Frenk. Véase, por ejemplo, "Dignificación de la lírica popular en el Siglo de Oro".

[8] Sobre este tema de gran actualidad crítica, véanse los trabajos de Rolena Adorno, Miguel León-Portilla, Martín Lienhard, Mercedes López-Baralt y Walter Mignolo.

[9] Sobre este tema, son fundamentales los estudios del muy lamentado Paul Zumthor. Martín Lienhard y José Antonio Mazzotti intentan captar voces indígenas inscritas en textos hispanoamericanos coloniales. Abundo sobre el interés de poetas españoles por la voz en "Góngora and the Footprints of the Voice" y en "Voces y razones: la *Canción desesperada* de Grisóstomo".

[10] Una discusión pormenorizada de esta paradoja semántica se encuentra en mi "Voces y razones: la *Canción desesperada* de Grisóstomo".

[11] Covarrubias de nuevo confirma el hábito: "Este nombre fingieron los griegos de la grossera pronunciación de los estrangeros, que procurando hablar la lengua griega la estragavan, estropeándola con los labios" (194). Sobre la representación del bárbaro y su lengua se puede consultar *The Fall of Natural Man* de Anthony Pagden (15-26).

[12] Consúltese "The 'Uncanny'", ensayo publicado por primera vez en 1919, y reproducido en traducción inglesa en *On Creativity and the Unconscious: Papers on the Psychology of Art, Literature, Love, Religion*.

[13] En esta explotación del léxico virgiliano, Lobo Lasso demuestra sin lugar a dudas su conocimiento directo del texto latino. La traducción en verso de Gregorio Hérnandez de Velasco (1574), manejada también por Cervantes, no preserva "ignoto/a". Esta palabra sugiere una de las figuras más extraordinarias de la *Mexicana*: la *hypallage* que atribuye la distancia cultural que experimentan los espectadores en relación con la persona *presente* que les da la impresión de ser "hombre tan remoto". Debo esta precisión en torno a la práctica retórica del poeta a Juan Silva. Una segunda traducción de la *Eneida*, hecha por Cristóbal de Mesa, aparece en 1615, atestiguando el interés del lectorado hispánico de la época por el poema clásico.

[14] Para la literatura del cautiverio, se pueden consultar las obras de George Camamis y Roberto Castillo Sandoval.

[15] Sobre la figura de Achaemenides, se pueden consultar los estudios de Pier Vincenzo Cova, A. G. Mackay y T. E. Kinsey, donde se detalla la función orgánica del episodio en el complejo tejido de la *Eneida*, y donde se puntualizan contextos de la política imperial (relaciones con Siria, Persia, Grecia) que le dan una urgente actualidad en la era de Augusto. Sobre el nombre Achaemenides, nombre compuesto grecopersa, que tendría para un lectorado romano resonancias con el nombre de Achaemenes, fundador de la dinastía persa (Kinsey 112), véase también el estudio de Alvin H. M. Stonecipher, quien nota su raíz en la palabra persa *haxa* o "amigo" (32).

[16] Esto es lo que hace Virgilio al identificar los ruidos desconcertantes con la inhumana voz del Cíclope ("clamorem immensum"[III.672], "sonitumque pedum vocemque tremesco"[648]) y con la geografía volcánica de Sicilia, que los troyanos se apresuran a dejar rápidamente atrás.

[17] Covarrubias recupera el sentido radical del verbo: "Mudar la cosa de su ser y estado, de manera que podamos dezir no ser la mesma, sino otra, *quasi altera*. Alterar la gente es causarles sobresalto, induciéndola a qualque novedad, miedo o espanto. Alterado, el airado. Alteración, aquella passión que toma. Antonio Nebrixa buelve *perturbare*, etc." (105). Consúltese también *Autoridades*, que precisa el sentido reflexivo del verbo: "Turbarse, descomponerse, immutarse en el semblante, el color del rostro, el tono de la voz, las acciónes, u otra cosa que manifieste pena, disgusto, o enójo" (I, 246).

[18] Compárese la estrofa 21 ("dice con ronca y débil voz aquesto"), donde estos dos calificativos se aplican al cautivo, con la estrofa 27 ("con débil voz y ronco acento"), donde el poeta habla de su misma voz. "Ronco" se usa con gran frecuencia en este poema, como en el de Ercilla, en el *Polifemo* de Góngora, y en el *Viaje del Parnaso* de Cervantes. Más allá de la ronquera de las cuerdas vocales, sirve para evocar estruendos varios: vientos, tormentas marítimas, batallas, la musa marcial, voces prodigiosas de seres sobre o infrahumanos. La asociación de "ronco" con fuerzas violentas y poderosas hace del sintagma "ronca y débil" un oxímoron que vincula la capacidad de

inspirar terror con la vulnerabilidad. Para Lobo Lasso, Aguilar, que espanta para echarse luego a los pies de los que acaba de aterrar y después se reintegra al proyecto militar y épico, es una figura perfectamente oximorónica.

[19] Ambos poemas están repletos de reminiscencias de excursiones semejantes que se encuentran en el *Antiguo Testamento* y en autores clásicos, medievales y renacentistas como Homero, Virgilio, Dante, Petrarca, Sannazzaro y Ariosto, que no podemos incluir en el espacio de este ensayo. Véase el estudio de María Rosa Lida de Malkiel sobre "La visión de trasmundo en la literatura hispánica". Para notas muy útiles sobre las fuentes de Garcilaso, consúltese la edición de Bienvenido Morros.

[20] Estudio la conciencia de América en Herrera y en otros preceptistas en "El lenguaje de la Conquista y la conquista del lenguaje en las poéticas del Siglo de Oro".

[21] La discusión de Freud sobre este tema se encuentra en *Jenseits des Lustprinzips* (1920), traducido al inglés como *Beyond the Pleasure Principle* (8-11).

[22] Véase, por ejemplo, *Tristia* V.vii (en la traducción inglesa "Among the Goths"), donde el poeta, viviendo entre bárbaros, expresa su angustia por la pérdida de su lengua (234-39).

[23] Remito al lector a otro estudio mío sobre la automodelación hispánica en dos mundos, "Spain's Renaissance Conquests and the Retroping of Identity".

[24] El interés de Castillejo por cómo se usaba la lengua castellana, no se limita a la intrusión que representa la imitación italianizante. Entre sus obras se encuentra una diatriba "Contra los encarecimientos de las coplas españolas que tratan de amores", cuyos versos comunican la siguiente pena: "Cosa vana, / Que la lengua castellana, / Tan cumplida y singular, / Se haya toda de emplear / En materia tan liviana!" (II, 223) La aparente frivolidad del título de la colección donde aparecen las dos "reprensiones", *Obras de conversación y pasatiempo*, como el tono burlesco, desmienten la seriedad de su tema: el papel del escritor individual en el destino de toda una lengua.

[25] Más allá de su *Polifemo*, la obra del cordobés está poblada de numerosos sujetos errantes, cuyas convenciones discursivas están reñidas con sus nuevos contextos, en algún caso hasta el punto de impedirles hablar. Abundo sobre este tema en "Góngora and the Footprints of the Voice".

[26] Sobre la relación entre el Barroco de Indias y el Barroco europeo, se pueden consultar el trabajo de John Beverley y el reciente libro de Mabel Moraña (25-61).

Bibliografía

Adorno, Rolena. *Guaman Poma. Writing and Resistance in Colonial Peru*. Austin: University of Texas Press, 1986.

Alatorre, Antonio. *Los 1,001 años de la lengua española*. México: Fondo de Cultura Económica, 1979.

Amor y Vázquez, José. "Conquista y Contrarreforma: la *Mexicana* de Gabriel Lobo Lasso de la Vega." *Actas del II Congreso de la Asociación Internacional de Hispanistas*. Jaime Sánchez Romeralo y Norbert Poulussen, eds. Nijmegen, Holanda: Instituto Español de la Universidad de Nimega, 1967. 181-91.

Bartra, Roger. *Wild Men in the Looking Glass*. Ann Arbor: University of Michigan Press, 1994.

Beverley, John. "Sobre Góngora y el gongorismo colonial." *Revista Iberoamericana* XLVII, 114-115 (1981): 33-44.

Boone, Elizabeth Hill, and Walter Mignolo, eds. *Writing Without Words. Alternative Literacies in Mesoamerica and the Andes*. Durham: Duke University Press, 1994.

Calderón de la Barca. *La vida es sueño*. Madrid: Cátedra, 1981.

Camamis, George. *Estudios sobre el cautiverio en el siglo de oro*. Madrid: Gredos, 1977.

Castiglione, Baldassare. *Los cuatro libros del Cortesano, traduzidos en lengua castellana por Boscán*. Barcelona, 1534. *El cortesano*. Ed. Mario Pozzi. Madrid: Cátedra, 1994.

Castillejo, Cristóbal de. *Obras*. 2 vols. Ed. J. Domínguez Bordona. Clásicos Castellanos. Madrid: Ediciones de "La Lectura", 1927.

Castillo Sandoval, Roberto. *Cautelosas simulaciones: Pineda y Bascuñán y su "Cautiverio feliz"*. Tesis doctoral inédita. Harvard University, 1992.

Cervantes Saavedra, Miguel de. *Don Quijote de la Mancha*. 3 vols. Ed. Luis A. Murillo. Madrid: Castalia, 1978.

Cova, Pier Vincenzo. "Achemenide". *Enciclopedia Virgiliana*. 5 vols. Vol. 1. Roma: Istituto della Enciclopedia Italiana. Fondata da Giovanni Treccani, 1984. 22-23.

Covarrubias Horozco, Sebastián de. *Tesoro de la Lengua Castellana o Española*. Madrid, 1611. Edición facsímil. Madrid: Turner, 1979.

Díaz del Castillo, Bernal. *Historia verdadera de la conquista de la Nueva España*. Madrid: Espasa-Calpe, 1992.

Diccionario de Autoridades. Real Academia Española. Madrid, 1726. Edición facsímil. Madrid: Gredos, 1990.

Dudley, Edward, ed. *The Wild Man Within*. Pittsburgh: University of Pittsburgh Press, 1972.

Frenk, Margit. "Dignificación de la lírica popular en el Siglo de Oro". *Estudios sobre lírica antigua*. Madrid: Castalia, 1978. 47-80.

Freud, Sigmund. *Beyond the Pleasure Principle*. James Strachey, trad. Nueva York: W. W. Norton, 1961.

―――― *On Creativity and the Unconscious: Papers on the Psychology of Art, Literature, Love, Religion*. Nueva York: Harper Colophon Books, 1958.

Garcilaso de la Vega. *Obra poética y textos en prosa*. Ed. de Bienvenido Morros. Barcelona: Crítica, 1995.

Garcilaso de la Vega, El Inca. *Comentarios reales de los incas*. 2 vols. Aurelio Miró Quesada, ed. Caracas: Biblioteca Ayacucho, 1976.

Gaylord, Mary Malcolm. "Góngora and the Footprints of the Voice." *MLN* 108 (1993): 230-53.

―――― "El lenguaje de la Conquista y la conquista de lenguaje en las poéticas del Siglo de Oro." *Actas del IX Congreso de la Asociación Internacional de Hispanistas*. Frankfurt am Main: Vervuet, 1989. 469-75.

―――― "Spain's Renaissance Conquests and the Retroping of Identity." *Journal of Hispanic Philology* 16 (1992): 125-36.

―――― "Voces y razones en la *Canción desesperada* de Grisóstomo." *Homenaje a Isaías Lerner*. Madrid: Castalia, 2000.

Góngora y Argote, Luis de. *Fábula de Polifemo y Galatea*. Ed. Alexander A. Parker. Madrid: Cátedra, 1990.

Hernández de Velasco, Gregorio. *La Eneida de Virgilio... traduzida en octava rima y verso Castellano*. Toledo: Diego de Ayala, 1574.

Herrera, Fernando de. *Obras de Garcilaso de la Vega con anotaciones de Fernando de Herrera*. Ed. facsimilar de Antonio Gallego Morell. Madrid: C.S.I.C., 1973.

Kinsey, T. E. "The Achaemenides Episode in Virgil's *Aeneid* III." *Latomus* 38 (1979): 110-24.

León-Portilla, Miguel. *Visión de los vencidos. Relaciones indígenas de la Conquista*. México: Universidad Nacional Autónoma de México, 1992.

Lida de Malkiel, María Rosa. "La visión de trasmundo en la literatura hispánica". Apéndice de *El otro mundo en la literatura medieval*. Howard Rollin Patch, ed. México: Fondo de Cultura Económica, 1950. 371-449.

Lienhard, Martín. *La voz y su huella. Escritura y conflicto étnico-social en América Latina 1492-1988*. Hanover, NH: Ediciones del Norte, 1991.

Lobo Lasso de la Vega, Gabriel. *Mexicana*. José Amor y Vázquez, ed. Biblioteca de Autores Españoles. Madrid: Real Academia Española, 1970.

―――― *Primera parte del Romancero y Tragedias de...* Alcalá de Henares: Juan Gracián, 1587. Incluye la *Tragedia de la destruyción* de *Constantinopla* y la *Tragedia llamada honra de Dido restaurada*, accesibles en la edición moderna de Alfredo Hermenegildo. Kassel: Editorial Reichenberger, 1983 y 1986 respectivamente.

_____ *Elogios en loor de los tres famosos varones Don Jaime rey de Aragón, don Fernando Cortés, marqués del Valle, y don Alvaro de Bazán, marqués de Santa Cruz*. Zaragoza: por Alonso Rodríguez, 1601.

López-Baralt, Mercedes. *Icono y conquista: la Crónica de Indias ilustrada como texto cultural*. Madrid: Hiperión, 1987.

López de Gómara, Francisco. *La historia general de las Indias. Hispania Vitrix*. Ed. de Emiliano M. Aguilera, con transcripción y facsímil de 1554. Zaragoza: Amigos del Círculo del Bibliófilo, 1984.

Mackay, A. G. "The Achaemenides Episode. Vergil, *Aeneid* III, 588-691)". *Vergilius* 12 (1966): 31-38.

Martinell Gifre, Emma. *Aspectos lingüísticos del descubrimiento y de la conquista*. Madrid: CSIC, 1988.

Mazzotti, José Antonio. *Coros mestizos del Inca Garcilaso. Resonancias andinas*. Lima: Fondo de Cultura Económica, 1996.

Mignolo, Walter. *The Darker Side of the Renaissance. Literacy, Territoriality and Colonization*. Ann Arbor: University of Michigan Press, 1995.

Moraña, Mabel. *Viaje al silencio. Exploraciones del discurso barroco*. México: Facultad de Filosofía y Letras, UNAM, 1998.

Mesa, Christoval de. *La Eneida de Virgilio*. Madrid, 1615.

Ovid. *Tristia. Ex Ponto*. Texto latino y traducción inglesa de A. L. Wheeler. Loeb Classical Library. Cambridge, MA: Harvard University Press, 1988.

Pagden, Anthony. *The Fall of Natural Man. The American Indian and the Origins of Comparative Ethnology*. Cambridge, England: Cambridge University Press, 1982.

Rivarola, José Luis. *La formación lingüística de Hispanoamérica*. Lima: Pontificia Universidad Católica del Perú, 1990.

Stonecipher, Alvin H. M. *Graeco-Persian Names*. New York, Cincinnati, Chicago: American Book Company, 1918.

Virgil. *Eclogues. Georgics. Aeneid I-IV*. H. Rushton Fairclough, trad. Loeb Classical Library. Cambridge: Harvard University Press; Londres: William Heinemann, Ltd., 1976.

Zumthor, Paul. *La lettre et la voix: de la littérature médiévale*. París: Seuil, 1987.

Poder y narración: representación y mediación de un deseo americano en la *Segunda carta de relación*[1]

Yolanda Martínez-San Miguel
Rutgers University, New Brunswick

> En especial hace relación de una grandísima provincia muy rica llamada Culúa en la cual hay muy grandes ciudades y de maravillosos edificios y de grandes tratos y riquezas entre las cuales hay una más maravillosa y rica que todas llamada Temustitán que está por maravillosa arte edificada sobre una grande laguna, de la cual ciudad y provincia es rey un grandísimo señor llamado Muteeçuma, donde le acaescieron al capitán y a los españoles espantosas cosas de oir. Cuenta largamente el grandísimo señorío del dicho Muteeçuma y de sus ritos y cerimonias y de cómo se sirve (Cortés 159-160).

1. INTRODUCCIÓN

Estas palabras que acabo de citar aparecen como un encabezamiento de la "Segunda relación" que se le atribuye al editor Jacobo Cromberger. Ya en este texto introductorio y descriptivo se señala el motivo fundamental del relato: Tenochtitlán. De ahí que se haya leído esta carta como una narración que se divide en tres partes: (1) la entrada en Tierra Firme y la conquista de Tenochtitlán; (2) la descripción de la grandeza de la ciudad y de los servicios a Moctezuma y (3) el conflicto con Diego Velázquez, la llegada de Narváez a Veracruz y la pérdida de Tenochtitlán (Delgado Gómez, "Introducción" 48). En esta lectura resulta evidente que Tenochtitlán es el objeto de deseo en la narrativa de Hernán Cortés, y que su relato se centra precisamente en la descripción, captura y pérdida de esta gran ciudad. Este vínculo entre la escritura y el centro del imperio azteca se nota incluso al final de la relación, pues Cortés no encuentra cómo concluir su carta tras la pérdida de la ciudad, y por ello pospone la clausura hasta conseguir una victoria menor sobre los indígenas para mantener la ilusión de control sobre la zona.

El estudio de las *Cartas de relación* se ha dedicado al análisis del contenido histórico de sus relatos (Delgado Gómez, Blázquez Garbajosa, Clendinnen), la descripción de las estrategias que utiliza

Cortés para controlar Tenochtitlán (Pastor 94-120, Todorov 111-19, Blázquez Garbajosa 23-46, Iglesia 154-79), así como a los elementos de ficcionalización presentes en el modo en que Cortés representa su empresa de conquista (Pastor, Checa, Glantz, Merrim). Otro de los temas que ha recibido un amplio tratamiento es el vínculo de la palabra con el ejercicio del poder colonial (Rabasa, Todorov). Sin embargo, llama la atención la insistencia de algunos de estos estudios en destacar la supuesta objetividad de los textos de Cortés: "Imbuidos de literatura clásica y cristiana, los dos [Pedro Mártir de Anglería y Américo Vespucci] se hallan siempre dispuestos a entrever sirenas, atlánticas y paraísos terrenales en las costas exóticas. Todo ello está ausente en el discurso de Cortés, quien describe la realidad sin dejarse llevar por fantasías, ateniéndose a lo verosímil y comparable" (Delgado Gómez, "La idea de América" 409).[2] Del mismo modo, aunque Beatriz Pastor estudia la ficcionalización de la conquista en la escritura de Cortés, su análisis destaca la falta de filiación entre las *Cartas de relación* y la novela de caballerías:

> Ninguna representación de la realidad del Nuevo Mundo evidencia una ausencia tan consistente del elemento fantástico como la que nos da Cortés, y, después de un análisis detallado de sus cartas resulta imposible demostrar y difícil mantener la importancia que Irving A. Leonard atribuye, en el caso de Cortés, a la influencia de las novelas de caballerías como motor de su conquista de México y de sus exploraciones posteriores. Es probable que Hernán Cortés compartiera la afición a la aventura que expresaba colectivamente la popularidad inverosímil de que gozaron las novelas de caballerías. Pero la existencia de este rasgo, común a tantos hombres de su época, no presupone la aceptación del modelo fantástico de la literatura de caballerías ni implica una influencia de aquella formulación específica de la sed de aventuras de una época, que constituía tal literatura, en el proyecto y en las acciones de Cortés (101).

Quisiera detenerme en esta observación, porque la misma toca una de las preguntas centrales en el estudio de los textos coloniales latinoamericanos. Se trata del carácter literario de los escritos de los cronistas, pregunta que generó una crisis en el campo de los estudios coloniales en la década de los ochenta. Esta crisis disciplinaria se resolvió con la propuesta de que el eje de la disciplina sería el estudio del discurso y sus estrategias de representación, y no necesariamente la configuración de un canon literario (Adorno, "Nuevas perspectivas"

17-18). Este cuestionamiento generó, por otra parte, toda una serie de estudios que buscaban justificar la literariedad y el carácter nacionalizable de los escritos coloniales, dado el vínculo tradicional que existe entre la literatura y la expresión de un *ethos* nacional (Zamora, Cornejo-Polar, González Echevarría, López Mena). El texto de Cortés no está excluido de estas preguntas disciplinarias, que han sido abordadas desde la lingüística (Eberenz-Greoles) y la teoría de la representación (Blázquez Garbajosa, Checa), así como en los estudios culturales y literarios, entre otros.

Al mismo tiempo, el señalamiento de Pastor nos lleva a otro tipo de cuestionamiento: ¿supone la ausencia del modelo fantástico una falta de filiación entre los escritos de Cortés y otros géneros novelescos? Puesto que el estudio de la escritura de Cortés ya ha identificado algunos de los elementos mitificadores y ficcionales de su escritura, me parece que esta pregunta es todavía pertinente. Como ha señalado Stephanie Merrim, la mezcla discursiva y genérica era una característica de los escritos historiográficos del siglo dieciséis:

> The letter, the *relación*, the chronicle, history, oratory, the novel of chivalry, the Bible, the military memoir, the exempla, and the like, comprised the generic and rhetorical models of which the nascent historiography of the New World would avail itself. Of course, all of the components of literary representation —notably, characterization, dialogue, structure, the manipulation of time-space, description— as well as the larger dynamics of verbal representation —poetics, referentiality, pragmatics, and intentionality— entered into these, as into any, historian's task (57).

Mi interés no es cuestionar la observación más específica de Pastor, sino ampliar el foco de la lectura para captar otros elementos novelísticos que no necesariamente se reducen a la presencia de la aventura fantástica tan común en la novela de caballerías. Propongo, pues, una lectura discursiva y no histórica del modo en que Cortés representa la conquista de la Nueva España. Para ello llevo a cabo una lectura de la escritura Cortés que se centra en la representación narrativa de la "Segunda relación", utilizando el modelo del deseo triangular propuesto por René Girard en su libro *Deceit, Desire and the Novel*. Esta lectura vería el texto de Cortés como un relato de su deseo por Tenochtitlán, y las dificultades que difieren su acceso a ese objeto. Sabemos que el fin último de una narrativa sobre el deseo es la posesión. Por eso, luego de trazar este análisis estructural y temático de la relación de Cortés, regreso al vínculo entre palabra y poder, para analizar el impacto que tiene la posposición, alcance y pérdida del objeto deseado en los modos narrativos y descriptivos desplegados en esta carta. Me interesa demostrar que en este texto la carencia o exceso de palabras en la articulación de la narrativa es directamente proporcional al grado de control que Cortés cree tener sobre la realidad representada. Finalmente, considero los rasgos novelescos y expresivos de Cortés para reflexionar sobre cómo se inicia desde ahí un discurso que fue característico de una subjetividad colonial americana que se encontraba en una negociación constante entre sus objetos de deseo y los circuitos de poder locales y metropolitanos.

2. Vicisitudes del deseo

René Girard ha propuesto que una de las características fundamentales de la novela es la articulación del deseo como un espacio de conflicto y contienda.[3] Esta competencia de intereses se manifiesta como un triángulo que se compone de un sujeto que desea a un objeto o persona, y un "otro" mediador que aviva u obstaculiza la consecución del objeto del deseo (1-7). Girard propone, pues, que en la novela el deseo no es transparente, sino que se encuentra usualmente mediado, y de ahí es que surge el conflicto que moviliza la trama. Se distingue, pues, entre dos tipos de mediadores:

> We shall speak of *external mediation* when the distance is sufficient to eliminate any contact between the two spheres of *possibilities* of which the mediator and the subject occupy the respective centers. We shall speak of *internal mediation* when this same distance is sufficiently reduced to allow these two spheres to penetrate each other more or less profoundly (Girard 9).

Cuando la distancia entre el sujeto deseante y su oponente es muy grande, la mediación se manifiesta como un ideal o modelo al que se aspira a lo largo de la trama. No obstante, a medida que el sujeto y el mediador se acercan, entran en competencia por el objeto deseado, y surgen con ello los celos, las luchas para vencer y en ocasiones la traición.

La "Segunda carta" se puede leer como un ejemplo de mediación interna y externa, pues Cortés manifiesta claramente su deseo por capturar Tenochtitlán, pero dedica la mayoría de su relato a detallar las negociaciones a las que deberá recurrir para lograr su ambición de control. En este sentido la "conquista" que se propone en el texto es

Poder y narración • 103

simultáneamente militar y erótica, porque el objeto deseado se representa como una especie de obsesión que se apodera de la trama.[4] Hay dos aspectos interesantes en esta narrativa: (1) que en la carta se representan tres sujetos mediadores —el Rey Carlos V, Moctezuma y Diego Velázquez (representado por Narváez)— que obstaculizan o estimulan el deseo de control en Cortés y (2) que la carta-relación se puede leer como un viaje simbólico en el cual el sujeto deseante se va aproximando a su mediador, desplegando de ese modo una relación que va desde la admiración distante hasta la competencia directa con su oponente.

El primero de los sujetos mediadores en la "conquista" de Tenochtitlán es precisamente el Rey Carlos V, quien se convierte en el destinatario de las *Cartas de relación*. Cortés abre la "Segunda carta" con la dedicatoria al "Muy Alto y Poderoso y Muy Católico Príncipe, Invictísimo Emperador y Señor Nuestro" (160) y justifica la escritura como un servicio al Rey:

> [...] Dios sabe la pena que he tenido, porque he deseado que Vuestra Alteza supiese las cosas desta tierra, que son tantas y tales que, como ya en la otra relación escribí, se puede intitular de nuevo Emperador della y con título y no menos mérito que el de Alemaña que por la gracia de Dios Vuestra Sacra Majestad posee (Cortés 161).

La escritura se convierte de ese modo en un acto de vasallaje con el cual el conquistador busca el favor de su Rey. Lo que llama la atención es que Cortés transfiere el control de la ciudad todavía no poseída a su Rey, y compara las glorias de Carlos V con las propias en la obtención de Tenochtitlán. De ahí que se pueda proponer una relación de mediación en este relato, en la cual el Rey se convierte en el modelo distante que intermedia en ese afán de poder que es tan evidente en el texto. De acuerdo con Girard, el vasallaje es una de las maneras en que se manifiesta esa relación distante entre el sujeto deseante y su mediador ideal (9-10), y Cortés demuestra ampliamente en su escritura la admiración que siente por su legítimo señor. Al mismo tiempo, el conquistador quiere ser como el Rey —y de ahí que nombre a la nueva zona de su dominio como la "Nueva España"— pero quiere gobernar Tenochtitlán en nombre de Carlos V, pues reconoce que sin la intercesión real su proyecto colonizador carecería de fundamento legal y oficial (Blázquez Garbajosa 35-37). Vemos en este caso cómo el texto dramatiza esa relación de admiración e imitación que es central para vincular al monarca y a su fiel vasallo. Por otro lado, y como es de sobra conocido, el hecho de que Cortés se comprometa a que "adelante en el proceso a Vuestra Alteza daré entera cuenta" (161) tiene mucho que ver con la justificación de su expedición de conquista a una zona que estaba bajo el control de Diego Velázquez, quien había prohibido explícitamente el asentamiento en el continente. Recordemos que Cortés partió de Cuba en 1519, burlando una orden de detención de Diego Velázquez con la que se trató infructuosamente de impedir el inicio de su empresa colonizadora. Dado que el superior inmediato de Cortés es Velázquez, escribirle directamente al Rey suponía una rebelión ante la autoridad, y ello explica el esfuerzo constante del conquistador por incorporar a Carlos V en su proyecto de asentamiento y gobernación.

Existe, pues, una relación tensa entre el Rey y su fiel vasallo, en la medida en que las condiciones de autoridad entre ellos no se encuentran del todo claras. Esta contradicción se resuelve en el texto cuando Cortés disuelve el vínculo de control que lo sometía a Velázquez, para plantear una relación directa con el Rey basada en el servicio: "Y porque como ya creo, en la primera relación escribí a Vuestra Majestad que algunos de los que en mi compañía pasaron, que eran criados de Diego Velázquez, les había pesado lo que yo en servicio de Vuestra Alteza hacía" (163).[5] El próximo paso es, entonces, convertirse en el representante de Carlos V en la colonia continental: "Después que yo conoscí del [Moctezuma] muy por entero tener mucho deseo al servicio de Vuestra Alteza, le rogué que porque más enteramente yo pudiese hacer relación a Vuestra Majestad de las cosas desta tierra, que me mostrase las minas de donde se sacaba el oro" (Cortés 218-19). Cortés pide cosas a nombre del Rey, para cederle simbólicamente el control sobre su empresa. Simultáneamente, el relator se representa como un simple "mediador" que hace posible la expansión del poder real (Rabasa 203). En este juego de mediaciones, el diálogo con el monarca se utiliza como estrategia para legitimar el proyecto colonizador en Tierra Firme.

El segundo sujeto mediador en la toma de poder de Tenochtitlán ocupa un espacio mucho más significativo en el texto: Moctezuma. La figura del rey local se convierte en un intermediario crucial, pues Cortés sabe que controlando al gobernante logrará obtener el dominio de todo el imperio azteca. Moctezuma se transforma de ese modo en un sujeto mediador tan intenso, que opaca en ocasiones el lugar central de la ciudad como objeto de deseo. Girard ha señalado cómo la cercanía entre mediador y sujeto deseante en ocasiones cancela la importancia del objeto (45), y en este caso resulta notable que Cortés manifieste este desplazamiento en Moctezuma, dada su ambición de ocupar el mismo lugar de éste en el orden de poder azteca. En un principio Cortés se vale de su rol como representante de Carlos V para justificar su búsqueda y encuentro con Moctezuma:

> Y dije ansímismo que tenía noticia de un gran señor que se llamaba Muteeçuma que los naturales desta tierra me habían dicho que en ella había que estaba, [...] y que confiando en la grandeza de Dios y con esfuerzo del real nombre de Vuestra Alteza, pensaba irle a ver a *doquiera que estuviese*. Y aún me acuerdo que *me ofrecí en cuanto a la demanda deste señor a mucho más de lo a mí posible*, porque certifiqué a Vuestra Alteza que lo habría preso o muerto o súbdito a la corona real de Vuestra Majestad (Cortés 162, énfasis mío).

En este caso se cruzan dos roles de mediación: el que se relaciona con el Rey metropolitano como fundamento de la empresa colonizadora y el que se desarrolla a partir del deseo de encontrar a Moctezuma y convertirse en su sucesor, es decir, en el gobernante de Tenochtitlán.

Esta segunda trama de deseo y mediación se desarrolla en el texto a través de una serie de núcleos narrativos: (1) la búsqueda y posposición reiterada del encuentro con Moctezuma (159-208); (2) el encuentro y transferencia de poder (208-11; 227-29) y (3) la reclusión y eventual eliminación del sujeto mediador (214-18; 226-30; 266-72). La primera secuencia de eventos ocupa cuarenta y nueve páginas del texto, mientras que el encuentro ocupa seis páginas y la reclusión y muerte de Moctezuma, dieciséis. Esto demuestra cuán significativa es la búsqueda y eliminación de Moctezuma en cuanto sujeto mediador, y qué poca importancia narrativa se le concede al momento de la ocupación del lugar del rey azteca. Sin embargo, la transferencia de poder va seguida de lo que Merrim caracteriza como un "inventario" de las riquezas que componen Tenochtitlán (69) y que sirve de complemento a la relación un tanto escueta de la captura del rey de la ciudad. Al destacar más la posesión de la ciudad que el desplazamiento de Moctezuma de su posición de poder, el texto nos revela también cuál es el verdadero objeto de deseo de Cortés. Esta descripción excesiva de la ciudad ilustra los efectos de la posesión sobre la expresión verbal, aspecto que comentaré con más detenimiento en la próxima sección de este estudio. Por otra parte, lo que esta estructura narrativa revela es cómo la posposición del mediador —y del objeto deseado— se convierte en un motor que moviliza la trama, al punto de que ocupa de por sí una tercera parte del relato.

La primera sección de la carta se caracteriza, entonces, por la manifestación explícita de Cortés de que buscará a Moctezuma "doquiera que estuviese", al mismo tiempo que el rey azteca se opone a un encuentro y a una conversación directa con el conquistador.[6] Como el relator no puede reunirse con el rey azteca, comienza por señalar el gran poderío de Moctezuma en su ausencia:

> [...] le pregunté [al señor de Caltanmy] si él era vasallo de Muteeçuma o si era de otra parcialidad alguna, el cual, casi admirado de lo que le preguntaba me respondió diciendo que quién no era vasallo de Muteeçuma, queriendo decir que allí era señor del mundo. Yo le torné aquí a decir y replicar el gran poder de Vuestra Majestad, y [que] otros muy muchos y muy mayores señores que no Muteeçuma eran vasallos de Vuestra Alteza y que aun no lo tenían en pequeña merced, y que ansí lo había de ser Muteeçuma y todos los naturales de estas tierras, y que ansí lo requería a él que lo fuese, porque siéndolo sería muy honrado y favorescido, y por el contrario no queriendo obedecer sería punido; y para que tuviese por bien de le mandar rescibir a su real servicio, que le rogaba que me diese algún oro que yo inviase a Vuestra Majestad. Y él me respondió que oro él lo tenía, pero que no me lo quería dar si Muteeçuma no gelo mandase, y que mandándolo él, que el oro y su persona y cuanto tuviese daría (Cortés 171).

Esta cita recoge una serie de motivos importantes. En primer lugar, Moctezuma es representado como el señor absoluto de la zona. Esta posición de poder se opone al proyecto de Cortés y a su rol como representante de Carlos V. Se justifica de este modo la necesidad de encontrar a Moctezuma, para ocupar su posición de poder, y reclamar este control a nombre del Rey. Pero al mismo tiempo, Cortés convierte a Moctezuma en una figura mediadora en la obtención del poder real, al trasladar su relación de competencia personal con el rey azteca por el control de Tenochtitlán a una relación conflictiva entre Carlos V y Moctezuma por obtener el vasallaje de los aborígenes. Vemos cómo el relator manipula el lugar de mediación, de manera que Cortés se equipara a Carlos V al compartir con éste el mismo objeto de deseo y el mismo oponente: "Cortés [...] entirely equates his own interests with those of the Crown; indeed, only through the Crown can his own interests be served" (Merrim 63).

Poco después, Cortés señala el límite al poderío de Moctezuma (173-74), y decide utilizar a los enemigos del rey azteca para lograr el control de la zona: "Vista la discordia y desconformidad de los unos y de los otros, no hobe poco placer, porque me paresció hacer mucho a mi propósito y que podría tener manera de más aína sojuzgarlos... Y con los unos y con los otros maneaba, y a cada uno en secreto le agradescía el aviso que me daba y le daba crédito de más amistad que al otro" (Cortés 187-88). Es así como el conquistador transforma su empresa de imposible en posible, al señalar la forma en que podría dominar a Moctezuma. Este proceso culmina cuando Cortés afirma haber sometido a comunidades que no le rendían vasallaje ni a Moctezuma ni a ningún otro señor (183), pues en ese momento se demuestra que el conquistador puede ejercer su dominio más allá de los confines del poderío azteca existente.

La narración de la búsqueda se estructura como una alternancia entre la insistencia de Cortés para encontrarse con Moctezuma (170, 187, 201, 204, 209) y los intentos del rey azteca por evitar el contacto directo con el conquistador (187, 197, 201-02, 204). Veamos una de estas escenas como ejemplo de esta estructura dinámica que moviliza la narración:

> [Los mensajeros de Moctezuma dijeron] que todavía me rogaba que no curase de ir a su tierra porque era estéril y padeceríamos nescesidad, y que dondequiera que yo estuviese le inviase a pedir lo que yo quisiese y que lo inviaría muy cumplidamente. Yo le respondí que la ida a su tierra no se podía escusar porque había de inviar dél y della relación a Vuestra Majestad, y que yo creía lo que él me inviaba a decir; por tanto, que pues yo no había de dejar de llegar a verle, que él lo hobiese por bien; y que no se pusiese en otra cosa, porque sería de mucho daño suyo y a mí me pesaría de cualquiera que le viniese. Y desque vido que mi determinada voluntad era de velle a él y a su tierra, me invió a decir que fuese en hora buena, que él me esperaría en aquella gran ciudad donde estaba (Cortés 197).

Esta escena se repite por lo menos cuatro veces en el texto, y se convierte en un motivo de la narración. Moctezuma envía una serie de mensajeros que tratan de evitar el encuentro con Cortés, mientras éste insiste en la necesidad de llegar a Tenochtitlán para cumplir con el encargo de su Rey. Esta combinatoria de acercamientos y alejamientos del monarca azteca provoca al mismo tiempo una suerte de fascinación de Cortés ante la figura inalcanzable de Moctezuma que aviva su deseo de ocupar su lugar. En este caso, el jefe indígena funciona como un mediador admirado con el cual Cortés eventualmente rivaliza en su ambición de dominio. En esta serie de escenas, curiosamente, el Cortés-embajador se auto-rrepresenta como la figura intermediaria entre Carlos V y el rey azteca. El resultado de su misión será la obtención del objeto deseado: Tenochtitlán. Y la misma tendrá lugar una vez Cortés logre ver a Moctezuma en persona.

La escena de encuentro y transferencia se refiere brevemente, si la comparamos con la larga narración de la búsqueda y posposición constante de Moctezuma. Llama la atención, sin embargo, que esta escena también se divide en dos momentos distintos: la entrega privada (208-11) y la transferencia pública del poder (227-29). En la primera escena Cortés narra ingenuamente su desconocimiento de los rituales que acompañan el trato de la figura del rey azteca. En ese momento el conquistador aprende los modales adecuados para tratar públicamente a Moctezuma: la imposibilidad del contacto físico y la espera son formas de reconocer la importancia del dignatario indígena.[7] La primera descripción del rey azteca ilustra claramente la fascinación que siente el conquistador:

> Pasada esta puente, nos salió a rescebir aquel señor Muteeçuma con fasta ducientos señores, todos descalzos y vestidos de otra librea o manera de ropa ansimismo bien rica a su uso y más que la de los otros. [...] Y el dicho Muteeçuma venía por medio de la calle con dos señores, el uno a la mano derecha y el otro de la izquierda, de los cuales el uno era aquel señor grande que dije que me había salido a fablar en las andas y el otro era su hermano del dicho Muteeçuma (Cortés 208).

Luego ocurre el primer intercambio verbal entre Cortés y Moctezuma, y éste le revela el mito de Quetzalcoatl que convierte al conquistador español en sucesor orgánico al trono azteca. Más allá de la veracidad histórica de la existencia del mito, lo cierto es que la "Segunda relación" presenta la sucesión al poder como un retorno legítimo, y no como una usurpación.[8] Mientras tanto, Cortés se debate entre la fascinación y la competencia con el monarca local. Esto lo notamos por el modo en que refiere los rituales y los discursos de Moctezuma, equiparándolo a un dignatario europeo.

La escena de transferencia de poder se repite en un contexto público. Moctezuma le habla entonces a sus súbditos para recordarles el mito de Quetzalcoatl y entregar, en ese momento, el control legítimo a Cortés: "que así como hasta aquí a mí me habéis tenido y obedescido por señor vuestro, de aquí adelante tengáis y obedezcáis a este grand rey pues él es vuestro natural señor, y en su lugar tengáis a éste su capitán. Y todos los atributos y servicios que fasta aquí a mí me hacíades los haced y dad a él [...]" (Cortés 228). La reiteración de la escena es fundamental, porque supone el reconocimiento colectivo del dominio de Cortés sobre Tenochtitlán. Al mismo tiempo resulta evidente la imbricación de roles de mediación en esta escena. Por un lado, Moctezuma es el mediador entre Cortés y el pueblo azteca; de ahí la importancia del discurso público en que le cede su poder. Por otro lado, Cortés es el representante del poder de Carlos V sobre la gran ciudad, y por ello funge como intermediario entre el Rey metropolitano y los súbditos indígenas. Y por último, Carlos V sirve de mediador simbólico para Cortés, pues el conquistador se sirve de su poder distante para potenciar y legitimar su dominio local. De ahí que en esta instancia, el conquistador logre equipararse simbólicamente al Rey, al servirse de su poderío para extender su control sobre la ciudad. Carlos V funciona nuevamente como modelo ideal que Cortés emula al convertirse en el señor absoluto de estas nuevas posesiones en la Tierra Firme. En las tres instancias, Tenochtitlán permanece como el objeto de deseo a ser poseído, y es precisamente después de esta escena que Cortés comienza a detallar su proyecto de asentamiento y colonización.

Surge, no obstante, un conflicto tras la ocupación del trono local: ¿se desvanece el poder de Moctezuma tras su discurso de entrega? ¿o es la persona del rey una función inalienable, insustituible, ante los vasallos aztecas? En otras palabras, ¿desaparece el mediador con la entrega del objeto deseado, o es el mero ejercicio del deseo por Tenochtitlán un acto que vulnera el control recién obtenido? Es esto lo que lleva a Cortés a planificar la reclusión y eliminación de Moctezuma, pues es con el control físico del mediador que el conquistador logra anular su función como dirigente y líder de la comunidad azteca: "me paresció [...] que aquel señor estuviese en mi poder y no en toda su libertad" (214). Sin embargo, tras la ocupación del lugar de Moctezuma, Cortés no puede deshacerse inmediatamente de éste, porque ello pondría en peligro su control sobre la zona. Por eso Cortés decide pedirle que "estuviese en mi posada [...] y que le rogaba mucho que no rescibiese pena dello porque él no había de estar como preso sino en toda su libertad, y que en su servicio ni el mando de su señorío yo no le pornía ningúnd impedimento" (216). Es así como Moctezuma es "capturado", de forma tal que el conquistador controla su voluntad y movimientos. No es hasta que el jefe indígena pierde su condición de sujeto libre que deja de ser el rey legítimo de los aztecas. Una vez preso es que ocurre la transferencia pública de poder que ya he comentado, y con ello Cortés se convierte en el jefe supremo de Tenochtitlán. Moctezuma pasa a ser otro súbdito de Cortés, y su rol de mediación va perdiendo efectividad en el resto de la narración. Por eso no nos extraña que Cortés describa la muerte de Moctezuma como un asesinato cometido por sus propios súbditos durante el levantamiento de Tenochtitlán:

> Y el dicho Muteeçuma, que todavía estaba preso y un hijo suyo con otros muchos señores que al prencipio se habían tomado, dijo que le sacasen a las azoteas de la fortaleza y que él hablaría a los capitanes de aquella gente y les haría que cesase la guerra. Y yo lo hice sacar, y en llegando a un petril que salía afuera de la fortaleza, queriendo hablar a la gente que por allí combatía le dieron una pedrada los suyos en la cabeza tan grande que dende a tres días murió (Cortés 272).

Esta representación del final de la vida de Moctezuma supone que el rey azteca había perdido ya todo su poderío sobre la ciudad. En ese contexto, esta muerte a manos de sus propios súbditos significaría el cese de su función como rey, tanto en un nivel simbólico como literal. Independientemente de que Cortés se aparte aquí de la veracidad histórica, lo que señala con su versión es el desplazamiento absoluto del jefe indígena de su posición de control. Es así como este relato de la muerte del rey azteca dramatiza su desaparición como mediador en la narrativa sobre la posesión de Tenochtitlán.

Para el momento en que ocurre la muerte de Moctezuma, ya ha aparecido otro sujeto que funciona como mediador-rival de Cortés en la posesión de la ciudad: Pánfilo Narváez. Este último llegó como representante de Diego Velázquez a prender a Cortés y a cuestionar la legitimidad de su poder. Y él es precisamente el tercer mediador, que moviliza la última parte de la narración. Velázquez aparece muy temprano en la relación, pero no es hasta que Narváez llega a Veracruz que ambos se convierten en rivales peligrosos para Cortés. Las embarcaciones de Narváez llegan justo después de la captura de Tenochtitlán, momento en el que el conquistador se encuentra en la cúspide de su poderío. Su arribo interrumpe una larga y detallada descripción de la ciudad en la que Cortés establece su dominio absoluto de la zona: "vinieron a mí ciertos naturales de esta tierra, vasallos del dicho Muteeçuma de los que en la costa del mar moran, y me dijeron cómo junto a las sierras de Sant Martín [...] habían llegado diez y ocho navíos, y que no sabían quién eran porque ansí como los vieron en la mar me lo vinieron a hacer saber" (Cortés 248). Los vasallos de Moctezuma son ahora súbditos de Cortés, quien ha logrado que el orden impere en la ciudad, tras el paso definitivo del control a su persona.

Velázquez y Narváez representan en la relación al tercer tipo de mediador, el más cercano, que se convierte en un rival que obstaculiza e intensifica, paradójicamente, la posesividad del sujeto deseante:

> Rivalry therefore only aggravates mediation; it increases the mediator's prestige and strenghtens the bond which links the object to this mediator by forcing him to affirm openly his right of possession. Thus the subject is less capable than ever of giving up the inaccessible object: it is on this object and it alone that the mediator confers his prestige, by possessing or wanting to posses it (Girard 13-14).

Esta obsesión con el objeto deseado se da inmediatamente en Cortés, quien teme perder Tenochtitlán con la presencia de los enviados de Velázquez: "lo cual yo no osaba dejar con temor que salido yo de la dicha ciudad, la gente se rebellase y perdiese tanta cantidad de oro y joyas y tal cibdad, mayormente que perdida aquélla, *era perdida toda la tierra*" (255, énfasis mío). Vemos aquí el deseo exacerbado que culmina con la visión apocalíptica de Cortés, pues equipara la pérdida de la ciudad con el fracaso de toda su empresa colonizadora.

A diferencia de las figuras reales —Carlos V y Moctezuma— Velázquez y su representante Narváez son vistos como usurpadores contra los cuales Cortés decide competir abiertamente por la posesión de la ciudad. Por eso afirma que "iría contra ellos con todo el poder que yo tuviese ansí de españoles como de naturales de la tierra, y los prendería o mataría como a estranjeros que se querían entremeter en los reinos y señoríos de mi rey y señor" (Cortés 251). No tan sólo Cortés transforma aquí la armada de Narváez de expedición que viene a castigarlo por su rebeldía en un grupo de traidores a la corona (Delgado Gómez, nota del editor, 251; Pastor 102-04), sino que ejemplifica cómo la rivalidad intensifica el ejercicio de poder por parte del sujeto deseante. Tenochtitlán se convierte en ese momento en el único objeto de deseo posible.

Esta sección se desarrolla mediante una serie de intercambios verbales por medio de mensajeros, en los cuales Narváez le pide a Cortés que se entregue a su autoridad y Cortés le pide a Narváez que le muestre la documentación que legitima su entrada en Tierra Firme. El conquistador utiliza otras estrategias para evitar el enfrentamiento directo con Narváez, posponiendo el encuentro de la misma forma en que lo hizo Moctezuma al principio de la "Segunda relación". Una de sus tácticas es cuestionar la rivalidad real entre Narváez y él:

> [...] me maravillaba no me escribiese o enviase mensajero faciéndome saber su venida, pues sabía que yo había de holgar con ella así por él ser mi amigo mucho tiempo [...] e inviar como había inviado sobornadores y carta de inducimiento a las personas que yo tenía en mi compañía en servicio de Vuestra Majestad para que se levantasen contra mí y se pasasen a él, como si fuéramos los unos infieles y los otros cristianos o los unos vasallos de Vuestra Alteza y los otros sus deservidores (Cortés 254).

Narváez pasa de ser extranjero y traidor a cristiano y aliado como resultado del esfuerzo del conquistador por evitar la confrontación. Cuando el intento de establecer alianzas tampoco funciona, su última estratagema es demostrar cómo Nárvaez altera el orden que ya se había establecido en la zona: "Y como yo vi el grand daño que se comenzaba a revolver y cómo la tierra se levantaba a causa del dicho Narváez, paresció me que con ir yo donde él estaba se apaciguaría mucho porque viéndome los indios presente no se osarían levantar, y también porque pensaba dar orden con el dicho Narváez" (Cortés 256). Orden y desorden se contraponen en la narrativa para justificar su próximo acto: salir al encuentro de Narváez y apresarlo. Nótese aquí cómo el conquistador recurre a la misma estrategia que utilizó con Moctezuma, pues es poseyendo al mediador que éste puede desplazarlo completamente de su rol como contrafigura deseante. Cortés logra de este modo validar su acto de desobediencia, al dar a entender que el proyecto de Velázquez y Narváez pone en peligro la posesión de Tenochtitlán, la ciudad-todo que representa el motivo central de sus servicios al Rey. Preso Narváez todos sus hombres prometen obedecer a Cortés (265), de modo que el conquistador ha logrado unificar nuevamente a los vasallos del Rey en un proyecto común. Tras la captura de Narváez para defender su empresa y su vida, Cortés regresa a Tenochtitlán, pero ya es demasiado tarde. La ciudad se ha levantado, y con ella, "era perdida toda la tierra" (Cortés 255). La crisis que genera este tercer mediador genera un vacío en la "Segunda relación" que no se resuelve. Esta carta al Rey concluye sin que Cortés recupere su poder, y a partir de este momento presenciamos su descenso y salida de la ciudad. El objeto deseado ha sido perdido como resultado de las múltiples mediaciones que obstaculizan la captura de Tenochtitlán. Veamos ahora cómo esa alternancia entre deseo y posesión se manifiesta en las estrategias verbales del texto.

3. Posesión en la palabra

> Porque para dar cuenta, Muy Poderoso Señor, a Vuestra Real Excelencia de la grandeza, estrañas y maravillosas cosas desta grand cibdad de Temixtitán y del señorío y servicio deste Muteeçuma, señor della, y de los ritos y costumbres que esta gente tiene y de la orden que en la gobernación así desta cibdad como de las otras que eran deste señor hay, sería menester mucho tiempo y ser muchos relatores y muy expertos, no podré yo decir de cient partes una de las que dellas se podrían decir, mas como pudiere diré algunas cosas de las que vi que, aunque mal dichas, bien sé que serán de tanta admiración que no se podrán creer, porque los que acá con nuestros propios ojos las vemos no las podemos con el entendimiento comprehender (Cortés 232).

¿Cómo se refleja en el lenguaje de Cortés la carencia o posesión del objeto deseado? ¿De qué manera se refiere Cortés a la Tierra Firme antes de poseerla, y cómo cambia esta representación una vez se sabe dueño y señor de ella? ¿Cuál es, a fin de cuentas, el vínculo entre palabra y poder en la "Segunda relación"? Ya la crítica ha señalado ampliamente la relación íntima que existe entre el lenguaje y el poder en las cartas-relaciones de Cortés. Por ejemplo, Checa señala que este texto atestigua la unión entre "poder y facultad de representar" (191) y Pastor lo caracteriza como "una instrumentalización de la razón que, trastocando silogismos e identificando premisas y conclusiones, convierte la palabra en arma privilegiada, en un proyecto de adquisición de poder, gloria y fama" (150). Rabasa ha reflexionado sobre el diálogo, como un "modo imperceptible de conquista" (187-90) y Glantz destaca esa alternancia entre la hipérbole "como verbalización incompleta de su entusiasmo" y el silencio que manifiesta "la incapacidad de verbalizar la maravilla" (168, 169). Paradójico esfuerzo éste de la palabra, que va de la plenitud al vacío cuando no puede significar la multiplicidad de lo que se quiere describir a un destinatario distante y completamente ajeno a los referentes aludidos.

En las palabras de Cortés que sirven de epígrafe a esta sección vemos esa ambigüedad del "poder" como dominio o como incapacidad para expresar todo lo que se quiere decir sobre Tenochtitlán. El lenguaje se convierte, de este modo, en otro mediador sinuoso y diseminador, que está localizado entre Cortés como relator, y Tenochtitlán como la totalidad indescriptible del poderío colonial metropolitano. Entre ese Cortés "ecuánime, distante y moderado" (Delgado Gómez 56) y el "hiperbólico" (Glantz 168, Checa 190) hay un trayecto simbólico muy significativo: ése que va de su carencia hasta la obtención de un control sobre la realidad descrita. Propongo que ese vaivén discursivo de la "Segunda carta" se puede leer como un relato incorporado a los modos de verbalización, y en donde la carencia o exceso de la palabra se relaciona directamente con el grado de control que Cortés cree tener sobre el entorno americano. Si todo relato se compone de una alternancia entre descripción y narración, podemos decir que en el caso de Cortés esa alternancia está también vinculada a su búsqueda del objeto deseado, Tenochtitlán. Me refiero a que la narración predomina en los momentos en que el conquistador se encuentra tratando de encontrar o recuperar la ciudad, y que la pausa descriptiva impera en aquellas instancias en que el narrador se encuentra en el sublime estado de la posesión.[9] De este modo, si resumimos la carta como una narración de la búsqueda, posesión y pérdida de Tenochtitlán, esperamos que el relato muestre paralelamente un viaje al encuentro, dominio cabal y pérdida de la palabra y de su capacidad representativa de la realidad.

El primer momento de esta secuencia verbal incluiría las primeras setenta páginas de la carta (159-229), en las que se refiere el avance gradual de Cortés hacia Tenochtitlán. En ellas Cortés narra la destrucción de las naves, su contacto con varias poblaciones indígenas, la obediencia y desavenencias que rodean el señorío de Moctezuma y sus esfuerzos por llegar al centro del imperio. La narración de esas primeras páginas es ciertamente escueta: Cortés ha fijado una meta y se encuentra en camino a conseguirla. Incluso los actos de mayor violencia se refieren brevemente: "Y destos tomé cinco o seis que todos conformaron en sus dichos. Y visto, los mandé a tomar a todos cincuenta y cortarles las manos, y los invié que dijesen a su señor que de noche y de día y cada y cuando él viniese verían quién éramos" (179). Pastor ha señalado cómo Cortés minimiza la narración de la violencia y silencia errores tácticos para crear con ello la impresión de ser un relator y capitán modelo (134-38). De ahí que predomine en la carta una narración rápida y argumentativa de los logros de Cortés en su empresa colonizadora.

Una de las descripciones más detalladas que encontramos antes de la llegada a Tenochtitlán es la de Tizatlán, la ciudad más grande de Tlaxcala. Veamos este trozo, que luego nos servirá para compararlo con la representación posterior del centro del imperio azteca:

> Y por su ruego me vine a la cibdad que está seis leguas del aposento
> y real que yo tenía, la cual cibdad es tan grande y de tanta admiración

que *aunque mucho de lo que della podría decir deje, lo poco que diré creo que es casi increíble,* porque es muy mayor que Granada y muy más fuerte y de tan buenos edeficios y de muy mucha más gente que Granada [...] Hay en esta cibdad un mercado en que cotidianamente todos los días hay en él de treinta mil ánimas arriba vendiendo y comprando, sin otros muchos mercadillos que hay por la cibdad en partes. En este mercado hay todas cuantas cosas ansí de mantenimiento como de vestido y calzado que ellos tratan y puede haber. Hay joyerías de oro y plata y piedras y de otras joyas de plumajes, tan bien concertado como puede ser en todas las plazas y mercados del mundo. Hay mucha loza de muchas maneras y muy buena y tal como la mejor de España. Venden mucha leña y carbón y yerbas de comer y medecinales. Hay casas donde lavan las cabezas como barberos y las rapan. Hay baños. Finalmente, que entre ellos hay toda manera de buena orden y policía, y es gente de toda razón y concierto, y tal que lo mejor de Africa no se le iguala (184-85, énfasis mío).

En primer lugar, llama la atención que Cortés reconoce que su "relación" es más breve de lo que la realidad misma requeriría. El relator admite que deja fuera la mayor parte de su descripción, y que aun así lo referido parecerá increíble para sus lectores. Lo importante, sin embargo, es que Cortés reconoce que está recortando la información contextual que ofrece con el objetivo de sostener el ritmo de su narración. En segundo lugar, se recalca aquí el alto grado de civilización de la ciudad de Tizatlán. Los edificios, el mercado y el orden son todas señales de una comunidad social altamente organizada, que supera tanto a Granada como a África. La descripción de esta ciudad se extiende por tres páginas (182-184). La próxima ciudad descrita es Churultecal y ocupa página y media (195-196), igual que la descripción del volcán Popocatépetl (198-199). La descripción de Amecameca se limita a un par de oraciones (202-203) y la de Cuitláhuac e Yztapalapa ocupan poco menos de una página respectivamente (204-205; 206). Hay otras descripciones menores, pero resulta evidente que el texto se concentra en el avance espacial del conquistador y sus hombres. Las descripciones, aunque se hacen más frecuentes en el texto, no ocupan un espacio consistentemente mayor.

En este relato del desplazamiento espacial, la posposición constante del lugar deseado es una forma de suspender la palabra, de modo que el texto replica lingüísticamente la falta de control que tiene Cortés ante una tierra que no posee. Surge aquí otra paradoja: la falta de dominio sobre el imperio azteca se traduce entonces en un control absoluto sobre la capacidad de verbalización. El relator mide y pospone sus palabras para no abarcar con ellas más allá de lo poseído. El mejor ejemplo de esta estrategia lo encontramos cuando Cortés llega a Tenochtitlán:

> Otro día después que a esta cibdad llegué me partí, y a media legua andada entré por una calzada que va por medio desta laguna dos leguas fasta llegar a la gran ciudad de Temextitán que está fundada en medio de la dicha laguna, la cual calzada es tan ancha como dos lanzas y muy bien obrada, que pueden ir por toda ella ocho de a caballo a la par. Y en estas dos leguas de la una parte y de la otra de la dicha calzada están tres cibdades; y la una dellas, que se dice Mesicalçingo, está fundada la mayor parte della dentro de la dicha laguna, y las otras dos, que se llaman la una Niçiaca y la otra Huchilohuchico, están en la costa della y muchas casas dellas dentro del agua (206-07).

Lo que parece el momento culminante de la narración, que es la llegada a la ciudad deseada y anunciada desde el comienzo de la relación, se convierte en una posposición más. Cortés no describe Tenochtitlán, sino las tres ciudades cercanas. Así se intensifica el interés del lector, llevándolo a experimentar el mismo deseo del relator por la ciudad. Se trata entonces de un silencio que multiplica el afán de posesión. Cuando el narrador regresa a la entrada de "la gran ciudad", vuelve a evadir la descripción y pasa a la narración del primer encuentro con Moctezuma. Este gesto es fundamental, porque Cortés mantiene en suspenso la representación de la ciudad —y la expresión verbal correspondiente— hasta que no ocurren las dos escenas paralelas de transferencia de poder. Después del primer encuentro con Moctezuma, el conquistador narra la traición de Qualpopoca, la prisión del rey azteca, la rebelión de Cacamacin y el discurso público con el que Moctezuma le cede definitivamente el poder. Sólo después de que su dominio se legitima "ante un escribano público" (229) puede Cortés describir detalladamente la ciudad, el eje de su narrativa y el motivo central de su proyecto de colonización.

La descripción de Tenochtitlán revela, por otra parte, una problemática distinta. Por un lado, presenciamos la plenitud de la palabra, y por otro, Cortés experimenta la finitud del lenguaje. Entre la hipérbole y el asombro, entre lo fabuloso y lo indescriptible, Tenochtitlán ocupa un largo pasaje descriptivo que se extiende diecisiete páginas (231-48), y que propongo que se lea como la culminación lingüística de la "Segunda relación."

La crítica ha señalado ya lo peculiar que resulta esta descripción detallada en comparación con el estilo del resto de la carta. Checa, por ejemplo, lo ve como "el momento más sugestivo de la Segunda carta de relación a Carlos V" (187) y Díaz Balsera lo describe como un pasaje "'poético' o 'literario'" al mismo tiempo que señala la abundancia descriptiva como "otra de las características renacentistas del discurso cortesiano" (224). Llama la atención, sin embargo, el modo en que Margo Glantz caracteriza esta pausa descriptiva: "Cortés se desmanda cuando habla de Tenochtitlán y, proporcionalmente, el espacio que le dedica en su segunda Carta es inmenso" (173). Inmensidad y desmande: ambos apuntan a un "descontrol" en el uso de la palabra. El mismo relator lo anuncia al comienzo de la descripción cuando advierte "no le parezca a Vuestra Alteza fabuloso lo que digo" (230), o incluso cuando dice que había "muy maravillosas, y otras muchas cosas que por ser tantas y tales no las sé significar a Vuestra Majestad" (Cortés 231). Se trata aquí del movimiento inverso al que comentamos antes: no es que deje fuera la mayor parte de lo referible, como cuando describe Tizatlán, sino que lo visible no cabe en el lenguaje porque lo excede, lo rebasa, lo agota. Y esa finitud del lenguaje genera, al mismo tiempo, un exceso, un descontrol de la palabra que se multiplica, sin poder precisar. Veamos un extracto de la descripción del mercado de Tenochtitlán como paradigma de este tipo de lenguaje excesivo que se despliega justo en el momento de la toma de poder, como un éxtasis verbal que sucede a la posesión:

> Tiene esta ciudad muchas plazas donde hay contino mercado y trato de comprar y vender. Tiene otra plaza tan grande como dos veces la plaza de la cibdad de Salamanca toda cercada de portales alrededor donde hay cotidianamente arriba de setenta mil ánimas comprando y vendiendo, donde hay *todos los géneros de mercadurías que en todas las tierras se hallan* ansí de mantenimientos como de vestidos, joyas de oro y de plata y de plomo, de latón, de cobre, de estaño, de piedras, de huesos, de conchas, de caracoles, de plumas. Véndese cal, piedra labrada y por labrar, adobes, ladrillos, madera labrada y por labrar de diversas maneras. Hay calle de caza donde venden *todos los linajes de aves que hay en la tierra*, así como gallinas, perdices, codornices, lavancos, dorales, cerzatas, tórtolas, palomas, pajaritos en cañuela, papagayos, buharros, águilas, falcones, gavilanes y cernícalos. [...] Hay calle de herbolarios donde hay *todas las raíces y hierbas medicinales que en la tierra se hallan*. [...] Hay *todas las maneras de verduras que se fallan*, especialmente cebollas, puerros, ajos, mastuerzo, berros, borrajas, acederas y cardos y tagarninas. Hay

frutas de muchas maneras, en que hay cerezas y ciruelas que son semejantes a las de España. [...] Finalmente, que en los dichos mercados se venden *todas las cosas cuantas se hallan en toda la tierra*, que además de las que he dicho son tantas y de tantas calidades que por la prolijidad y por no me ocurrir tantas a la memoria y aun por no saber poner los nombres no las expreso (Cortés 234-36, énfasis mío).

La descripción completa del mercado ocupa cerca de tres páginas (234-237). Checa ha señalado cómo Tenochtitlán se convierte en un ámbito "representativo", en la medida en que contiene un "microcosmos de la realidad natural". Al mismo tiempo este crítico apunta que la gradación descriptiva, que comienza en el mercado de Tizatlán y culmina en el centro del imperio, intensifica esa noción de totalidad que se invoca al describir la ciudad (Checa 190). Aunque el mercado que se había descrito antes contiene "todas cuantas cosas ansí de mantenimiento como de vestido y calzado que ellos tratan y puede haber" (Cortés 185), en ese primer pasaje predomina la noción de lo "mucho" por sobre el "todo" que está contenido en el mercado de Tenochtitlán. Por lo tanto, este primer mercado es una instancia menor cuando se compara con la plenitud de Tenochtitlán. Por otro lado, en esta segunda descripción de un mercado notamos una duplicación del lenguaje, que denota su insuficiencia, pues Cortés inicia su caracterización de las distintas mercaderías afirmando que se venden "todas", para luego pasar a una enumeración casi exhaustiva de lo que esa totalidad implica. No basta con englobar toda la realidad con un vocablo, es necesario enumerar para dramatizar verbalmente esa totalidad. El lenguaje se convierte, entonces, en ese medio que "aprehende" la realidad poseída, y la extensa descripción es precisamente un despliegue verbal paralelo a la acción de hacer suya la ciudad. Pero en su efecto duplicador, Cortés comienza a señalar ciertos límites lingüísticos que se harán más evidentes a medida que avanza su descripción.

De ahí pasa a describir las "mezquitas" y prácticas religiosas de los aztecas, y acto seguido destruye sus "ídolos de maravillosa grandeza y altura" y los sustituye por los cristianos (Cortés 238). Luego describe la vida cotidiana de la ciudad, las casas y servicios dedicados a Moctezuma, y la grandeza del imperio azteca. El mismo efecto de totalidad se repite en las casas de aposentamiento de Moctezuma, en la que se describe que "tenía diez estanques de agua donde tenía *todos los linajes de aves de agua* que en estas partes se hallan, que son

Poder y narración • 119

muchos y diversos, todas domésticas" (Cortés 244, énfasis mío).¹⁰ Este exceso descriptivo culmina con la admiración y estupor ante el poderío de Moctezuma:

> ¿qué más grandeza puede ser que un señor bárbaro como éste tuviese contrafechas de oro y plata y piedras y plumas todas las cosas que debajo del cielo hay en su señorío...? El señorío de tierras que este Muteeçuma tenía no se ha podido alcanzar cuánto era, porque a ninguna parte ducientas leguas de un cabo y de otro de aquella su gran cibdad inviaba sus mensajeros que no fuese cumplido su mandato (Cortés 242-43).

El poder absoluto e ilimitado deviene ausencia de palabra, y el texto anuncia una serie de "silencios plenos", que apuntan al exceso de lo inefable:

> Y entre estas mezquitas hay una que es la prencipal que no hay lengua humana que sepa explicar la grandeza e particularidades della [...] (Cortés 237).

> Eran de tantas y tan diversas las maneras y cerimonias que este señor tenía en su servicio, que era necesario más espacio del que yo al presente tengo para las relatar y aun mejor memoria para las retener [...] (Cortés 247).

> En esta gran cibdad estuve [...] sabiendo e inquiriendo muchos secretos de las tierras de este señorío desde Muteeçuma como de otras que con él confinaban y él tenía noticia, que son tantas y tan maravillosas que son casi increíbles (Cortés 248).

Se trata aquí de una pérdida de la palabra que nos remite a un significado que queda fuera del lenguaje y que es, por lo tanto, otro modo eficiente de comunicación (Saville Troike 3-7). Lo que Cortés quiere "decir" aquí es lo ilimitado que es su poder, y por ello el relato pasa de la explosión descriptiva al reconocimiento de un límite en el lenguaje para contener esa misma plenitud.

Este extenso pasaje descriptivo se interrumpe con la llegada de Narváez, que ya hemos discutido. Merrim ha señalado el cambio estilístico notable de este pasaje: "The listing style of the inventory dramatically cedes to an unusual spate of verbs, showing Cortés engaged in vital action in the King's service [...]" (69). El paso al modo narrativo de una forma abrupta también señala el exceso de una realidad que no se puede acabar de describir. La ciudad supera, nuevamente, la capacidad representativa del relator. Esa secuencia narrativa concluye con el levantamiento de los aztecas y la pérdida de Tenochtitlán. Llama la atención el modo en que Cortés refiere el evento. En contraste con la larga pausa descriptiva que hemos estado comentando, la crisis es súbita, y se relata en menos de una página, refiriendo los datos más escuetos de la Matanza del Templo Mayor (Cortés 266). El laconismo del texto contrasta, al mismo tiempo, con momentos de expresión emotiva:

> Y vista la nescesidad en que estos españoles estaban, y que si no los socorría demás de los matar los indios y perderse todo el oro y plata y joyas que en la tierra se habían habido así de Vuestra Alteza como de españoles y mío y se perdía la más noble y mejor ciudad de todo lo nuevamente descubierto del mundo, y ella perdida, se perdía todo lo que estaba ganado por ser la cabeza de todo y a quien todos obedescían (267-68).

La pérdida de la ciudad se traduce en otra carencia de la palabra que se caracteriza por la reticencia y la preponderancia de la narración como modo discursivo. No hay en toda la "Segunda carta" otro segmento textual tan rico y expresivo como el que produce Cortés para referir este momento culminante de su poderío.

En esta última parte de la carta predomina la narración de la guerra con los indígenas. Iglesia describe esta sección de la "Segunda relación" como el discurso sobrio de un comunicado militar (168). Nuevamente aparece la hipérbole, pero en términos mucho más reducidos: "Y eran tantas las piedras que nos echaban con hondas dentro de la fortaleza que no parescía sino que el cielo llovía, y las flechas y tiraderas eran tantas que todas las paredes y patios estaban llenos y casi no podíamos andar con ellas" (270). La oposición indígena es enorme, pero no incomensurable como la grandeza de la ciudad de Tenochtitlán. Al mismo tiempo, la descripción se intercala en el avance de la narración, que refiere la salida del centro del imperio y los múltiples intercambios de mensajes entre los jefes indígenas y Cortés. Uno de los eventos más significativos de esta sección, la "Noche Triste", refiere muy escuetamente la salida de Cortés de Tenochtitlán y su entrada en Tacuba (278-81). Esta ciudad no se describe, pues el relato se concentra en narrar las pérdidas y padecimientos de Cortés y sus hombres durante la derrota. Hay aquí un laconismo traumático por lo que parece ser el fracaso absoluto de la empresa. El relator no encuentra cómo clausurar el texto en un momento de crisis, y por ello sigue narrando el trayecto de los españoles y sus múltiples guerras con los indígenas. Incluso afirma que pospone la redacción de la carta, hasta tener algunas condiciones más propicias para la escritura (Cortés 297).

La primera de las noticias alentadoras es la pacificación de Tepeaca y la fundación de la villa Segura de la Frontera (Cortés 294). A partir de este evento Cortés plantea su proyecto de seguir luchando contra los indígenas hasta recuperar el territorio perdido. Luego logra subyugar la ciudad de Guacachulla/Buacachula mediante una emboscada (Cortés 298-99) y esta victoria le sirve para reafirmar su deseo de recapturar la zona. Tan pronto logra controlar esta ciudad repite la estrategia verbal ya comentada en el caso de Tenochtitlán, aunque la descripción que ofrece aquí ocupa apenas media página (Cortés 391), quizá en proporción directa al tipo de poder que el relator le asigna a esta victoria militar. Pacifica asimismo a Yzçucan, y ofrece otra breve descripción de media página (Cortés 303). Luego se refiere el vasallaje de ocho pueblos vecinos, y de ese modo Cortés comienza a re-edificar su reino —y con ello su discurso narrativo— a pesar de que no tiene todavía el control del centro imperial. Esto es lo que Merrim describe como el regreso a la representación formulaica de los eventos que es característica del comienzo de la carta de relación (74). Es entonces que Cortés pide ayuda a los españoles que se encuentran en La Española y justifica ante su Rey la empresa de esta nueva "reconquista":

> [...] porque así conviene mucho al servicio de Vuestra Alteza y a la seguridad de nuestras personas, porque veniendo esta ayuda y socorro pienso volver sobre aquella gran ciudad y su tierra. Y creo, como ya a Vuestra Majestad he dicho, que en muy breve tornará al estado en que antes yo la tenía y se restaurarán las pérdidas pasadas. [...] Y certifico a Vuestra Majestad que hasta consiguir este fin no pienso tener descanso ni cesar para ello todas las formas y maneras a mí posibles, posponiendo para ello todo el peligro y trabajo y costa que se me puede ofrescer (Cortés 306).

La carta concluye con la promesa de restablecer el poderío perdido y de continuar en otra relación el despliegue verbal que acompañará ese futuro momento de plenitud. Tenochtitlán y su incomensurable maravilla siguen siendo el objeto obsesivo de deseo, pospuesto en este caso a un futuro incierto en el que Cortés logrará ocupar nuevamente el poder detentado por el sucesor de Moctezuma. ¿Qué lugar le queda a la palabra cuando la temporalidad propuesta de esa escritura es el futuro? ¿Cómo se narra el futuro desde el presente para convertirlo en profecía? Quisiera concluir esta reflexión considerando los rasgos de la escritura de Cortés que luego se convierten en distintivos de una discursividad colonial latinoamericana.

4. Conclusión: El discurso cortesiano del poder

> "... siempre la lengua fue compañera del imperio"
> —Elio Antonio de Nebrija, "Gramática castellana", 1492.

Es fácil reconocer las palabras de Nebrija que evidencian, por otro lado, la conciencia de la época sobre la estrecha relación entre el lenguaje y el poder. En el caso de Cortés este vínculo es aún más evidente, dada la coyuntura tan delicada en que surgen sus *Cartas de relación*. El conquistador buscaba el reconocimiento jurídico y oficial de su empresa colonizadora, y por ello el destinatario de sus relaciones era precisamente el Rey. También es de sobra conocida la autoridad que se le concedía a la escritura en la cultura y sociedad renacentistas, de modo que el escribano era el oficial legitimador de la palabra pública. Poner por escrito era, al mismo tiempo, consignar de un modo más o menos permanente el fluir constante de la historia. La pregunta es, sin embargo, ¿cómo se refleja el poder en la escritura, en sus modos, estrategias y estructuras? ¿Existe en el texto un testimonio incorporado a la palabra misma que evidencia este ejercicio de poder? Y por último, ¿qué marcas, si alguna, deja el entorno colonial en la escritura de Cortés?

Comencemos por señalar que en el caso de la "Segunda carta" hay más de una narrativa del *poder*, puesto que en la misma palabra convergen dos significados: el dominio sobre otro o un objeto, y la capacidad para hacer algo. Este texto recoge, por lo tanto, una narrativa de posesión y pérdida —argumentada desde las tramas del deseo, como hemos visto— y otra narrativa de las hazañas realizadas y prometidas al Rey. En ambos casos, lo que moviliza la trama de la carta no es el *poder* en el presente, sino la proyección futura, y en ocasiones pretérita, de esa ambición de control y de ser capaz de llevar a cabo un proyecto que parece ser, desde muy al comienzo del relato "mucho más de lo a mí posible" (Cortés 161). Poseer Tenochtitlán, como posibilidad y como acto heroico, se convierte de ese modo en el eje simbólico de la narrativa. Es así como este texto ilustra ese vínculo tan intenso que según Teresa de Lauretis articula la función narrativa: "The equation of narrative with meaning, in other words, is mediated by the agency of desire" (129).

La carta finaliza con uno de los modos paradigmáticos de ese poder: la denominación. Al final de relato, perdida Tenochtitlán y con ella casi toda la empresa, Cortés posee verbalmente la zona con la promesa de su retorno. Nombrar se convierte entonces en un modo de contener y poseer simbólicamente la zona recorrida, como lo atestigua claramente el conquistador: "nos paresció que para evitar lo ya dicho [que otra vez se levantasen y rebelasen] se debía de hacer en esta dicha provincia de Tepeaca una villa en la mejor parte de ella adonde concurriesen las calidades nescesarias para los pobladores della. Y poniéndolo en efeto, yo en nombre de Vuestra Majestad puse nombre a la dicha villa Segura de la Frontera" (294). Recurriendo a la tradición toponímica de las guerras de la Reconquista peninsular, Cortés nombra su frontera, el límite que define la coyuntura de su escritura. Desde allí, y no desde el centro de la metrópolis, escribe el conquistador sus relatos, y desde allí rearticula al mismo tiempo la profecía de su regreso para dominar la zona.

Un gesto similar anima el segundo nombre que asigna Cortés a la totalidad de la zona:

> Por lo que yo he visto y comprehendido cerca de la similitud que toda esta tierra tiene a España, ansí en la fertilidad como en la grandeza y fríos que en ella hace y en otras muchas cosas que la equiparan a ella, me paresció que el más conveniente nombre para esta dicha tierra era llamarse la Nueva España del Mar Océano, y ansí en nombre de Vuestra Majestad se le puso aqueste nombre. Humillmente suplico a Vuestra Alteza lo tenga por bien y mande que se le nombre así (Cortés 308).

Denominar las nuevas posesiones en la Tierra Firme como Nueva España es un acto que colinda nuevamente con la extrema arrogancia y rebeldía. Por un lado, decir que el México colonial es equiparable a España ubica al conquistador en un lugar muy semejante al del Rey. Cortés quiere reconstruir a España en América, rehacerla con el pulso de su voluntad, y por supuesto, de su escritura. Por otro lado se trata de un ejercicio de humildad, pues la tierra que se le ofrece en posesión al Rey se encumbra para hacerla digna de tan gran señor. Pero es ese umbral de la sumisión y la rebelión el que más nos interesa, porque Cortés escribe desde un lugar problemático ante el mismo orden que lo posibilita. Hay en su gesto una paradoja muy significativa, porque el humilde vasallo es también un sujeto autónomo ante su señor. Y el discurso de sus cartas dramatiza, precisamente, la ambigüedad de sus estrategias de sumisión y rebelión.

¿Cuál es el imperio de Cortés? ¿El metropolitano o el americano? ¿En cuál de esos dos órdenes se ubica su relato? Por supuesto que no podemos representar a Cortés como sujeto criollo, ni mucho menos como expresión de un americanismo incipiente. No existía, para Cortés, la posibilidad de otro orden que no fuera el metropolitano. Como lo confirman los innumerables esfuerzos por ser reconocido oficial y legalmente por su Rey, hay un vínculo definitivo entre el conquistador y los centros de poder europeos. Por ello su carta se dirige al Rey, y no a ninguna de las instancias locales del poder colonial. Sin embargo, habría que preguntarse si ese mismo contexto colonial dejó alguna marca en la escritura cortesiana, si hay en su discurso algún rasgo que sea constitutivo de esa subjetividad colonial americana que encontramos en textos posteriores.

Ya otros estudiosos han comenzado a sugerir algunos de los modos en que estos textos inician lo que más adelante se podrá identificar como un "discurso americano". Por ejemplo Llarena González ve en Bernal Díaz el inicio de un lenguaje criollo: "Es este primer reconocimiento de las limitaciones del idioma que encontramos en Colón y esa ausencia de 'nombres' que Cortés indica necesarios para definir la realidad americana lo que genera en autores como Bernal el 'acriollamiento' de la palabra', esto es, el deseo de operar en su discurso un mestizaje lingüístico capaz de suplir, en parte, ese vacío entre la lengua y la realidad" (119). Sin embargo, me gustaría sugerir aquí un matiz significativo: este "acriollamiento" comienza a gestarse desde los textos de Colón, Pané, y Cortés, entre tantos otros, porque todos ellos comienzan a apropiarse de vocablos y usos indígenas para llenar los vacíos de su escritura. De ahí que se pueda decir que la experiencia americana marca, necesariamente, los textos de los cronistas, aunque no exista en ellos una agenda autónoma ni regionalista. De este modo la condición colonial implicaría un contexto del poder que genera una discursividad muy particular. Ese vivir fuera de los centros metropolitanos, y ese estar negociando entre los polos desiguales de unas redes de control originadas en Europa pero que se ejercen en América producen unas subjetividades que se escinden ante la legitimidad de un poder inmediato y local y de otro imperial y distante. Como ha señalado Adorno, el sujeto colonial puede ser tanto el colonizado, como el colonizador ("El sujeto colonial" 55). En ese sentido Cortés es también un sujeto transformado por el contexto colonial, y su discurso lleva las marcas correspondientes a esa condición.

Kathleen Ross también ha propuesto una evolución fundamental entre los textos de los primeros cronistas y los escritores del siglo XVII que posibilita el origen de una discursividad distinta. De acuerdo con sus estudios, el Barroco se puede leer como una re-escritura de la historia del descubrimiento y conquista de América que apareció originalmente en las crónicas del siglo dieciséis (39, 45). Su caracterización de este discurso criollo es, sin embargo, significativa:

> The criollos —some of whom were not totally pure-blooded Spaniards— remained identified with Europe, but as colonized Americans they lived a multifaceted reality ordered by hierarchies of race, class, gender, and religion. Their literature shows a constant wavering of language from dominant to subordinate positions, resulting in subversions of European models even when those models are consciously being imitated. And above all, the great preoccupation is history: rewriting it to include the New World. This foundation was made for themselves and their colonial reality, not for the modern nations of Spanish America that formed after independence; but it was American and not European, even though we cannot yet point to a nationalist impetus (Ross, *The Baroque Narrative* 7).

Esta oscilación entre lo europeo y lo americano, la perspectiva dominante y subalterna, o esa imitación que al mismo tiempo altera el orden que suscribe, es característica también del discurso de Cortés. En su obsesión por la ciudad de Tenochtitlán, el conquistador se pierde constantemente entre las múltiples tramas de su deseo. El relato subterráneo que moviliza la escritura de Cortés es precisamente su dilema entre la obtención de un poder local e individual, y la necesidad de ser reconocido oficialmente por los centros metropolitanos para detentar ese poder. En otras palabras, Cortés quiere dominar Tenochtitlán, y para ello está dispuesto a rebelarse contra la autoridad local que representa al Rey; pero al mismo tiempo no quiere perder el favor de Carlos V, y por eso se vincula directamente con él por medio de la escritura. Esa negociación entre más de un lugar de legitimación articula un texto que afirma y cuestiona el mismo orden que lo define y posibilita. Éste es precisamente el gesto que veremos en textos más tardíos, como los célebres versos de Sor Juana que sintetizan esa ambigüedad constitutiva del sujeto colonial ante los centros de poder metropolitanos y virreinales: "y pues el alto Cerda famoso/ que, con cadena de afecto sutil,/ suavemente encadena y enlaza/ de América ufana la altiva cerviz" (182).

Es en esta ambigüedad difícil de resolver que el texto de Cortés recoge una de las características distintivas de la discursividad colonial y criolla que lo sucede. No existe esa dualidad ante el poder en Colón, pero sí está presente en Cortés. Su narrativa es el testimonio de ese dilema entre el espacio fascinante que se desea y la necesidad de legitimar su poder ante una instancia distante y por momentos secundaria, pues Cortés actúa en nombre del Rey mucho antes de conseguir su autorización. El discurso verbal dramatiza de este modo la frontera desde la que éste escribía y actuaba. Tal vez el síntoma más claro de esta ambivalencia son los desplazamientos simbólicos que están contenidos en los escritos que nos quedan del conquistador, y que nos proponen una ruta contradictoria para el sujeto que los produce. Pues por un lado las *Cartas de relación* llevan a un Cortés ficticio de la Nueva España a la metrópolis buscando legitimación, mientras que por otro lado el testamento dispone que sus restos viajen desde España para ser sepultados en Tenochtitlán, "la más noble y mejor ciudad de todo lo nuevamente descubierto del mundo" (Cortés 267-68). Y es precisamente en esa vacilación sobre el lugar en el que se autoriza la identidad colonial donde se constituye este fascinante relato del deseo con el que el conquistador edificó su poderío imaginario.

Notas

[1] Quiero agradecer las sugerencias bibliográficas de Marisa Belausteguigoitia y los comentarios de Gloria D. Prosper Sánchez durante la revisión de este ensayo.
[2] Ramón Iglesia (141) y Viviana Díaz Balsera (222-23) también describen el estilo de Cortés como "mesurado", "controlado" y "sobrio".
[3] Girard dedica su estudio a un género particular de la novela que comienza con Cervantes, y que él denomina como "the novelistic novel" (52). Sin embargo, su modelo no excluye la posibilidad de que este elemento novelesco, por referirse a las relaciones humanas, pueda estar presente en otros tipos de textos (2-3). Por lo tanto, tomamos este modo de lectura como punto de partida en nuestro análisis de la "Segunda relación" de Cortés, para identificar otros rasgos de esta escritura que son claramente literarios.
[4] Ya Antonio Cornejo-Polar había hecho un señalamiento similar sobre los *Comentarios reales*: "En efecto, casi insensiblemente, la palabra 'conquista' pierde su denotación primera, que implica combate y conflicto, y se desplaza hacia un campo semántico tan imprevisible como —desde esta perspectiva— necesario: el del erotismo. Nacida del amor y no de la destrucción y la muerte, la patria resulta ser suma y unimismamiento de lo vario y lo distinto" ("Las suturas" 105). Aunque Cortés no visualiza Tenochtitlán como una patria,

lo cierto es que su proyecto de conquista incluye una dimensión evidentemente erótica, cuando el conquistador se deja llevar por la fascinación que la ciudad le produce.

[5] Beatriz Pastor ha estudiado este conflicto de poder en más detalle, y propone que Cortés se auto-representa como un vasallo ideal para mantener una relación directa con el Rey, de modo que transforma su acto de rebelión en un ejemplo de su obediencia a Carlos V (120-145).

[6] Todorov ve esta resistencia de Moctezuma al encuentro y conversación con Cortés como una forma de evitar la imposición de un modo de comunicación que era ajeno al orden azteca. Señala además que al ser el jefe supremo de los indígenas, Moctezuma también protege su cuerpo del escrutinio público general, y por ello se resiste a reunirse con el conquistador (69-72).

[7] Ésta es precisamente la tesis de Todorov en su libro *The Conquest of America*. Según Todorov, existía una diferencia fundamental en los modos de comunicación y concepción de la historia de los españoles y los aztecas, y los conquistadores lograron vencer porque impusieron su modo de interpretar y utilizar estas prácticas culturales (63-97). Inga Clendinnen cuestiona esta interpretación histórica de Todorov, y muestra ejemplos de cómo los indígenas manipularon algunos de los códigos comunicativos de los españoles para resistir la conquista (66, 78-79, 86-88).

[8] Jorge Checa ha trabajado con esta misma escena y señala —a partir de los estudios de John Elliot y Todorov— que el mito de Quetzalcoatl no precedió la llegada de los españoles. Destaca también que el mito fue manipulado por ambos grupos, pues si bien los españoles lo utilizaron para justificar su poder, los indígenas recurrieron a este relato para incorporar a los españoles a una misma historicidad, con el propósito de que la crisis de la conquista tuviese alguna continuidad dentro de la visión del mundo azteca. Checa también destaca el carácter construido de estas "genealogías del poder", tanto aztecas como europeas (203-215).

[9] Aquí estoy haciendo referencia a la alternancia entre narración y descripción que Wayne Booth denomina como "telling vs. showing" (3-20) y que Genette estudia como una estrategia que mantiene el ritmo del discurso narrativo y desarrolla la noción de temporalidad en la trama (86-112).

[10] Agradezco a Julio Ramos, quien compartió conmigo su lectura sobre esta tendencia a representar Tenochtitlán como la ciudad-todo, pues desde ahí comencé mi estudio sobre escritura y poder en esta carta de Cortés. Una reflexión inicial sobre este tema fue presentada en el curso "Culturas Latinoamericanas" que enseñamos juntos en la Universidad de California en Berkeley en el otoño del 1995.

BIBLIOGRAFÍA

Adorno, Rolena. "El sujeto colonial y la construcción cultural de la alteridad". *Revista de Crítica Literaria Latinoamericana* 14, 28 (1988): 55-68.

_____ "Nuevas perspectivas en los estudios literarios coloniales hispanoamericanos". *Revista de Crítica Literaria Latinoamericana* 14, 28 (1988): 11-28.

Blázquez Garbajosa, Adrián. "Las 'Cartas de relación de la conquista de México': política, psicología y literatura". *Bulletin Hispanique* 87, 1-2 (enero-junio 1985): 5-46.

Booth, Wayne. *The Rhetoric of Fiction*. Chicago y Londres: The University of Chicago Press, 1983.

Checa, Jorge. "Cortés y el espacio de la conquista: la *Segunda carta de relación*". *Modern Language Notes* 111, 2 (marzo 1996): 187-217.

Clendinnen, Inga. "'Fierce and Unnatural Cruelty': Cortés and the Conquest of Mexico". *Representations* 33 (Invierno 1991): 65-100.

Cornejo-Polar, Antonio. "Ajenidad y apropiación nacional de las letras coloniales". *Conquista y contraconquista. La escritura del Nuevo Mundo*. Julio Ortega y José Amor y Vázquez, eds. México y Rhode Island: Colegio de México y Brown University, 1994. 651-57.

_____ "Las suturas homogeneizadoras: el discurso de la armonía imposible". *Escribir en el aire: ensayo sobre la heterogeneidad socio-cultural en las literaturas andinas*. Lima: Editorial Horizonte, 1994. 91-158.

Cortés, Hernán. "Segunda relación". *Cartas de relación*. Madrid: Clásicos Castalia, 1993. 159-309.

Cruz, Sor Juana Inés de la. "Bailes y Tonos Provinciales de un festejo..." *Obras completas de Sor Juana Inés de la Cruz*. Tomo I. Alfonso Méndez Plancarte, ed. México: Fondo de Cultura Económica, 1951. 177-87.

de Lauretis, Teresa. "Desire in Narrative". *Alice Doesn't: Feminism, Semiotics, Cinema*. Bloomington: Indiana University Press, 1984. 103-57.

Delgado Gómez, Angel, "Introducción biográfica y crítica". *Cartas de relación*. Madrid: Clásicos Castalia, 1993. 9-99.

_____ "La idea de América de Colón a Cortés". *Actas del X Congreso de la Asociación Internacional de Hispanistas*. Barcelona: PPU, 1992. 407-13.

Díaz Balsera, Viviana. "Estrategias metatextuales de Hernán Cortés, autor de la conquista de México". *Neophilologus* 73 (1989): 218-29.

Eberenz-Greoles, Rolf. "Literariedad y estructura textual en la historiografía de Indias. Análisis de fragmentos paralelos de H. Cortés, B. Díaz del Castillo y F. López de Gómara". *Travaux de Linguistique et de Litterature Publies par le Centre de Philologie et de Litterature*. 17, 1 (1979): 295-318.

Genette, Gérard. *Narrative Discourse: An Essay in Method*. Ithaca: Cornell University Press, 1985.

Girard, René. "'Triangular' Desire". *Deceit, Desire and the Novel: Self and Other in Literary Structure*. Yvonne Freccero, trad. Baltimore y Londres: The Johns Hopkins University Press, 1988. 1-52.

Glantz, Margo. "Ciudad y escritura: La Ciudad de México en las 'Cartas de relación'". *Hispamérica* 19, 56-57 (agosto-diciembre 1990): 165-74.

González Echevarría, Roberto. "José Arrom, autor de la 'Relación acerca de las antigüedades de los indios' (picaresca e historia)". *Relecturas: estudios de literatura cubana*. Caracas: Monte Avila, 1976. 17-35.

Iglesia, Ramón. "Hernán Cortés". *Columbus, Cortés, and Other Essays*. California: University of California Press, 1969. 140-206.

Lafaye, Jacques. "¿Existen letras coloniales?" *Conquista y contraconquista. La escritura del Nuevo Mundo*. Julio Ortega y José Amor y Vázquez, eds. México y Rhode Island: Colegio de México y Brown University, 1994. 641-50.

Llarena González, Alicia. "Un asombro verbal para un descubrimiento: los cronistas de Indias (Colón, Cortés, Bernal, Las Casas)". *Conquista y contraconquista. La escritura del Nuevo Mundo*. Julio Ortega y José Amor y Vázquez, eds. México y Rhode Island: Colegio de México y Brown University, 1994. 117-25.

López Mena, Sergio. "Precisar lo literario en los textos coloniales, una necesidad metodológica". *La literatura novohispana. Revisión crítica y propuestas metodológicas*. José Pascual Buxó y Arnulfo Herrera, ed. México: UNAM, 1994. 361-69.

Merrim, Stephanie. "Ariadne's Thread: Auto-Bio-Graphy, History, and Cortés' *Segunda carta-relación*". *Dispositio* 11, 28-29 (1986): 57-83.

Pastor, Beatriz. "Hernán Cortés: la ficcionalización de la conquista y la creación del modelo de conquistador". *Discursos narrativos de la conquista: mitificación y emergencia*. Hanover: Ediciones del Norte, 1988. 75-167.

Rabasa, José. "Dialogue as Conquest: Mapping Spaces for Counter-Discourse". *The Nature and Context of Minority Discourse*. Abdul R. JanMohamed y David Lloyd, ed. Nueva York/Oxford: Oxford University Press, 1990. 187-215.

Ross, Kathleen. *The Baroque Narrative of Carlos de Sigüenza y Góngora*. Cambridge: Cambridge University Press, 1993.

Saville-Troike, Muriel. "The Place of Silence in an Integrated Theory of Communication". *Perspectives on Silence*. Deborah Tannen y Muriel Saville-Troike, eds. New Jersey: Ablex Publishing Corporation, 1985. 3-18.

Todorov, Tzvetan. *The Conquest of America*. Richard Howard, trad. Nueva York: Harper & Row, 1987.

Zamora, Margarita. "Historicity and Literariness: Problems in the Literary Criticism of Spanish American Colonial Texts". *Modern Language Notes* 102, 2 (March 1987): 334-46.

Chisme, exceso y agencia criolla: *Tratado del descubrimiento de las Indias y su conquista* (1589) de Juan Suárez de Peralta

Kathleen Ross
New York University

> In discovering America Europe had discovered itself.
> J. H. Elliott, *The Old World and the New* (53).

> In the end, let's face it, white or not, practicing homosexuals or liberal straights... colonial creoles felt royally screwed by imperial Spain.
> José Piedra, "Nationalizing Sissies" (399).

El presente trabajo forma parte de un proyecto más extenso que trata sobre historiadores americanos que escriben hacia finales del siglo XVII; el mismo examina la naturaleza múltiple de sus complejidades y sus posturas como sujetos coloniales y la relación entre sus narrativas y un discurso historiográfico colonial mayor. Este corpus de textos incluye la obra de historiadores criollos, mestizos e indígenas como Dorantes de Carranza, Alvarado Tezozomoc y el Inca Garcilaso entre otros. Dentro de este grupo, Juan Suárez de Peralta se destaca como uno de los autores más elusivos e interesantes, pero es a la vez uno de los menos conocidos. La mayoría de los estudios sobre Suárez de Peralta han sido realizados por historiadores literarios en México, quienes o bien tratan de situar la escritura de la Nueva España del siglo XVI dentro de un contexto nacional, o bien buscan antecedentes literarios para lo que vendría a acontecer después en el México moderno. Esta situación es familiar para los investigadores en el área de los estudios coloniales, campo que todavía permite y exige una revisión y redefinición constantes.

En mi análisis de este texto de Suárez de Peralta, he recurrido a mi previo trabajo sobre Carlos de Sigüenza y Góngora y su historiografía criolla y re-escritura barroca de las crónicas del descubrimiento y conquista durante el siglo XVII, a la hora de considerar las implicaciones de los cien años de diferencia que separan a estos dos historiadores. Además, me ha sido de mucha utilidad el provocador ensayo de José Piedra, "Nationalizing Sissies", en el cual la sección sobre Suárez de Peralta representa sin duda el estudio más inquietante sobre el *Tratado del descubrimiento de las Indias y su conquista* hecho hasta ahora. Tomando en cuenta todo lo anterior, espero poder ofrecer nuevas posibilidades de lectura de esta tan escurridiza crónica.

Como con todos los otros historiadores americanos que me interesan, la identidad de Juan Suárez de Peralta, o mejor dicho la falta de la misma, sigue siendo de vital importancia a la hora de estudiar sus escritos. Al decir "falta de la misma" me refiero a la poca o escasa información existente sobre la identidad de este hombre que vaya más allá de las pistas que él mismo nos ha dejado saber. Suárez de Peralta,[1] nacido en la ciudad de México entre 1535 y 1540, hijo de Juan Suárez de Ávila, quien fue amigo y cuñado de Hernán Cortés, perteneció al pequeño círculo de la aristocracia criolla que pronto empezó a sentir un interés propietario en la capital colonial. En cuanto a su educación, se puede notar en el *Tratado* que Suárez de Peralta no tuvo un alto nivel de estudios sino que más bien fue un aficionado que se describía a sí mismo como uno de "los que no somos letrados y como yo, que no tengo sino una poca de gramática, aunque muncha afición de ler historias y tratar com persona doctas" (71). Dada su posición como hijo "segundón", no heredó nada de la encomienda familiar por lo que enfrentó muchas dificultades para mantenerse; tuvo algunos puestos burocráticos de poca relevancia, como el de corregidor, y se asoció con su hermano mayor en algunos negocios, como el de molinos de trigo. También dedicaron mucho de su tiempo a la aristocrática cría de caballos y halcones; de los textos de Suárez, además del *Tratado del descubrimiento* sólo se conocen el *Tractado de la cavallería de la gineta y brida*, publicado en el año de 1580 en Sevilla, y el *Libro de albeitería* que trata sobre medicina veterinaria equina, escrito durante los años 1570. Suárez de Peralta se casó con una mujer de su misma clase social, pero al parecer no tuvo hijos. En 1579, salió de México para España; no se han encontrado evidencias de su regreso a América y no se sabe nada con respecto a su vida en Europa ni sobre su muerte.

En lo que corresponde a la trayectoria editorial del texto de Suárez de Peralta, al igual que sucedió con tantas otras crónicas, el *Tratado del descubrimiento* nunca fue publicado en vida del autor, sino que el mismo fue publicado en Madrid en 1878 por Justo Zaragoza, quien lo había encontrado en los archivos de Toledo bajo el título de *Noticias históricas de la Nueva España*. En 1990, Giorgio Perissinotto publica una nueva edición, permitiendo así finalmente a los lectores la accesibilidad al texto. El título completo del libro reza así: *Tratado del Descubrimiento de las Yndias y su conquista y los ritos y sacrificios y costumbres de los indios: y de los virreyes y gobernadores, especialmente en la Nueva España y del suceso del marqués del Valle, segundo, Don Martín Cortés; de la rebelión que se le imputó y de las justicias y muertes que hicieron en México los jueces comisarios que para ello fueron por su Majestad; y del rompimiento de los ingleses, y del principio que tuvo Francisco Drake para ser declarado enemigo.*

Para narrar tal multiplicidad temática, Suárez de Peralta divide el texto en cuarenta y cuatro capítulos, siendo algunos muy breves, y termina con la ascensión al poder del virrey Don Luis de Velasco en 1589. Precisamente el carácter elusivo y escurridizo del texto, que ya he mencionado anteriormente, se debe en gran medida a la aparente falta de enfoque en su narrativa, tal y como se demuestra en el título. No obstante, es aun más sorprendente e inquietante el hecho de que no haya indicación de un posible destinatario al que el texto esté dirigido o que tampoco se exprese motivación alguna que justifique el *Tratado*. Según Perissinotto, "si sus otras dos obras son la manifestación literaria de la gran afición que tenía por los caballos, el *Tratado del descubrimiento*, me atrevería a decir, obedece al impulso de explicar su país natal a una sociedad que, es sabido, ignoraba en gran parte los usos y costumbres de esa tierra que tanto contribuyó a la grandeza imperial" (23). Por otro lado, Fernando Benítez, cuyo conocido estudio de 1953 *Los primeros mexicanos* se puede leer como una glosa del *Tratado* de Suárez de Peralta, adopta un punto de vista más romántico con respecto al autor al decir que, "empujado por la nostalgia, inició la redacción de su *Tratado de las Indias*, que terminó en 1589. Oía sonar del otro lado del Atlántico un pretal de cascabeles y su imaginación le representaba animadamente los sucesos alegres o trágicos de su juventud a medida que los años lo inclinaban a la melancolía. El hecho de que se desterrara voluntariamente de México no significa que hubiera dejado de amarlo" (238).

Cualesquiera que sean sus ideas sobre los motivos que impulsaron a Suárez de Peralta a escribir el *Tratado*, ambos críticos concuerdan con la aseveración de otros, como Alfonso Reyes y Carlos González Peña (citados en Perissinotto 19), quienes señalan que las únicas secciones del libro de interés para el lector moderno son precisamente aquellas narraciones de los eventos ocurridos en la Nueva España, de los cuales el mismo Suárez de Peralta fue testigo, y siendo dichas narraciones los capítulos en donde "su estilo se hace visual y vivaz" (Anderson Imbert 45).

En vista de que los capítulos que tratan del descubrimiento y conquista españolas re-escriben o re-crean lo textos de Cortés, López de Gómara, Las Casas, Sahagún, Motolinía y otros, siendo esto algo característico de los cronistas de su generación, Suárez de Peralta, según dicha proposición, no puede ofrecer nada nuevo hasta que cuenta lo que sabe, por lo cual uno podría saltar a las partes jugosas del texto inmediatamente. Perissinotto, en su introducción a la edición de 1990, señala que: "Y si el Peralta historiador sigue muy de cerca sus pocas lecturas [...] no es menos cierto que su narración se eleva notablemente al disponerse a tratar temas netamente criollos: la vida cotidiana, las costumbres y convivencia con los indios, los acontecimientos políticos de los que fue testigo" (24). El valor de estos informes testimoniales, más allá de sus descripciones coloridas, entretenidas y novelescas, radica en lo que nos dicen sobre la formación de una mentalidad criolla; citando a Perissonotto una vez más, "el cronista vive —como todos los criollos— en un continuo debate interno entre su ascendencia peninsular y su amor por América" (27).

En mi opinión, a menos que se lea el texto completo, no se puede ir más allá de la mera apreciación por lo anecdótico. La búsqueda de la identidad criolla de Suárez de Peralta se reduce a un gesto nostálgico, y su escritura sobre los indios, la represión por el Estado Imperial, la cultura criolla, sólo sugieren una cansada añoranza por el siglo de oro de la encomienda. Sin embargo, no se puede continuar hablando de "todos los criollos" como una clase o grupo indiferenciado en la misma medida en la que no se puede aplicar la misma operación de homogeneización en los grupos amerindios. El *Tratado* ofrece un vehículo a través del cual podemos empezar a definir algunas de las tempranas producciones y posturas criollas, y quizás posteriormente, podremos contrastarlo con la obra conocida del siglo siguiente. El resto de mi ensayo se centrará en una compleja área donde, a mi parecer, es posible leer este texto en su totalidad, nuevamente: me refiero a su marcada naturaleza oral, caracterizada por el chisme y el exceso.

Al hablar de la "naturaleza oral" del texto aludo a su tono informal y hablador, su voz narrativa en primera persona y su tendencia a las digresiones. Aquí me permito retomar el tema de la falta de identidad que mencionaba anteriormente para señalar otra de sus manifestaciones: ni Suárez de Peralta ni su texto revelan inmediatamente una identidad a su lector. No se trata de una relación legal, con su típico comienzo autobiográfico, ni de una historia clásica con su carga retórica implícita. El relativamente largo primer capítulo empieza de manera abrupta, como si estuviese impelido por una gran ansiedad:

> Las Yndias son tierra la más fertilísima que deve aber oy descubierta en el mundo, y más llena de todas aquellas cosas que en el son menester para el servicio del ombre y aprovechamiento del. Que tratar em particular es proceder en ymfinito, y así, para berificación desto y calidad della, considérese la riqueza que an tenido y tienen de oro y plata y muncha suma de ganados, especialmente en la isla Española de Santo Domingo, Cuba y su distrito, y Nueva España. Quel ganado bacuno y yehuas son ya tantas que se crían en los campos y montes bravos, que llaman cimarrones, ques sin dueño, ni se puede conocer cuyo es. No se aprovechan del sino es del cuero y sebo, que la carne se queda perdida en los campos donde la comem perros bravos, que son cimarrones que se crían en los montes, los cuales son tantos ya que hazen muncho daño en las jentes. Cómense esta carne unos pájaros grandes, negros, a manera de gallinas de la tierra que en España llaman pabas. Son de peor talle y feos y de malísima carne, que no sirven ni son para otra cosa, sino es para limpiar los campos donde ay cosas muertas. Estos pájaros y perros comem la carne del ganado que matan para el cuero y sebo. Y si por ellos no fuese, abría muncha peste a causa de la carne que se pudriría, y el mal olor haría munchísimo daño (39-40).

He citado este largo párrafo para mostrar la extraña, o quizás mejor dicho desenfrenada, progresión de ideas con las que Suárez de Peralta inicia su narración, pasando rápidamente de una suerte de paraíso colombino a la pesadilla de un mundo de carroña. Luego continúa con un breve y controlado interludio de meditación sobre el origen bíblico de los indígenas y sus rituales, pero a media página, después de decir que "esto de la ydolatría lo mejor es procurar se acabe y no tratar dello em particular" (41), Suárez cede ante el imperativo de la memoria y la narración en primera persona: "Aunque tratare de una manera de ydolatrar, que yo vi los ystrumentos con los que la hazían" (41). Entonces, prosigue un largo pasaje que nos lleva al interior de un prohibido templo indígena, escondido en la sierra, donde un grupo de hombres fueron hechos prisioneros en 1573. Suárez describe detalladamente las decoraciones en jade, plumas y oro del templo — algunas de las cuales, afirma el autor, él mismo llevó a España y le obsequió a su pariente el duque de Medina-Sidonia— y los ritos de sacrificio humano hechos por los idólatras. Después la narración vuelve al recurso autorizador de la Biblia, Sahagún y Aristóteles para encajar con el criterio de pensamiento de la época con respecto a la cuestión del origen de los indios.

El texto continúa de manera tambaleante, siguiendo el hilo de pensamiento de Suárez de Peralta, alternando lo religioso con lo secular, hasta que finalmente, en el quinto capítulo el autor hace la aseveración sobre su falta de entrenamiento o experiencia que cité anteriormente, y además protesta diciendo: "Me quiero retirar de tratar cosas que som para teólogos y bolver a mi propósito, ques tratar de las Yndias" (72). Aunque con notables digresiones sobre canibalismo africano y técnicas de tejido indígena, mientras trata de someter su caprichoso y rebelde texto al orden, Suárez de Peralta logra contar la historia del descubrimiento y la conquista. Al llegar al capítulo VII, en el cual se relata la biografía de Cortés, el autor nos revela una nueva fuente de información: su propio padre. Al referirse a las aventuras de Cortés en el Nuevo Mundo, él se abstiene de divulgarlo todo: "No quiero tratar de todas las cosas que le sucedieron en este discurso, por no ser prolijo, aunque sé munchas porque se las oy dezir a mi padre, que fue uno de los mayores amigos de Cortés tubo, a quien el lo contó" (82).

Y es aquí donde se manifiesta un misterio, ya notado por todos aquellos que han leído este texto desde el siglo XIX: mientras "mi padre" permanece sin nombrar, un hombre llamado Juan Suárez de Ávila se convierte en una presencia de gran importancia en la historia como cuñado y amigo de Cortés. Al leer el *Tratado*, "mi padre" y "Juan Suárez de Ávila" parecen ser dos personas distintas, en contraste con el hermano mayor de Suárez de Peralta, Luis, y su suegro, específicamente nombrados en capítulos posteriores e identificados por su relación familiar. Según la hipótesis de algunos críticos,[2] esto se puede explicar en base al caso legal presentado por Juan Suárez de Ávila en 1529 en contra de Cortés acusándole de ser el causante de la muerte de su hermana Catalina, primera esposa del anterior. Suárez de Peralta, quien firmemente defiende a Cortés, es entonces desleal con su propia familia. O quizás se esperaría que el destinatario — también sin nombrar—implícito del *Tratado* supiera estos detalles genealógicos sin necesidad de serle explicados, a diferencia de un lector moderno.

En todo caso, más que resolver dicho enigma, lo que realmente me interesa es la presencia del padre como fuente de historia oral. A la manera del Inca Garcilaso, quien usa los recuerdos y memorias de su tío sobre la época anterior a la conquista, Suárez de Peralta utiliza la experiencia de su padre para narrar con autoridad los capítulos sobre la historia del Nuevo Mundo que él mismo no ha vivido. Pero a

Chisme, exceso y agencia criolla • 137

diferencia de Garcilaso, o de Bernal Díaz, Suárez de Peralta no escribe en contra de nadie en particular, ni para corregir otras crónicas; no hay otro texto de base que glose o comente. De esta manera, la desorganización del *Tratado* refleja las piezas o pedacitos de información a medida que estos aparecen o salen a colación. Esto incluye, notablemente, el chisme: fuentes orales que permanecen sin ser citadas.

Los ejemplos abundan; sólo mencionaré uno. Al comparar las costumbres religiosas de los indios conversos con aquellas de los españoles, Suárez de Peralta indica que: "Lo que diré es berdad, que lo oí en España, a un cavallero, ques más delito: yrse a comulgar y topar una mujer y parlar con ella, y concertar que después se berían, porque yba a comulgar, y era día de jubileo. Cierto que mescandalizé. Luego se me bino a la memoria lo que los yndios hazen de bentaja en esto. Pues en el oyr misa, luego los berán estar parlando a ellos ni a ellas, y faltar destar hincadas ambas rodillas rezando" (62-63). La experiencia doble de vivir en el viejo y en el nuevo mundo, este gesto de traducción cultural por medio del cual las noticias-chismes escuchadas en el presente fuerzan una reconsideración del pasado, coloca a Suárez en el intermedio de un espacio criollo. En la libertad que el chisme ofrece, el historiador se permite su propia respuesta comparativa.

Aquí tal respuesta, aunque escandalizada, es moderada. Pero a medida que el *Tratado* se acerca a su segunda mitad, el exceso se convierte en la regla, y el chisme o rumor se tornan mortales al mismo tiempo que se dicen o desvelan nombres. La primera mitad abarca el período correspondiente a la llegada del virrey Mendoza en 1535, aproximadamente para la fecha de nacimiento de Suárez de Peralta; mientras la narración se adentra en la vida del autor, y él reemplaza la experiencia americana del padre con la suya propia, el criollo adquiere más control de su historia oral a través del detalle. Críticos e historiadores literarios han estado en lo correcto al indicar la vivacidad y la irresistible calidad de estos capítulos; no obstante, lo que yo propongo es que sólo después de haber escrito la primera ansiosa mitad del *Tratado*, después de hacer reverencias para luego traicionar el combinado peso de la autoridad tanto paternal como escrita, puede Suárez de Peralta permitirse la primacía de sus recuerdos criollos.

Se alcanza un punto culminante con la narración de la intriga y secuelas de la conspiración para destronar al virrey en favor de Martín Cortés, el segundo Marqués del Valle, quien volvió triunfante de Europa a la Nueva España en 1562. Suárez de Peralta, por supuesto, conoció a todos los involucrados e incluso se refiere a su propia participación en algunos momentos cruciales. Cuando los hermanos Ávila, condenados como los principales conspiradores, son decapitados públicamente, Suárez de Peralta camina al lado de ellos en la procesión hacia el cadalso, y así se convierte en el privado de la confesión que hace Alonso de Ávila: "lo oy io, porque estaba tan cerca del tablado que tenía mi caballo la frente pegada a él, y lo bí y oí todo" (215). Obviamente, Suárez no estaba entre los implicados en la conspiración, ya que se le permitió vivir para contar la historia; pero cómo fue contada la historia a las autoridades es ya otro asunto. La realidad de la aristocracia criolla de un pueblo pequeño a mediados del siglo XVI,[3] que vive su fugaz momento de gloria feudal, se cristaliza en pasajes como los siguientes:

> Baltasar de Aguilar Cerbantes [...] descubrió todo lo que abía del alzamiento [...] No lo dijo a sordo, sino a un cuñado suyo y primo ermano [...] y este le dijo: "Pues hermano, asigura vuestra onrra y hazienda y luego yd a denunciar de bos y de los que más saveys están en esa conjuración". Y es berdad, por lo que bí, que fue lleballe como por los cabellos [...] Luego fueron con él Alonso de Villanueva Cerbantes, hermano del caballero que avía sido primero abisado, que se llamaba Agustín de Billanueva Cerbantes. Este dio parte a unos amigos suyos, entre los quales fue uno don Luis de Belasco, hijo del buen birrey don Luis, y él y los demás que lo savían acudieron a la justicia a dalles parte (196).

Se dicen los nombres y las cabezas criollas rodarán a medida que el desmantelamiento de la conspiración se torna en un período de terrorismo de estado. Las descripciones sensuales de Suárez de Peralta de las mascaradas criollas y su embriagante juerga, de la fabulosa riqueza y el constante placer, ceden al detallado y repetido informe de las ejecuciones y sus víctimas, y la incomprensión al enfrentar el poder imperial. Sin lugar a dudas, Alonso de Ávila fue culpable pero "si algo fue causa de su perdición o a la menos ayudó, fue que era tocado de la banidad. mas sin perjuizio de nayde, sin estimación que tenía en sí, por ser, como era, tan rico y tan jentil ombre y emparentado con todo lo bueno del lugar" (208). ¿Cómo es posible que caballero tal pudiese dañar a alguien? ¿Quién querría hacerle daño?

Según José Piedra, la narración de Suárez de Peralta, al enfrentar "the traumatic primal scene of his mixed heritage" (401) encamina al autor hacia un balance de polaridades tales como masculino/femenino o civilización/barbarie, en la medida en que él reconoce la naturaleza híbrida de la nación que es la Nueva España. Citando a Piedra: "The creole coming to grips with the Spanish abuses of power, property, and propriety bring to the surface a creole consciousness in cahoots with the true native values of America and of the Americans" (403). En esta formulación sexuada, la detallada y sentimental narración de Suárez de Peralta sobre la conspiración para poner en el poder a Martín Cortés y la sangrienta represión que acabó con dicho intento, se convierte en un "sissy nationalist trick" (403) donde al final lo débil, lo femenino y colonizado sale ganando contra el machismo imperial: "Nation in Suárez de Peralta's text, and more covertly in those of his contemporaries, is in the hands of the apparently submissive, ladylike martyrs of European civilization" (405-06).

El argumento de Piedra es persuasivo, pero todavía no me convence por completo el resultado final de esta narración. ¿Acaso la aparente sumisión conduce a un éxito o ganancia criolla, en el texto o de otro modo? Ya para finalizar, y a la vez aventurar algunas conclusiones tentativas, consideraré un aspecto más del *Tratado*: su posición como narrativa construida por un sujeto criollo que escribe desde la metrópolis. "In discovering America Europe had discovered itself", dice Elliott en el epígrafe inicial de este ensayo. Cabe preguntar entonces, ¿qué es lo que Suárez de Peralta descubre en España, al escribir una década después de su emigración a la madre patria?

La narración del *Tratado*, dejando de lado el emotivo episodio sobre Martín Cortés, dedica sus últimas veinticinco páginas a otros tres temas: la incursión de una nave capitaneada por el inglés John Hawkins en el puerto de San Juan de Ulúa en 1568; el establecimiento de la Inquisición en la Nueva España; y finalmente, la historia de los virreyes gobernantes hasta 1589. De los interesantes capítulos sobre el inglés, sólo mencionaré el favorable retrato de primera mano que Suárez de Peralta hace de la conducta caballerosa y noble ascendencia del mismo: "Entrellos conocí yo dos, el uno sobrino de un señor de Yngalaterra pariente del conde de Yorc, y otro muy deudo de la reyna" (244). La defensa final española del puerto no le causó ningún placer a Suárez de Peralta, quien por el contrario señala dicha defensa como la causa de las posteriores acciones destructivas de Francis Drake en América.

Las instituciones eclesiásticas y estatales, sin embargo, reciben su más sentida aprobación. Al discutir el problema del castigo dado a los idólatras antes de la llegada del Santo Oficio a la Nueva España, Suárez de Peralta vuelve a su inicial patrón narrativo de digresiones con otra anécdota sobre el ritual de sacrificio humano y las prácticas supersticiosas contemporáneas. Ahora, él declara que con la ascensión del arzobispo Moya de Contreras, la Inquisición hace su trabajo para una agradecida población de criollos: "siendo ynquisidor onraba a todos los cavalleros muncho y los tratava como padre y senor" (256). De manera similar, el virrey Luis de Velasco, quien empezó su reinado en 1589, es recibido en la Nueva España como uno de ellos, ya que fuera hijo del virrey anterior del mismo nombre y además se casó y vivió por muchos años en México.

A fin de todo, en el texto de Suárez de Peralta sale a relucir no sólo la conciencia criolla, sino la solidaridad con una aristocracia internacional y su aparejo. La historia criolla que se había liberado de la autoridad española para basarse en una oralidad americana vuelve al discurso conservador del estado imperial, alabando la grandeza terrible del auto de fe. Podríamos preguntarnos si esta vuelta de Suárez se hace sólo por razones de censura y con algo de ironía, pero una subversión consciente me parece dudosa. Las oportunidades futuras de prosperidad para Suárez de Peralta dependen del favor del virrey y de sus propios parientes poderosos; quizás el virrey Velasco es el destinatario no nombrado del *Tratado*. Para este historiador criollo cincuentón, escribiendo sus cuentos hogareños desde la metrópolis, la indignación de su juventud cede el paso a la aceptación e identificación con el poder imperial. El *Tratado del descubrimiento de las Yndias y su conquista* muestra en última instancia que la agencia criolla, a finales del siglo XVI, es todavía doble: agencia que a veces demuestra acción del sujeto, y a veces del estado.

Traducción: Ariadna García

NOTAS

[1] Mi fuente para estos datos es el "Estudio preliminar" de Giorgio Perissinotto a su edición del *Tratado* (13-21); las citas del texto de Suárez de Peralta vienen del mismo volumen.
[2] Por ejemplo, Perissinotto: "Al encontrarse en la intrincada posición de tomar partido entre su padre y Cortés, opta por exculpar a este y enjuiciar a los acusadores sin identificarlos como parientes suyos" (17).
[3] Según Fernando Benítez, en 1580 la ciudad de México "poseía menos de cuatro mil vecinos blancos" (26).

BIBLIOGRAFÍA

Anderson Imbert, Enrique. *Historia de la literatura hispanoamericana.* México: Fondo de Cultura Económica, 1957.

Benítez, Fernando. *Los primeros mexicanos.* [1953]. México: Ediciones Era, 1962.

Emilie L. Bergmann y Paul Julian Smith, eds. *¿Entiendes? Queer Readings, Hispanic Writings.* Durham y Londres: Duke University Press, 1995.

Elliott; J. H. *The Old World and the New.* Cambridge: Cambridge University Press, 1970.

Perissinotto, Giorgio, ed. "Estudio preliminar". *Tratado del descubrimiento de las Yndias y su conquista.* [1589]. Madrid: Alianza Editorial, 1990. 11-36.

Piedra, José. "Nationalizing Sissies". *¿Entiendes? Queer Readings, Hispanic Writings.* Emilie L. Bergmann y Paul Julian Smith, eds. Durham y Londres: Duke University Press, 1995. 370-409.

Ross, Kathleen. *The Barroque Narrative of Carlos de Sigüenza y Góngora.* Cambridge: Cambridge University Press, 1994.

Suárez de Peralta, Juan. *Tratado del descubrimiento de las Yndias y su conquista.* [1589]. Giorgio Perissinotto, ed. Madrid: Alianza Editorial, 1990.

Resentimiento criollo y nación étnica: el papel de la épica novohispana

José Antonio Mazzotti
Harvard University

No es ya demasiado aventurado hablar de una "nación criolla" como concepto ubicable en las coordenadas axiológicas de fines del siglo XVI y los dos que siguieron. Los estudios tradicionales sobre el periodo virreinal han tendido a simplificar el problema de la escurridiza diferencia criolla al aceptar sin cortapisas la condición legal y cultural de españoles en esos descendientes de peninsulares nacidos en el Nuevo Mundo. La postura común es ubicarlos como un apéndice y una variable de la subjetividad dominante, obviando así la especificidad y el carácter dialógico de su producción discursiva con el contexto americano inmediato. Sin embargo, bastaría revisar documentos y crónicas de la época en los que se insiste en la condición alterna y superior del criollo continental, en su indisputable calidad intelectual, espiritual y hasta biológica, para volver a considerar las características particulares de esta formación cultural, lejos también del otro extremo de interpretación, el de una teleología nacionalista modernizante, hija más bien del pensamiento ilustrado.[1] Sin embargo, la autoproclamada superioridad criolla se daba a despecho del dato probado de ser un 20 a 40 por ciento del conjunto en realidad mestizos acogidos bajo la protección paterna durante las dos primeras generaciones, es decir, los nacidos entre las décadas de 1530 y 1560 (Kuznesof; Schwartz). Tal hecho motivaría, entre otras cosas, el desprecio y marginación a que los llamados "gachupines" de México y los "chapetones" del Perú condenaron a sus anfitriones pretendidamente blancos en los virreinatos.

En las próximas páginas me centraré en dos ejemplos canónicos y quizá conocidos por muchos: los textos de Francisco de Terrazas y de Antonio de Saavedra Guzmán. A través de ellos plantearé cómo en uno de los grupos criollos más importantes, el mexicano, se empieza a labrar la idea de lo que un sector contemporáneo de estudios sobre la nación ha llamado "nacionalismo étnico" pre-ilustrado. Me refiero especialmente a los trabajos de John Kellas, Anthony Smith y John

Armstrong, que plantean orígenes remotos para las formaciones nacionales de intrínseca homogeneidad cultural y racial y anteriores al desarrollo del estado-nación moderno. Aunque el alcance de este sector no "modernista" de los estudios sobre el nacionalismo ha comprehendido básicamente sociedades tradicionales del Viejo Mundo y no del Nuevo, algunas de sus conclusiones pueden ser utilizadas para nuestro campo.

Hay que reconocer, al mismo tiempo, que existe una carencia todavía notable de adaptaciones de algunas de las teorías postcoloniales más al uso para el contexto hispanoamericano llamado "colonial". Por esta razón se suele incurrir en anacronismos epistemológicos, como es el del uso indiscriminado y uniformizante del mismo término "colonia" en su sentido estrictamente expoliador. Aunque la evidencia sobre abusos económicos, sociales y políticos, así como sobre el amplio proceso aculturador ejercido por oficiales de la Corona española y el clero en el Nuevo Mundo no admite mayor discusión, la tendencia contemporánea dentro de los estudios "coloniales" es la de unimismar la dominación de los Habsburgo (hasta 1700) con la de los Borbones, sin observar los cambios sucesivos y muchas veces proteccionistas dentro del complejo corpus de las Leyes de Indias, ni el papel flexible y ambiguo de los sectores intersticiales, como el de los criollos, para evaluar la especificidad del proceso histórico de la dominación hispana en América. Pero será particularmente a través del análisis textual, y específicamente poético, que intentaré labrar un surco más dentro de ese inmenso territorio silvestre de las redefiniciones a las que se inclina el presente volumen.

Partamos de los conceptos que dan título a este trabajo. Con la expresión de "criollos resentidos", originalmente esbozada por Benítez (300) y luego acuñada por Peña (220), me refiero al grupo de las dos primeras generaciones de criollos que acusaron recibo del despojamiento de las encomiendas por obra y gracia de las Leyes Nuevas promulgadas en 1542 y de sus secuelas dosificadas a lo largo del siglo XVI. Según Pagden (56), tales individuos apenas llegaban al número de 733 en el México del año 1604, y es de creer que había al menos 500 en el Perú en la misma época (ver nota 11 de la Introducción). Asimismo, para hablar de "nación étnica" se necesita aludir inevitablemente al concepto de nación que se manejaba en la época: el del grupo familiar extenso o social-regional, con fuertes rasgos de unidad racial, cultural y lingüística, muchas veces coincidente con el concepto de "casta", y casi siempre identificable por la aceptación común de una dinastía fundadora (Smith, Introd.). De igual manera, el término "nación" aludía a un común "origen en cierta provincia, región o reino" (Monguió 462). Por su lado, Florescano (16-17) aclara acertadamente que "en la antigüedad, la idea de nación se identificó con la existencia del grupo étnico. Era una concepción universal, manifiesta en todas las civilizaciones bajo las formas más diversas. Sin embargo, también sabemos que fue bruscamente alterada por el concepto de nación que brotó de la revolución francesa. Los patriotas franceses rompieron con sus antiguas lealtades territoriales, lingüísticas y afectivas en 1789, y proclamaron su entrega a la nación francesa por sobre todas las cosas". Como se ve, no interesa especialmente para el periodo al que quiero referirme, el de fines del XVI y principios del XVII, la tesis de Benedict Anderson llamada "modernista", que ubica el nacionalismo como artefacto cultural a partir de la Ilustración y de la circulación de impresos periódicos en la segunda mitad del siglo XVIII (Anderson, Introd. y Cap. 4 para el caso hispanoamericano).

Para entrar en el contexto mexicano, conviene anotar que la extensa bibliografía que trata de la formación de una identidad criolla en la Nueva España (como, por ejemplo, los notables trabajos de Jacques Lafaye, David Brading, Solange Alberro y Peggy Liss) se concentra sobre todo en textos y documentos que rara vez incluyen la poesía convencionalmente conocida como épica. Entre otros estudiosos más tradicionales, como Benítez y García Icazbalceta, cuando la épica criolla ha sido tema de comentario, el balance ha sido, por decir lo menos, calamitoso.[2] A semejanza de su homóloga peruana, esta parte de las letras virreinales se encuadra aparentemente dentro de premisas y modelos ubicables en la península y las influencias italianas, en que la *ottava rima* resultaría la cara más visible del remedo. Pero a diferencia de la épica novocastellana, la novohispana tiene en Hernán Cortés a un personaje menos problemático que Francisco Pizarro para la reactualización de un paradigma tradicional de heroísmo. En las biografías de Cortés se suele incluir su breve paso por la Universidad de Salamanca y su relativo manejo del latín, así como el testimonio directo de la retórica jurídica e historiográfica visible en las *Cartas de relación* (v. Frankl), que lo sitúa intelectualmente muy por encima del analfabetismo de Pizarro. Recuérdense para ello, además, las alabanzas de López de Gomara en la línea de las historias glorificadoras de un modelo ejemplarizante, y sus atribuciones a Pizarro de una deshonrosa ilegitimidad familiar y de un vergonzoso oficio porquerizo (véase el Cap. 144 de su *Historia general*). Es, pues, en pocas palabras, Cortés un personaje mucho más idóneo para la heroificación y la fundación de una estirpe local, tanto por sus virtudes militares como espirituales e intelectuales.[3]

Por eso, no importa tanto la mayor o menor lealtad del Marqués del Valle a la Corona ni su supuesta "revolución comunera" en la Nueva España, como la llamó Manuel Giménez Fernández. Importa sí la manipulación que de su figura hacen algunos descendientes de conquistadores que echan mano del prestigioso género de la épica para ensalzar a sus propios antepasados acompañantes de Cortés y al mismo tiempo infiltrar sus reclamos por los antiguos méritos familiares. Por ello, dos de los casos más importantes para una lectura política y socio-histórica de la instrumentalización de la épica culta en tierras americanas, el *Nuevo Mundo y Conquista*, de Francisco de Terrazas, y *El peregrino indiano*, de Antonio de Saavedra Guzmán, resultan de suma utilidad. No quiero con ello afirmar que los poemas de Gabriel Lobo Lasso de la Vega, el *Cortés valeroso* (1588) y su versión ampliada, la *Mexicana* (1594), no tengan importancia para este rastreo. Las dos obras complementarias entre sí de Lobo Lasso constituyen también parte nuclear del llamado "ciclo cortesiano" junto con otros nueve poemas épicos, y fueron publicadas antes que los poemas de Terrazas y Saavedra.[4] Sin embargo, lo cierto es que quizá lo más aproximado a una indirecta reivindicación criolla en Lobo Lasso sea la enumeración de los conquistadores que acompañaron a Cortés. Son ciento trece los nombrados en el *Cortés valeroso* y ciento setenta en la *Mexicana*. Pero ya que ambos poemas tienen como objeto indiscutible la conversión de Cortés en arquetipo de la heroicidad hispana, es lógico que no se explayen en el reclamo por el despojamiento de encomiendas y privilegios sufrido por los descendientes de los otros conquistadores. En esto, además, hubo intereses concretos de Martín Cortés, el criollo segundo Marqués del Valle, y de su hijo, Fernando, que intervinieron en el proceso escritural de Lobo Lasso, como apunta José Amor y Vásquez (lvii). Sin embargo, destacan en ambas obras, como variantes del protagonismo de Cortés, algunas acciones de Jerónimo de Aguilar y Pedro de Alvarado, aunque la mayoría de la tropa quedará casi ignorada, tal como ocurrió en la *Conquista de México* de Gómara. Esta misma visión individualizante de la conquista motivaría los reclamos de Bernal Díaz del Castillo, que en buena medida se adelanta a las quejas de Terrazas y Saavedra, aunque su *Historia verdadera*, como sabemos, sólo sería publicada en 1632, cuando ya todos ellos eran muertos ilustres.

Las ciento setenta y cinco octavas que conocemos del *Nuevo Mundo y Conquista* de Terrazas fueron recogidas por Baltasar Dorantes de Carranza en su extensa defensa de los descendientes de los conquistadores, titulada *Sumaria relación de las cosas de la Nueva*

España, escrita entre 1601 y 1604, aunque sólo publicada en 1902. Sin embargo, muchos fragmentos del *Nuevo Mundo y Conquista*, así como de otros poetas del XVI, habían sido publicados en 1880 por Joaquín García Icazbalceta. Aunque el mismo estudioso advierte que "no dice en general Dorantes que todos [los fragmentos] sean de Terrazas (a quien llama *nuestro Marón*)",

> en algunos expresa el nombre del autor, en otros le calla, y en uno después de haber puesto el de Terrazas, le borró y escribió arriba *Arrázola*. Existía [...] un poeta de este nombre, amigo del otro: ¿quién nos asegura, pues, que entre los fragmentos anónimos no haya alguno más de Arrázola? Y acaso pudiera terciar en la disputa Salvador de Cuenca que también hacía octavas al mismo asunto, y era probablemente hijo de Simón de Cuenca, otro mayordomo de Cortés. Imposible es conocer quién es el dueño de cada uno de los fragmentos, cuando Dorantes no le expresó (García Icazbalceta 364).[5]

Tampoco se conoce la fecha exacta de composición del poema, aunque se presume que Terrazas, muerto hacia 1600 según Dorantes, habría tenido su texto en preparación desde la década de 1580. Investigaciones recientes, sin embargo, ubican la muerte de Terrazas en ese mismo año (Lasarte 1997), por lo que se renueva la duda sobre la total pertenencia a la pluma de Terrazas de las estrofas recogidas por Dorantes. Prestigioso y apreciado por otras composiciones de tono petrarquista, hasta el punto de merecer el elogio de Miguel de Cervantes en su *Canto de Calíope*, Francisco de Terrazas no llegó, sin embargo, a un lugar protagónico en las letras del periodo. El poeta era hijo del conquistador del mismo nombre, figura importante en los avatares militares de Cortés y uno de sus colaboradores más cercanos, que llegó incluso a ser alcalde ordinario de México.[6] El nacimiento y vida entera de Terrazas-hijo en la Nueva España lo convierten en testigo de primera fila del esplendor y ocaso de la institución de la encomienda. Es lo que él llama en su poema "el siglo de oro" de la presencia europea en el valle azteca.[7] Por eso, aunque paradójicamente, el poema se encuentra intervenido de numerosas críticas al incumplimiento de las promesas de Cortés hechas a sus colaboradores, y de reproches a la Corona por la poca compensación que a la larga recibieron los demás conquistadores y sus descendientes. Dorantes incluye en su obra veintiún fragmentos del poema de Terrazas, de los cuales el más explícitamente cercano al tema de la subjetividad criolla es el fragmento titulado por Antonio Castro Leal (xvi) como "Alegato en favor de los hijos de los conquistadores".

En esta sección, Terrazas contrasta la suerte que han corrido los criollos y sus padres con el destino glorioso reservado a los generales romanos después de sus victorias. Menciona también la buena fortuna de los nobles castellanos que ayudaron a sus reyes en la guerra de la Reconquista. De este modo, el despojamiento por parte de la Corona hacia los encomenderos novohispanos resulta una aberración de la ley natural y de las costumbres tradicionales, pues

> lleno está el siglo de guardar las leyes
> de generosas pagas de los reyes (Terrazas 84).

México, desde este punto de vista, nace *dislocado* de la historia universal, y resulta desde sus inicios un lugar de excepción y devenir anómalo. Aunque en principio defectiva, esta concepción del tiempo en el desarrollo histórico del Nuevo Mundo implicará la reformulación de los principios políticos y epistemológicos universales que supuestamente debían regir en la pretendida reproducción del reino de Castilla en las Indias. Terrazas expresa la anomalía señalando que:

> sólo a ti, triste México, ha faltado
> lo que a nadie en el mundo le es negado (85).

En tal sentido, el destino todo de la sociedad novohispana es el de tratar a sus propios hijos como ajenos, y a los ajenos como propios, especialmente cuando se le dice a la tierra mexicana que

> Madrastra nos has sido rigurosa,
> y dulce madre pía a los extraños (87).

Esta patria, entendida como la Ciudad de México, es una "ingrata", a la cual se desea que viva

> [...] dichosa
> con hijos adoptivos largos años,
> que con tu disfavor fiero, importuno,
> consumiendo nos vamos uno a uno (87).

Así, los descendientes de conquistadores que quedan en México están condenados a la desaparición, con lo que la posibilidad de una hegemonía estamental de este grupo de antiguos señores de la tierra queda condenada al fracaso. Y, con él, el de todos los ideales de un mundo de estirpe caballeresca sobrepujado por un estado lejano, aunque omnipresente y arbitrario. Se trata, desde tal perspectiva, de una monstruosidad histórica que genera otra y que permite en ésta, la de la identidad criolla mexicana, la reconstrucción de la propia imagen no sólo como diferencia, sino también como superioridad. Basta leer la contemporánea *Grandeza mexicana* de Bernardo de Balbuena para confirmar cómo se compensa discursivamente el derrumbe social criollo con la exacerbación de su complejo extrañamiento.[8]

Terrazas termina su poema pidiendo que, si no se iban a conceder los reinos prometidos por Cortés a sus soldados, al menos la Corona debía dejar que "las encomiendas perpetuas fueran" (90). Así, por dignidad y vergüenza propia, se permitiría la sobrevivencia de los que en el poema se consideran los legítimos herederos del poder y la hacienda de México, los criollos que, como Terrazas, nacían llenos de virtud por la sangre heroica que corría en sus venas. De ahí que en 1604 Bernardo de Balbuena se encargara de elevar la religiosidad novohispana por encima de la europea (véase esp. el Cap. IV de *Grandeza mexicana*), lo mismo que haría, a fines del XVII, don Carlos de Sigüenza y Góngora en su *Paraíso occidental*. Para Balbuena y Sigüenza esta superioridad espiritual de los criollos es una justa prolongación de sus ancestros, que supieron en su momento sobreponerse cara a cara al Demonio, personaje supuestamente rampante en las creencias religiosas de la población azteca.

Terrazas, sin duda, ofrece una expresión relativamente temprana de un malestar que revela un nuevo punto de vista, en el que la melancolía será una de sus marcas señeras. A la vez, la alabanza de las hazañas de la conquista tendrá un doble filo, que reafirma una fidelidad regalista al mismo tiempo que denuncia la histórica injusticia cometida. Con este gesto dual se echan las bases discursivas propiamente americanas para el uso de un género de alto prestigio como la épica culta en la elaboración de una visión genuinamente *descentrada* del poder, la identidad y las propias fundaciones. Aunque la autoría final de algunos fragmentos del *Nuevo Mundo y Conquista* quede por definir entre Terrazas, José de Arrázola, Fernán González de Eslava y Salvador de Cuenca, como hemos visto, lo cierto es que la posición del sujeto de escritura (ya no del autor o autores materiales) es eminentemente melancólica y participa del exabrupto diegético y las lamentaciones sobre la situación de su grupo social, acercándose así al historicismo de la llamada "épica de los vencidos", inspirada lejanamente en la *Farsalia* de Lucano.[9] Pero no nos adelantemos demasiado y pasemos al segundo caso.

Se trata de otro notable criollo relacionado con esta misma perspectiva, don Antonio de Saavedra Guzmán, que publicó su

Peregrino indiano en Madrid en 1599. El poema nos ha llegado en forma íntegra, y por eso mismo permite entender la complejidad y desarrollo de una trama completa, como es la expedición de Cortés hasta su triunfo sobre Cuautémoc, en veinte cantos. Saavedra también podía, como Terrazas, preciarse de sus ancestros: fue bisnieto del primer Conde de Castelar e hijo de uno de los primeros pobladores españoles de México. Se casó, además, con una nieta de Jorge de Alvarado, hermano del temible Pedro de Alvarado, protagonista de primera fila en la empresa conquistadora.

Del extenso poema de Saavedra, aunque muchas veces maltratado por la crítica literaria que encuentra en él menos mérito estético que en los de Lobo Lasso y Terrazas, podemos rescatar secciones de enorme interés para el problema que aquí nos atañe. Especialmente, se encuentra en las primeras dieciséis octavas del Canto XV una defensa directa de los descendientes de los conquistadores y una implacable argumentación contra el despojo sufrido de sus privilegios. La crítica se convierte en súplica a Felipe III para que ampare a estos descendientes y corrija los males del reino, pues

> [h]ay como yo otros muchos olvidados
> hijos, y nietos, todos descendientes
> de los conquistadores desdichados,
> capitanes y alféreces valientes:
> los mas destos están arrinconados,
> en lugares humildes diferentes,
> sin tener en la tierra más que al cielo,
> de quien sólo esperando están consuelo (Saavedra 402).

El problema del decaimiento y miseria de los criollos no se limita, además, a un asunto particular y minoritario, sino que convierte a México mismo en "mala Madrastra" (403), tal como ocurría en el poema de Terrazas. Aunque se reconoce el esfuerzo del Rey para mantener el buen gobierno a través de sabias cédulas, éstas, dice Saavedra, son raramente cumplidas en el Nuevo Mundo. Más aún, los legítimos herederos hispanos no sólo han sido despojados de las riquezas de México, sino que cada Virrey las reparte arbitrariamente "a quien [...] quisiere darlo" (404).

El "peregrino indiano" que inicialmente resulta Cortés, en fórmula que enfatiza el viaje hacia el Oeste, y con ello la *translatio imperii* al Nuevo Mundo, se convierte poco a poco en denominación de la propia figura de Saavedra, que se presenta en España, al Oriente de México, para reclamar sus derechos y labrarse una compensatoria fama literaria.¹⁰ El poema, recordemos, apareció en Madrid, en los talleres del conocido impresor Pedro Madrigal. En esta re-semantización del título del poema es posible observar las resquebrajaduras internas de una identidad no sólo dislocada geográficamente, sino también en términos sociales. La virtud del peregrinaje militar y religioso del héroe del poema —Cortés— puede entenderse así como la contracara de un peregrinaje mendicante —el del autor— en dirección opuesta. La reacción llega una generación más tarde, pero deformada. Y esta monstruosidad nuevamente supondrá, como en Terrazas, el cuestionamiento parcial de las fundaciones gloriosas y la homogeneidad de los discursos dominantes ante la aparición de agentes sociales con intereses propios, pero en obligada adaptación.

Podría multiplicarse la enumeración de ejemplos mexicanos, sobre todo si se hurgara más en la obra de los poetas y letrados (Terrazas, Saavedra, González de Eslava, Cervantes de Salazar, entre otros) que supuestamente conformaron la tertulia reunida a mediados de la década de 1560 quizá alrededor de don Martín Cortés (Peña 220). Según parece, de tal grupo saldrían algunos personajes comprometidos en la llamada conjuración del Marqués, que tenía por objeto coronar a éste como Rey de México (Suárez de Peralta, Cap. XXXII). Podrían también nombrarse algunos casos peruanos en que la ambigüedad y el extrañamiento se revelan en pasajes aparentemente insignificantes, como en los poemas épicos de Pedro de Oña y Juan de Miramontes, o en las crónicas de Ramos Gavilán, Buenaventura de Salinas o fray Antonio de la Calancha.¹¹ Pero la lista sólo confirmaría el punto de partida para la reflexión que aquí interesa desarrollar: la de una tercera lectura, alternativa a la de la tradicional apendicitis a la que se reduce a los autores criollos (recuérdense los juicios despectivos y adánicos de Neruda y Vargas Llosa con respecto a la literatura virreinal), y alternativa también de una aplicación sin matices ni distancias de la equivalencia o prefiguración del discurso independentista ilustrado de fines del XVIII.¹²

Mediante los conceptos de monstruosidad, extrañeza y dislocamiento podemos comenzar a delimitar cómo debajo del plano superficial del discurso de fidelidad a la Corona se está planteando el reclamo de una autonomía relativa y reconocimiento político del grupo criollo dentro de los reinos de Ultramar. Si en el mismo periodo se empleaba el concepto de nación para referirse a los habitantes de la península como "nación extremeña" o "nación andaluza", es fácil ubicar el mismo uso en algunos escritos que se refieren a los grupos de neo-europeos dislocados.

Es cierto que en muchos casos la diferencia será tan pequeña que se tomarán los contraejemplos (piénsese en Juan Ruiz de Alarcón o en Sor Juana) como regla general de la equivalencia entre criollos y "gachupines". Pero recordemos que conviene subrayar la heterogeneidad al interior del grupo criollo, y cómo en uno de sus sectores específicos, el de los descendientes directos de los conquistadores, la "imitación diferencial" (v. Dubois 12), permite entrever el fondo de un *iceberg* de subjetividades encontradas y formuladas sólo a medias.

Sería tentador hablar también de la mímesis engañosa del sujeto colonizado de la India del XVIII a la que se refiere Homi Bhabha en su célebre artículo "On mimicry and man" de 1984. Pero nuevamente nos encontramos con que en el caso de nuestros criollos mexicanos de fines del XVI el vínculo con el poder imperial es también de pertenencia, y la estrategia imitadora muchas veces tiene el cariz de un enfrentamiento directo, casi un reproche y un reclamo filial, y no de un "camuflaje". Si este tentáculo neomundano de la Metrópoli (desde el punto de vista de los grupos indígenas) es un ente casi enteramente discernible, en el que la melancolía se alimenta no tanto por el abuso de una presencia extranjera sino por el desarraigo de los propios semejantes, ¿por qué no apuntar a un concepto de nación étnica problemática que encuentra en la doble cara de su discurso una de las cifras de su identidad?

El fenómeno, por otro lado, es percibido también por autores que desde la propia península, como Lobo Lasso de la Vega, ven ya el extrañamiento del español peninsular cuando se cruza y se transforma con la experiencia americana.[13] Pero al focalizarse el dislocamiento desde la frontera, se resuelve el descentramiento de la subjetividad con un re-centramiento discursivo, como se ve tan claramente en la *Grandeza mexicana* de Balbuena y en los pasajes de Terrazas y Saavedra que sitúan el paradigma del heroísmo bélico y religioso ya no en las hazañas de la Reconquista sino en el nuevo contexto americano. La re-fundación del Imperio adquiere entonces connotaciones cosmogónicas, que se organizan dentro del pensamiento analógico de la explicación de una grandeza sucesiva según el recorrido del sol: de Grecia se pasó a Roma, de Roma a España, y luego la parada obligada sería el Nuevo Mundo, en el antes extremo occidental, las nuevas Hespérides, pero luego convertido en centro por obra y gracia del discurso heroico.[14] No por nada el dios "Heros" (con hache, el hijo de Hera), significa aire que eleva hacia la divinidad, como decía fray Jerónimo Román (f. 239v).

La constitución del re-centramiento y la cura momentánea de la melancolía se ejercen por medio de una escritura alterna que re-significa al modelo. "Todo en este discurso está cifrado", dice Bernardo de Balbuena al presentar su *Grandeza mexicana*. Y, en efecto, el malestar de Terrazas y Saavedra puede asumir la cara de la autoglorificación que le demuestre al objeto de deseo español su propia inferioridad. Recordemos la célebre apología de la excelencia criolla que hace fray Antonio de la Calancha en 1638:

> Si el Perú es la tierra en que más igualdad tienen los días, más templanza los tiempos, más benignidad los aires y las aguas, el suelo fértil, y el cielo amigable; luego criará las cosas más hermosas, y las gentes más benignas y afables que Asia y Europa (Calancha f. 68).

En este sentido, no son tampoco gratuitas las imágenes de los criollos limeños Rodrigo de Valdés y Pedro de Peralta, ya entre fines del XVII y principios del XVIII, cuando caracterizan a Lima y a sus criollos habitantes como una Ariadna mal retribuida por el Teseo español, y le reprochan a éste el abandono y descuido de su mejor mitad (v. Valdés f. 2; Peralta f. s. n).

Pero no nos alejemos demasiado de nuestro punto de partida. Por mucho que el número de "criollos resentidos" haya sido pequeño en relación con las oleadas de peninsulares, y abrumadoramente minúsculo con respecto a las ingentes naciones indígenas y de origen africano, el valor de su especificidad es el que nos importa. Para el mejor conocimiento de una sociedad literalmente alterada (por no decir *alterizada*) nada más útil que mirar esta producción aparentemente imitativa en diálogo con su entorno inmediato. Sin embargo, tampoco es adecuado plantear una oposición radical en tan temprano periodo. La colonización propiamente dicha de los sectores criollos vendrá con las reformas borbónicas de la segunda mitad del XVIII, que representarán una "segunda conquista", según la llama John Lynch (Introd.) y desatarán un discurso de explícita ruptura o, en su defecto, entonces sí, de verdadero "camuflaje" estratégico.

Para los dos primeros siglos de la presencia española en el Nuevo Mundo, el surgimiento de una agencia mediadora, pero a la vez problematizada desde su propia perspectiva, se convierte en un objeto definido por los propios requerimientos de expansión de la disciplina, que va reelaborando así su propio aparato teórico. Con esta reformulación del campo, lejos ya de los extremos hispanófilos y de los nacionalistas, se puede seguir cuestionando el uso del concepto de colonia a secas considerando el resquebrajamiento interno del discurso criollo, y las consecuencias directas e indirectas que éste tiene sobre el imaginario peninsular. Si aceptamos que el concepto de agencia excede al de sujeto y le permite liberarse del encasillamiento ontológico en que la teoría crítica puede encerrarlo (P. Smith 30), estaremos de acuerdo en que las estrategias discursivas de esta agencia humana llevan a la autoproclamación de la diferencia como identidad colectiva. Y aceptar esta desemejanza que no quiere llegar a la otredad en que el discurso dominante cataloga al indio o al africano es de alguna manera darle curso a la continuidad de un autorreconocimiento en la comunidad de experiencias dentro de un contexto inmediato. Entre las más notables importan tanto el lugar de nacimiento como el maltrato esquizoide de una Corona-padre que castiga a sus hijos lejanos. La consiguiente escisión interna y la formulación de un amor-odio se autoconstituyen al elaborarse posibilidades expresivas no siempre comunes ni previstas dentro de un discurso exclusivamente formado al interior de la península.

Lo importante es no conformarse con repetir las prácticas de la crítica convencional, que funda tradiciones nacionales sólo a partir del discurso bolivariano o las adelanta hasta este discurso virreinal de la diferencia que no llega a serlo del todo. Hablar de una nación étnica no resulta, como señalé al principio, del todo aventurado. Naturalmente, habrá continuidades y discontinuidades con la identidad de los posteriores criollos ilustrados. Pero debe considerarse que, por ejemplo, en el caso mexicano la constitución de un nacionalismo neo-aztequista como el que estudia John Leddy Phelan para fines del siglo XVII y durante el XVIII se da en manos de elites criollas que no ven mayor peligro en exaltar las glorias indígenas pasadas (véase también Pagden 66-67). Esto es explicable por la continuidad del poder azteca, que no ocurría por línea de sucesión sanguínea. De ahí que un Sigüenza y Góngora se permitiera en su *Theatro de virtudes políticas* de 1680 recomendar al Virrey Marqués de la Laguna que adoptara las virtudes de los antiguos gobernantes aztecas, mientras que en el caso peruano esto hubiera resultado impensable. El desarrollo del nacionalismo inca del siglo XVIII que estudia John Howland Rowe está más bien en manos de los herederos directos, indígenas y mestizos, de la realeza cuzqueña. Es curioso que aún en el siglo XX, volviendo finalmente al caso mexicano, la execración de los criollos se siga haciendo a costa de las virtudes de un retórico proyecto mestizófilo, a todas luces hoy cuestionable por su carácter autoritariamente unimismador. Opinaba, por ejemplo, Benítez en 1953 que "el hombre de acción, el musculoso guerrero [conquistador] capaz de embarcarse en las más disparatadas empresas, aquella energía verdaderamente diabólica que lo hacía invencible, desaparece en el hijo, y la propia estimación, la idea elevada que tenía el aventurero de sí mismo, se transforma, al heredarla su vástago, en una estimación derivada no ya de un hecho personal, sino de una hazaña ajena, petrificada en la figura, al parecer nada estimulante, de un árbol genealógico" (Benítez 299). A esta escuálida personalidad del criollo se le atribuyen, además, "su odio hacia el bastardo y el plebeyo, su terca oposición al nuevo colono —uno de los elementos activos de la nacionalidad— y su desprecio al mestizo, a *ese mestizo que andando el tiempo le daría a México su perfil insobornable* [...]" (Benítez 303, énfasis mío). Este anticriollismo, sin duda, será superado por autores más recientes (véase, por ejemplo, Florescano, Introd.), que reconocen que ya es insostenible hablar de una sola identidad mexicana, cuando históricamente han coexistido muchas, "insobornables" o no.

Por todo ello, así como ha habido aportes fundamentales dentro del campo de los estudios llamados coloniales en los últimos años con respecto a la producción discursiva y semiótica indígena, mestiza y afro-americana, la revisión de las agencias criollas en su interacción con esos mismos sectores a la vez que con los peninsulares nos puede brindar lecturas mucho más ricas que las de la simple genealogía textual y la historia literaria entendida en los términos más tradicionales. Ese es el sentido al que apuntan, precisamente, las reflexiones anteriores.

NOTAS

[1] El concepto de "nación criolla" es utilizado adecuadamente en la historiografía moderna según el significado arcaico del término "nación". De hecho, Anthony Pagden (91) lo aplica a los correspondientes grupos novohispanos y peruanos dentro de una concepción colectiva que reconoce raíces comunes y una tradición caballeresca renovada a partir de las aspiraciones aristocratizantes de los progenitores encomenderos de los criollos americanos.

[2] Por ejemplo, Benítez afirma, refiriéndose a Terrazas, que "su *Nuevo Mundo y Conquista*, escrito con evidente desgana, carece de emoción auténtica y está inspirado en *La Araucana* de Ercilla. No vivió la Conquista, la guerra es ajena a su modo de ser y sólo la siente en lo que tiene de genealogía para apoyar los derechos de su casta. La trompetería guerrera le va mal a la intimidad psicológica de un hombre que detesta lo extremoso y siente un manifiesto horror a toda la guardarropía tradicional de la gloria. El hecho de que el poema, imitación deslavada de Ercilla, quedara incompleto acentúa la

frustración del lloroso y delicado criollo metido a cantor de ajenas hazañas" (Benítez 295-296). Por su lado, García Icazbalceta había dicho de Saavedra Guzmán en el siglo XIX: "Su versificación rara vez pasa de una prosa rimada, llena de ripios y de consonantes triviales; pobre, desmayada, sin invención ni asomo de estro poético. A pesar de que no hay poema, por malo que sea, en que no puedan escogerse trozos donde se descubran buenas dotes del autor, confieso que he leído de principio a fin el *Peregrino* de Saavedra, sin encontrar algo con que poder atenuar mi riguroso juicio" (García Icazbalceta 420).

[3] En una diferenciación moderna de los conceptos de "nación" y "grupo étnico", Kellas propone que es, precisamente, la afirmación de un ancestro común uno de los rasgos más notorios de la segunda categoría: "Ethnic groups are generally differentiated from nations on several dimensions: they are usually smaller; *they are more clearly based on a common ancestry*; and they are more pervasive in human history, while nations are perhaps specific in time and place" (4, énfasis mío). Para el siglo XVI, ambos conceptos se unimismaban en la mayor parte de sus componentes, y la estirpe local podía reconocerse en su identidad diferenciada en parte gracias al prestigio del personaje fundador.

[4] Aparte de los ya mencionados de Lobo Lasso, Terrazas y Saavedra, Reynolds (18-19, nota 4) indica también como parte del "ciclo cortesiano" el *Canto intitulado Mercurio* (1629) de Arias de Villalobos, *Las Cortesiadas* (ms. de mediados del XVII) de Juan Cortés Ossorio, un manuscrito acabado hacia 1629 por Bartolomé Góngora, y los fragmentos recogidos por Baltazar Dorantes de Carranza en 1604 de sendos poemas de José de Arrázola y Salvador de Cuenca, además del ya conocido de Terrazas. A éstos se sumarían dos textos épicos perdidos, por Bernardo de la Vega y Luis Ángel Betancourt, "ambos de principios del siglo XVII" (*ibid.*).

[5] A eso añadamos la observación hecha por Torre Villar, el más reciente editor de Dorantes, acerca de la posibilidad de que un tal "Juan González, clérigo", mencionado por García Icazbalceta en otro documento como el autor de las últimas partes del poema, sea en realidad, Fernán González de Eslava (Torre Villar xxxii).

[6] Para datos biográficos puntuales sobre Terrazas, véase Benítez 287-97. Asimismo, los ya mencionados García Icazbalceta y Méndez Plancarte para una visión de conjunto sobre los poetas novohispanos del XVI.

[7] En otro contexto, aunque similar por la condición de hijo de encomendero del autor, el Inca Garcilaso de la Vega expresa que el tiempo inicial de la conquista, en que existía abundancia de caza, tierras, y "seguridad de los caminos, [bien] podía llamarse el siglo dorado" (*Comentarios reales*, I, VIII, XVI, f. 215). Naturalmente, de la Edad de Oro a la de Hierro media la intervención de la Corona, que hace perder a los herederos indianos los privilegios gozados por sus padres peninsulares.

[8] Es sabido que Bernardo de Balbuena nació en la península hacia 1561 por un viaje incidental de su padre, que se encontraba temporalmente de regreso desde México. El futuro poeta iría a la Nueva España a la edad de tres años para pasar la mayor parte de su vida en ella (véase Rojas Garcidueñas para

mayores datos bio-bibliográficos). Lo que interesa aquí no es tanto la condición peninsular o criolla del autor —aunque la prolongada estancia en el Nuevo Mundo sin duda inclinaría la balanza por la consideración de Balbuena como criollo— sino la focalización que como sujeto de escritura novomundano se expresa repetidamente en la *Grandeza mexicana*, a pesar de la alusión a España como "patria dulce" (Balbuena 87) al final del célebre poema.

[9] Para una caracterización de la "épica de los vencedores" (según el paradigma virgiliano) y de una "épica de los vencidos" (según el de Lucano), ver la Introducción de David Quint a su *Epic and Empire*. En el ámbito hispánico ya habían esbozado estas categorías épicas Frank Pierce (21-22) y Antonio Prieto ("Del ritual introductorio en la épica culta" y *Coherencia y relevancia textual* 119).

[10] Castro Leal (xx) ya había mencionado la idea del viaje inverso, aunque resaltando sólo la búsqueda de compensaciones económicas y no el trasfondo subjetivo y gnoseológico del peregrinaje hacia el Oriente mexicano.

[11] Véase Mazzotti para un análisis de la exaltación criolla en estos autores a partir de sus manipulaciones de la tradición indígena.

[12] Las célebres sentencias de Vargas Llosa y de Neruda sobre la casi total mediocridad de la literatura del periodo pre-republicano son citadas en Adorno (24). A ellas puede añadirse el recuento que hace Cornejo Polar (82-84) de otros críticos, desde José de la Riva Agüero y Mariátegui hasta Sánchez, sobre la precariedad general de las letras virreinales peruanas.

[13] Como en el pasaje de la *Mexicana* analizado por Mary Gaylord en este mismo volumen, en el que al darse el encuentro de Jerónimo de Aguilar —de apariencia indígena luego de sus largos años de cautiverio— con los soldados de Cortés, éstos "mirábanle y mirábanse alterados, / que cuando la española lengua oyeron, / por hombre tan remoto pronunciarse, / no pudieron dejar de no admirarse".

[14] Una de las primeras menciones de las míticas islas Hespérides como equivalentes del Nuevo Mundo se da en la *Historia general* (Caps. I-III) de Gonzalo Fernández de Oviedo. El término será acogido más tarde por numerosos autores, entre ellos el criollo novocastellano Pedro de Oña, quien se refiere a su propio discurso en el *Arauco domado* (1596) como "voz hespérica" u occidental.

BIBLIOGRAFÍA

Adorno, Rolena. "Nuevas perspectivas en los estudios coloniales literarios hispanoamericanos". *Revista de Crítica Literaria Latinoamericana* 28 (1988): 11-28.

Alberro, Solange. *Del gachupín al criollo. O de cómo los españoles de México dejaron de serlo*. México: El Colegio de México, 1992.

Amor y Vásquez, José. "Introducción". *Mexicana* de Gabriel Lobo Lasso de la Vega. Madrid: Biblioteca de Autores Españoles, 1970. Vol. 232. xiii-lviii.

Anderson, Benedict. *Imagined Communities: Reflections on the Origin and Spread of Nationalism.* Londres: Verso, 1983.

Armstrong, John. *Nations before Nationalism.* Chapel Hill: University of North Carolina Press, 1982.

Balbuena, Bernardo de. *Grandeza mexicana.* [1604]. México: UNAM, 1992.

Benítez, Fernando. *La vida criolla en el siglo XVI.* México: El Colegio de México, 1953.

Bhabha, Homi. "Of Mimicry and Man: The Ambivalence of Colonial Discourse". *October* 28 (1984): 125-33.

Brading, David A. *Orbe indiano. De la monarquía católica a la república criolla, 1492-1867.* México: Fondo de Cultura Económica, 1991.

Calancha, Antonio de la. *Chronica Moralizada del Orden de San Agustín en el Perú con sucesos exemplares vistos en esta Monarchia.* Barcelona: Por Pedro de Lacavalleria, 1638.

Castro Leal, Antonio. "Prólogo". *Poesías* de Francisco de Terrazas. México: Porrúa, 1941. ix-xxvii.

Cornejo Polar, Antonio. *Discurso en loor de la poesía. Estudio y edición.* Lima: UNMSM, 1964.

Dorantes de Carranza, Baltasar. *Sumaria relación de las cosas de la Nueva España.* México: Imprenta del Museo Nacional, 1902.

Dubois, Claude-Gilbert. *Le maniérisme.* Paris: Presses Universitaires de France, 1979.

Florescano, Enrique. *Etnia, Estado y Nación. Ensayo sobre las identidades colectivas en México.* México: Aguilar, 1997.

Frankl, Victor. "Hernán Cortés y la tradición de las Siete Partidas". *Revista de Historia de América* 53-54 (1962): 9-74.

García Icazbalceta, Joaquín. "Francisco Terrazas y otros poetas del siglo XVI". *Memorias de la Academia Mexicana, correspondiente de la Real Española,* Tomo 2. México: Imprenta de Francisco Díaz de León, 1880. 357-425.

Gaylord, Mary. "Jerónimo de Aguilar y la alteración de la lengua (la *Mexicana* de Gabriel Lobo Lasso de la Vega)". *Agencias criollas. La ambigüedad colonial de las letras hispanoamericanas.* Pittsburgh: IILI-Biblioteca de América, 2000.

Giménez Fernández, Manuel. *Hernán Cortés y su revolución comunera en la Nueva España.* Sevilla: Escuela de Estudios Hispanoamericanos, 1948.

Kellas, James G. *The Politics of Nationalism and Ethnicity.* Nueva York: St. Martin's Press, 1991.

Kuznesof, Elizabeth Anne. "Ethnic and Gender Influences on 'Spanish' Creole Society in Colonial Spanish America". *Colonial Latin American Review* 4, 1 (1995): 153-176.
Lafaye, Jacques. *Quetzalcoatl and Guadalupe. The Formation of Mexican National Consciousness. 1531-1813*. [1974]. Benjamin Keen, trad. Chicago:The University of Chicago Press, 1976.
Lasarte, Pedro. "Francisco de Terrazas, Pedro de Ledesma y José de Arrázola: algunos poemas novohispanos inéditos". *Nueva Revista de Filología Hispánica* XLV, 1 (1997): 45-66.
Lavallé, Bernard. *Las promesas ambiguas. Ensayos sobre el criollismo colonial en los Andes*. Lima: Fondo Editorial de la Pontificia Universidad Católica del Perú, 1993.
Liss, Peggy K. *Orígenes de la nacionalidad mexicana, 1521-1556. La formación de una nueva sociedad*. [1975]. Agustín Bárcena, trad. México: Fondo de Cultura Económica, 1986.
Lynch, John. *The Spanish American Revolutions, 1808-1826*. Nueva York: Norton, 1973.
Mazzotti, José Antonio. "La heterogeneidad colonial peruana y la construcción del discurso criollo en el siglo XVII". *Asedios a la heterogeneidad cultural. Libro de homenaje a Antonio Cornejo Polar*. José Antonio Mazzotti y U. Juan Zevallos Aguilar, coordinadores. Filadelfia:Asociación Internacional de Peruanistas, 1996. 173-96.
Méndez Plancarte, Alfonso. Introducción a su antología *Poetas novohispanos. Primer siglo (1521-1621)*. [1942]. México:UNAM 1991. v-lxv.
Monguió, Luis. "Palabras e ideas:'Patria' y 'Nación' en el Virreinato del Perú". *Revista Iberoamericana* 44, 104-105 (1978): 453-70.
Pagden, Anthony. "Identity formation in Spanish America". En *Colonial Identity in the Atlantic World, 1500-1800*. Nicholas Canny y Anthony Pagden, eds. Princeton: Princeton University Press, 1987. 51-93.
Peña, Margarita. *Literatura entre dos mundos. Interpretación crítica de textos coloniales y peninsulares*. México: UNAM, 1992.
Peralta y Barnuevo, Pedro de. *Lima Triumphante, Glorias de la America, Jvegos Pythios, y Jubilos de la Minerua Peruana*. Lima, 1708.
Pierce, Frank. *La poesía épica del siglo de oro*. J. C. Cayol de Bethencourt, trad. 2a. ed. Madrid: Gredos, 1968.
Phelan, John Leddy. "Neo-Aztecism in the Eighteenth Century and the Genesis of Mexican Nationalism". *Culture in History. Essays in*

Honor of Paul Radin. Stanley Diamond, ed. Nueva York: Columbia University Press, 1960. 760-70.

Prieto, Antonio. *Coherencia y relevancia textual. De Berceo a Baroja*. Madrid: Editorial Alhambra, 1980.

_____ "Del ritual introductorio en la épica culta". *Estudios de literatura europea*. Madrid: Narcea, 1975. 15-72.

Quint, David. *Epic and Empire: Politics and Generic Form from Virgil to Milton*. Princeton: Princeton University Press, 1993.

Reynolds, Winston A. *Romancero de Hernán Cortés. Estudio y textos de los siglos XVI y XVII*. Madrid: Alcalá, 1967.

Rojas Garcidueñas, José. *Bernardo de Balbuena. La vida y la obra*. México: UNAM, 1982.

Roman, Hyeronimo. "República de las Indias Occidentales". *Repúblicas del Mundo*. [1575]. Salamanca: Casa de Juan Fernández, 1595.

Rowe, John Howland. "El movimiento nacional inca del siglo XVIII". *Túpac Amaru II - 1780*. [1954]. Alberto Flores Galindo, coord. Lima: Retablo de Papel, 1976. 13-66.

Saavedra Guzmán, Antonio de. *El peregrino indiano*. [1599]. México: Sandoval, 1880.

Smith, Anthony D. *The Ethnic Origins of Nations*. Londres: Basil Blackwell, 1986.

Smith, Paul. *Discerning the Subject*. Minneapolis: University of Minnesota Press, 1988.

Schwartz, Stuart. "Colonial Identities and *Sociedad de Castas*". *Colonial Latin American Review* 4, 1 (1995): 185-201.

Suárez de Peralta, Juan. *Tratado del descubrimiento de las Indias*. México: Secretaría de Educación Pública, 1949.

Terrazas, Francisco de. *Poesías*. Edición, prólogo y notas de Antonio Castro Leal. México: Porrúa, 1941.

Torre Villar, Ernesto de la. Introducción a la *Sumaria relación de las cosas de la Nueva España*, de Baltasar Dorantes de Carranza. México: Porrúa Turanzas, 1987. ix-xxxv.

Valdés, Rodrigo de. *Fundación y Grandezas de Lima*. Madrid: Imprenta de Antonio Román, 1687.

Vega, Inca Garcilaso de la. *Primera Parte de los Commentarios Reales, qve tratan del origen de los Yncas, Reyes que fveron del Perv, de su idolatria, leyes, y gouierno en paz y en guerra: de ʃus vidas y conquiʃtas, y de todo lo que fue aquel Imperio y ʃu Republica, antes que los Eʃpañoles paʃʃaran a el*. Lisboa: Imprenta de Pedro Crasbeeck, 1609.

El "tumulto de indios" de 1692 en los pliegues de la fiesta barroca. Historiografía, subversión popular y agencia criolla en el México colonial

Mabel Moraña
University of Pittsburgh

El siglo XVII americano, identificado frecuentemente como el período de "estabilización virreinal", se asocia en general con la superación de las luchas territoriales que habían asolado el mundo colonial desde el descubrimiento, y con el florecimiento de una cultura que por primera vez en la historia del nuevo continente parecía ya no sólo emular sino hasta superar a la europea por su refinamiento y esplendor. La monumentalidad que asumen los modelos metropolitanos en su reconversión americana, y la noción de que la *pax hispánica* había triunfado, finalmente, sobre el primitivismo del Nuevo Mundo, hicieron que durante mucho tiempo se minimizara, en las evaluaciones del período, la importancia de las dinámicas internas, particularmente las de carácter interracial, que recorrían subterráneamente las formaciones coloniales. Sin embargo, durante la plena vigencia de la cultura del Barroco, las prácticas sociales y la producción simbólica de los vastos sectores que escapaban a la reducción civilizadora continuaban desarrollándose en los suburbios y aún a veces en el corazón mismo de *la ciudad letrada*, demostrando la existencia, a nivel popular, de una potencialidad subversiva capaz de amenazar, sustancialmente, el proyecto imperial.[1]

Una vez que esas dinámicas heterodoxas y antihegemónicas afloran a la superficie de la conciencia histórica, ellas obligan, por un lado, a relativizar la solidez de los modelos implantados desde la conquista. Por otro lado, llevan a revisar, desde nuestra perspectiva actual, las estrategias discursivas, interpretativas y representacionales, a partir de las cuales la cultura criolla, en distintas etapas de su desarrollo, ha relevado o desplazado los acontecimientos que desafiaban la identidad del sector dominante, asignando valores fijos a sucesos históricos, actores sociales o espacios culturales que introducen elementos de heterogeneidad, transgresión o multiplicidad en horizontes ya formalizados de poder y ordenamiento social. Multiplicidad y representación constituyen así dos puntos esenciales dentro de la cultura colonial, y particularmente en el período que nos ocupa, cuando los modelos metropolitanos habían ya afirmado su hegemonía en ultramar, encontrándose entronizados como eje principal del imaginario criollo.

Pero lo múltiple no es, como indica Giles Deleuze, lo que tiene muchas partes, sino lo que se pliega de muchas maneras (Deleuze 3), lo que, como en la arquitectura barroca, vincula, intrincadamente, el adentro y el afuera, lo alto y lo bajo, la presencia y la ausencia, el pliegue, el repliegue y el despliegue de formas materiales o simbólicas, de cuya relación laberíntica resulta la producción de sentidos y las modalidades que asume la racionalidad en sus distintas formas de manifestación histórica.

Desde nuestra perspectiva actual, el barroco colonial presenta el desafío de penetrar en los pliegues de las múltiples formas de subjetividad —dominantes o alternativas— que inauguran su entrada a, o su confrontación con la primera modernidad americana y que interrogan, cada una a su manera, el proyecto de una transculturación occidentalista y universalizante impuesto como pieza fundamental de la dominación colonialista.

Sólo una lectura a contrapelo de las formas estéticas e historiográficas del período puede permitirnos una aproximación nueva a esas dinámicas sociales que nos llegan muchas veces deformadas por lo que Sigüenza y Góngora llamara "el vidrio verde" de un subjetivismo que interpreta la historia a partir de perspectivas fuertemente condicionadas por la articulación del letrado colonial dentro de la totalidad social e ideológica en la que éste buscaba afirmar sus formas propias de protagonismo e identidad social.

La observación del sabio mexicano forma parte, justamente, de la introducción de su "Alboroto y motín de los indios de México", crónica dirigida al almirante español Andrés de Pez, en la que se relata, desde la perspectiva del orden virreinal, el levantamiento de indios y mestizos ocurrido en 1692 como coronación de la serie de lluvias, inundaciones y pestes que arruinan las cosechas de maíz y trigo en el valle de Anáhuac, precipitando una movilización de cerca de diez mil personas que reaccionan contra la represión llevada a cabo en esa ocasión por las autoridades virreinales. El levantamiento, que tiene su punto culminante en el incendio del palacio virreinal, la Alhóndiga, pone en peligro no sólo las bases materiales y la seguridad personal de la elite novohispana, sino también el patrimonio simbólico de un orden asentado en los rituales del poder. El episodio, culmina con una serie ejemplarizante de persecuciones y castigos que incluyen encarcelamiento, torturas, ejecuciones públicas, mutilaciones y destierros. Por sus dimensiones sociales y sus repercusiones discursivas, este hecho constituye una de las instancias paradigmáticas para una penetración oblicua en los múltiples rostros que esconde la monumentalidad barroca en las colonias durante su etapa de máximo esplendor cultural. Si la temática del texto de Sigüenza expone, indudablemente, uno de los modelos más frecuentes de expresión de la contracultura plebeya dentro de los parámetros de la sociedad de la época, su organización discursiva revela la constitución ideológica y la cosmovisión del sector dominante, que se nuclea y cohesiona en el contexto amenazante de los levantamientos populares. En efecto, desde la selección léxica hasta el manejo de las unidades espacio-temporales, pasando por la caracterización de sujetos y por el ritmo mismo del relato y los recursos de simbolización utilizados, la relación epistolar de Sigüenza y Góngora muestra la aplicación de una poética historiográfica tributaria no sólo de la tradición retórica peninsular sino de las nociones de control social y civilidad americana refinadas en el contexto colonial e implementadas por el aparato de poder administrativo, político y religioso que había afirmado su poder en el Nuevo Mundo desde la conquista.[2]

En su dinámica antiheroica y desordenada, el suceso narrado por Sigüenza corona la serie de sublevaciones que marcan, desde los comienzos de la conquista, la historia novohispana, pero se asocia más concretamente al motín que casi setenta años antes, en 1624, había asolado de similar manera el resguardado orden de la ciudad barroca. Si el episodio del '92 agita, entonces, la memoria histórica de la colonia, su relevamiento se retrotrae también, en forma y espíritu, a los procedimientos del género cronístico y al carácter de las relaciones con las que el conquistador había dado cuenta a las autoridades metropolitanas, durante el período colonizador, de las alternativas del proceso de penetración y sojuzgamiento del mundo colonial. En este caso, sin embargo, el cronista no es un peninsular sino un letrado criollo estrechamente entronizado en el gobierno local, quien a través del discurso epistolar expone, desde la perspectiva del orden institucional, la dramaticidad de los antagonismos sociales y particularmente la problemática de la intermediación criolla, tal como éstos se juegan en la Nueva España hacia fines del siglo XVII.

La carta relato de Sigüenza y Góngora, recogida y publicada por primera vez en 1932 por Irving Leonard constituyó, durante mucho tiempo, la versión oficial más divulgada de los levantamientos de 1692.

Sin embargo, la misma es, hoy en día, sólo una de las fuentes existentes para la reconstrucción de esos sucesos, y sin duda también la más teñida por el "vidrio verde" de una conciencia criolla que, situada en la encrucijada creada por el ataque al orden virreinal, opta por la defensa de un sistema que victimiza a los mismos sujetos que constituyeron, en otros textos del sabio mexicano, un objeto apasionante para su arqueología cultural.[3]

A pesar de la indudable importancia de esta versión criolla, pocos estudios han trabajado el texto de Sigüenza desde el punto de vista literario, y muchos menos han analizado su valor histórico, sus reclamos de verosimilitud, su construcción de un estatuto de verdad inapelable, su operatividad política dentro del amplio marco de las tensiones virreinales y del complejo proceso de surgimiento y consolidación de la conciencia criolla. Sólo recientemente, en un estudio de 1994, el historiador Douglas Cope ha entregado una lectura cuidadosa del motín, a partir de la documentación existente en el Archivo de Indias. Esta permite reconstruir la versión de testigos, participantes e instigadores de la sublevación, que dieron testimonio ante la Real Audiencia y otros tribunales que investigaron los hechos inmediatamente después de ocurridos y fijaron los castigos brutales que se aplicaron a quienes fueron considerados como los responsables del tumulto de junio.[4]

Propongo aquí, entonces, considerar el texto de Sigüenza sólo como una de las vertientes posibles para una lectura del motín del '92, es decir como uno de los pliegues en los que la conciencia historiográfica del barroco americano expone y a la vez escamotea determinados estratos de la memoria colectiva y de la experiencia cotidiana en el proceso de construcción del imaginario criollo. En este sentido, el suceso puede ser estudiado como una instancia precisa en la dinámica de localización y desplazamiento de la subjetividad criolla con respecto a los lugares simbólicos de legitimación social y política de la sociedad virreinal. Pero al mismo tiempo el amotinamiento rebela otros aspectos de la historia fragmentaria, oculta y discontinua de los sectores populares sojuzgados material y discursivamente por el poder letrado. En efecto, en el reverso de las lecturas oficiales, los estratos populares que se revelan en contra de la "colonización del imaginario" que forma parte del proyecto de dominación colonialista, aparecen, en el enclave temporal del amotinamiento, como sujetos sociales que desafían la agencia criolla a través de las acciones desplegadas pero también a partir de testimonialismo controlado y mediatizado por las estructuras dominantes. A través de esta discursividad, el dominado desafía la canonicidad y la hermenéutica criollas, creando sus propias formas de reversión simbólica de la racionalidad universalista y centralizadora.

LOS CONTRARIOS BARROCOS Y LA LÓGICA DE LA SUBVERSIÓN: SISTEMAS EN CONFLICTO

La elaboración narrativa de Sigüenza y Góngora se apoya en dos principios centrales a la cosmovisión barroca: el de la disposición estético-ideológica oximorónica, realizada a partir de contrarios que reducen y polarizan la materia abordada, y el que se organiza en torno a la teoría de la catástrofe como ruptura del orden e instalación de un estado de excepcionalidad que se impone de modo arrasador e injustificado sobre una realidad armónica y centralizada en torno al principio del autoritarismo monárquico y cristiano.[5] Si el primer recurso crea una contraposición fácilmente identificable con la estética dominante en el decorativismo barroco, con los principios religiosos y la jerarquización de clases, el segundo mantiene la idea de un orden esencial que sólo sucumbe provisionalmente a una fuerza exterior e incontrolable, producto más de la naturaleza que de las contradicciones internas del sistema vigente. En ambos casos, las estrategias discursivas utilizadas por Sigüenza apoyan la construcción de un relato hiperbólico, polarizado y metafórico, donde el empuje destructor de las aguas y pestes se equipara a la dinámica turbulenta de la movilización de las masas.

Por la misma naturaleza del hecho, pero también por la cosmovisión utilizada para relevarlo, el *crescendo* es también una estrategia central, que se manifiesta ya en el léxico de la narración: de "alboroto" a "motín" se establece una diferencia fundamental que va de la visión del tumulto como confusión y desorden a su valoración como estrategia subversiva y transgresora, o sea llevada a cabo con dirección y sentido de finalidad. Asimismo, la mención de los participantes como "indios" o "plebe" es también englobante de una variedad racial que cubre las castas tanto como los grupos de mulatos e incluso los individuos de procedencia española que se plegaron de una manera u otra a la movilización.

El texto activa así un sistema binario a través del cual se da cuenta, desde la cosmovisión dominante, de los antagonismos de clase, raza y género que caracterizaban la sociedad novohispana hacia fines del siglo XVII. El encuadre general gira en torno a las oposiciones elite/indios, orden/caos, intercambio comercial/apropiación espontánea, ley/delito, naturaleza/civilización, delimitando así los parámetros generales en que se inscribe la revuelta. Otras oposiciones del tipo fiesta/motín, cuerpo/espíritu, alegría/tristeza, marcan más bien el desarrollo anecdótico del relato, que en la pluma de Sigüenza aparece planteado en los términos de un espectáculo que remeda la *performance* carnavalizada de las fiestas barrocas, o la dramatización alegórica de los autos de fe o del teatro profano, que forman parte del imaginario decorativista y celebratorio de la sociedad de la época.

Sin embargo, el conflicto no es planteado por el mero registro de esas polaridades, sino por el proceso de inversiones y mezclas que producen la contaminación de unos espacios por otros, es decir, por la dinámica de la transgresión de fronteras materiales y simbólicas por parte de los amotinados. Los caminos inundados que remedan el desborde de una realidad social incontrolable, la falta de animales de carga capaces de transportar a la ciudad desabastecida mercancías provenientes de los pueblos cercanos, el gusano *chiahuiztli* que se come lo que queda de las hortalizas y granos destinados a la alimentación, los incendios que destruyen la ciudad, parecen simbolizar, en la síntesis de Sigüenza y Góngora una degradación súbita y generalizada no sólo de los recursos materiales sino de los fundamentos ideológicos de la sociedad mexicana, representando en una especie de alegorización grotesca e invasiva la cancelación de los canales ordinarios de comunicación social y negociación política en los que se basaba el *status quo* anterior al tumulto.

Para marcar el contraste con los sucesos que se narrarán a continuación, la carta al Almirante Pez comienza con la referencia a los logros y medidas concretas tomadas por el virrey, Conde de Galve para controlar la agudización de la crisis. Como segundo encuadre, la misiva de Sigüenza se detiene en la descripción de las fiestas que celebraban en esos días en la ciudad las bodas de Carlos II con Mariana de Neoburgo, con un despliegue de carrozas, disfraces y desfiles alegóricos que se llevan a cabo casi al mismo tiempo en que frente a la Alhóndiga, en medio de un desborde de banderas, pancartas, gritos y blasfemias las voces populares piden la sangre del virrey y de los "gachupines" que formaban parte del gobierno local, creando un anticlímax que sugiere la excepcionalidad de la revuelta, el advenimiento de la barbarie, y la necesidad del retorno inmediato al estado anterior.

El determinismo social y psicológico que organiza el relato de Sigüenza busca crear un desplazamiento de las razones económicas, políticas y administrativas de los disturbios, y una concentración en lo racial, como reforzamiento de la fundamentación civilizadora del orden colonial. La naturaleza antisocial de indios y castas, la ingratitud y resentimiento que el letrado considera características propias de la plebe, sumadas a la tendencia al desborde de los instintos y la degradación de las costumbres se exacerba, según las versiones oficiales, por el consumo masivo del pulque, que actúa, en la economía de la narración, como uno de los principales factores desencadenantes del amotinamiento.

La transgresión de las fronteras, la violación del orden, el ataque a la seguridad personal y a la propiedad privada, la invasión de los espacios materiales y simbólicos que constituían el ámbito controlado de la elite virreinal, son presentados así como una antinatural inversión del estado de derecho por la cual la otredad americana socava los fundamentos mismos de un sistema basado en la centralización económica y el autoritarismo político. Finalmente, los espacios de lo urbano y lo rural se superponen en una subversión de funciones sociales que transforma al individuo de súbdito y subalterno en actor social que se expresa a través de acciones que, desde la perspectiva de las autoridades, los convierte en victimarios y agresores que, aunque sólo sea temporalmente, toman control del espacio público transformado súbitamente en espacio político y campo de batalla. Es el "mundo al revés", que la sátira barroca representaba en clave burlesca, y que la crónica releva en los términos de una dramaticidad que no excluye la ironía y el desprecio por las clases inferiores, que adquirían, provisionalmente, un papel activo y desestabilizante del orden colonial.

La batalla textual

Otra es la historia que cuentan, sin embargo, los relatos fragmentarios y dispersos de los participantes del motín, recuperados por el análisis de Cope, los cuales se articulan de diversas maneras a otras fuentes textuales que componen la profusa discursividad desplegada en torno al motín, creando una verdadera batalla textual que amenaza la centralidad y verosimilitud de las versiones oficiales.

Por un lado, existe documentación que recoge lo sucedido en la excepcional Junta del 29 de Abril de 1692, en la cual se reúnen, a instancias del Virrey, miembros de la Real Audiencia, magistrados de distintas instituciones administrativas, eclesiásticos de alto rango y miembros del Cabildo, en la que Cope califica como una de las más impresionantes reuniones de este tipo en la historia del México colonial. En el curso de esta reunión se analiza la situación del mercado y la demanda popular, y se discuten medidas para controlar la especulación y el acaparamiento de alimentos por parte de productores y distribuidores, manejando alternativas para la fijación de precios y el disciplinamiento del consumo.

Sumados a los edictos y decretos emitidos ya desde fines del año anterior por el Virrey conde de Galve para controlar la situación de desabastecimiento y obligar al aprovisionamiento de maíz, trigo y otros productos alimenticios a la población del área, los testimonios que nos quedan de la Junta de Abril constituyen, por así decirlo, el corpus documental que contrapesa la interpretación de la movilización indígena y mestiza como parte de la dinámica "espasmódica" a partir de la cual se expresaría, de manera espontánea, inmotivada e imprevisible, la historia de los sectores dominados.[6] Estos documentos permiten entender el amotinamiento, entonces, no ya como una contracción violenta y pasajera de la masa, sino como la resultante del proceso de clausura gradual de los canales ordinarios de abastecimiento, comunicación y negociación política a lo largo de los meses que preceden al tumulto de Junio.

Junto a estos documentos, Cope recupera dos cartas anónimas enviadas directamente al Rey por quienes firman como "sus más leales vasallos", en las que se denuncian los abusos de la administración novohispana, responsabilizando directamente a las autoridades virreinales de la crisis de Junio. Alejándose de los habituales panegíricos del Virrey que en general nutrían este tipo de epístolas, las cartas se concentran en la enumeración de acusaciones que incluyen los cargos de corrupción administrativa, tiranía, comercio de la justicia, explotación de trabajadores manuales, imposición de impuestos ilegales al ganado que entraba en la ciudad, especulación, adulación y avaricia de funcionarios, e imposición de la pena del destierro a Tejas a todo aquel que se opusiera a las medidas oficiales. Las cartas ponen énfasis, además, en la acumulación de riquezas por parte del Conde de Galve, en una proporción que superaba, según las epístolas, lo que cuatro virreyes habrían acaparado en el mismo período.[7]

Como telón de fondo de esta textualidad que se despliega en el primer plano del escenario discursivo en que se inscribe el motín, se escuchan otras voces, de funcionalidad variable, a través de los múltiples géneros que sirven a la expresión popular: pasquines antiespañoles que preceden y acompañan el amotinamiento, prédica de eclesiásticos a los subversivos, sermones que condenan desde el púlpito las medidas del virrey y que imprudentemente, según el juicio de Sigüenza y Góngora, confirman las sospechas de la masa, chismes, reclamos, exhortaciones y murmullos de mujeres cuyas voces resaltan en medio de la multitud, sin faltar apelaciones formales presentadas ante el arzobispo y el virrey, las cuales, al ser desoídas, evidencian la clausura del diálogo con las autoridades responsables del gobierno regional y la necesidad de buscar nuevas modalidades de acción colectiva.

Junto a esta multiplicidad de voces, los testimonios oficiales y los de los participantes de la revuelta insisten sobre el ruido ensordecedor de los gritos, silbidos, campanazos, tiros y destrozos que Sigüenza compara al sonido de más de cien tambores tocando juntos. El estruendo marca el crescendo de la revuelta y confiere a los sucesos el aspecto de una *performance* amenazante y carnavalesca que enciende los temores de la elite y estimula la lucha popular. Los gritos reclaman la muerte de los gachupines y la sangre del "cornudo" Virrey Conde de Galve, de la virreina que lo habría convertido en tal, y del corregidor.

Ese telón auditivo desbordante y cacofónico se asimila, desde la perspectiva de la elite, a la oralidad popular y a las microsecuencias fragmentarias y contradictorias de los testimonios directos de los participantes, en contraste notorio con la organicidad historiográfica que expone el relato de Sigüenza, cuya narración inscribe la factualidad desordenada del amotinamiento en una linealidad narrativa que absorbe el caos en el orden del discurso. Este contraste se hace evidente en la multiplicidad de versiones que recoge Cope, las cuales se afincan fuertemente en una pretensión de verosimilitud que responde a las presiones de las autoridades que tratan de subsumir los hechos en una racionalidad manejable desde las estructuras del discurso forense, y acorde con la naturaleza orgánica y centralizada del orden virreinal.

El pulpo y la hidra: teorías sobre la insurrección[8]

O una cabeza con mil brazos invasivos y destructores que se apropian de lo que encuentran, en una práctica desordenada pero planeada desde una perspectiva unificada, o mil cabezas que funcionan sin concierto, desatadas sobre una realidad inabarcable desde las unidades tradicionales de tiempo, acción y espacio. Douglas Cope determina en esos términos las teorías utilizadas para explicar el motín de 1692. A través de cada una de estas alternativas se propone una aproximación diferente al desborde popular, aunque ambas tienen en común el intento de encontrar un sentido que inscriba los sucesos dentro del campo de experiencia y dentro de los parámetros previsibles de una racionalidad definida.

Entre las estrategias oficiales, la principal consiste, como demuestra Cope, en el intento por probar la teoría de la conspiración a través de la identificación de presuntos líderes que permitirían una responsabilización personalizada de los sucesos. Con ello se desencadenan varios efectos en la discursividad popular. En general, los interrogatorios logran la ruptura de la solidaridad de los amotinados y la delación de culpas reales o inventadas para responder las torturas y presiones de los magistrados que interpelan a los sospechosos a partir de la extinción del motín. En muchos casos, como en el del zapatero mestizo Miguel González, logran no sólo la autoinculpación sino la denuncia de cómplices circunstanciales, que a sabiendas o no del origen de las mercancías obtenidas por los amotinados, aceptan de ellos ropas, dinero o alimentos apropiados por éstos mediante el saqueo de tiendas y puestos instalados en las cercanías de la Alhóndiga. Al mismo tiempo, se intenta sustentar las detenciones con pruebas materiales, desde dinero que no se suponía debía estar en ciertas cantidades en manos de jornaleros o artesanos, como en el caso del cargador José Ramos, apresado por llevar consigo pesos y no reales o monedas de menor valor, como correspondía a su retribución ordinaria. Otros participantes, como Felipe de la Cruz, mienten para salvarse, proponiendo relatos poco verosímiles que los condenan, sin más, a ser ejecutados. Otras razones para las detenciones fueron simplemente el haberse encontrado los acusados en las inmediaciones del motín, o el haber pertenecido a grupos sospechosos. En el caso de José de los Santos, zapatero tuerto y sin piernas, que caminaba sobre las rodillas, su apariencia conspicua hace que sea identificado como participante y hasta como instigador por diversos testigos, que incluso lo señalan como líder, a pesar de su condición física, y lo sitúan, a la misma hora, en lugares diversos del escenario donde se están produciendo los hechos.

Conclusiones y aperturas

El relevamiento de los testimonios de testigos, además de la posibilidad de reconstruir la situación empírica del amotinamiento y sus etapas anteriores, ofrece una serie de versiones que contrastan en forma y espíritu con las oficiales, particularmente con las de Sigüenza y Góngora. Sin embargo, a nuestros efectos importa menos identificar las diferencias testimoniales y los relatos sobre el suceso, que desprender de esta compleja discursividad algunas conclusiones vinculadas a la construcción del discurso historiográfico y a las implicancias de esta elaboración con respecto a la condición del letrado colonial. En primer lugar, los testimonios de los participantes nos entregan no solamente la huella semiborrada de las acciones de la masa antes y durante el amotinamiento de Junio, sino asimismo los trazos discontinuos de una autorepresentación la cual, por las condiciones mismas de su producción, se presenta como enajenada de la misma subjetividad individual y colectiva que la emite. En efecto, las declaraciones de los sospechosos constituyen un discurso no confiable, producido bajo coerción, y fuertemente mediatizado por la represión de las autoridades virreinales y por la imposición, en el plano discursivo, de modelos interpretativos y representacionales formalizados por la cultura dominante. La aplicación de estos modelos, tan importantes para el restablecimiento del orden como el castigo físico de los amotinados, tiene consecuencias fundamentales para una lectura de la movilización popular en diversos contextos. Implica, por un lado, la apropiación de la historicidad de los sectores sometidos al poder colonial y el escamoteo de toda posibilidad plena de afirmar una situación enunciativa autónoma, sobre todo en contextos como el analizado, donde la movilización no responde a un estado avanzado de conciencia social ni está sustentada en un aparato organizativo capaz de subvertir de manera efectiva los fundamentos del sistema imperante. Por consiguiente, la sublevación parece limitarse a su contenido simbólico e indicial, el cual es fácilmente absorbido por las estructuras de poder. Por otro lado, la discursividad alternativa de los participantes del motín define, en su reverso, la función de la historiografía oficial como una práctica concebida e implementada en relación de continuidad y complicidad con las políticas del estado. La historiografía tiene así un papel asignado como fundamental no sólo para el ordenamiento sino para la construcción misma de la historia, como lectura del pasado y como recepción y procesamiento de la contemporaneidad, para la legitimación de la continuidad del control y la reafirmación de hegemonía. Como ha sido indicado con respecto a los recuentos de funcionarios que elaboran versiones sobre las insurrecciones populares, estos relatos

> pueden mostrarnos una "semblanza de objetividad", expresada en una narrativa impersonal, pero que sitúan igualmente estos eventos en una narrativa explicativa, atribuyéndoles una prehistoria y una causalidad, que luego se usan para legitimar las acciones civilizatorias o represivas desplegadas por las élites con el fin de erradicar o prevenir la violencia de los insurgentes. Al rebelde se

le priva así de la condición de sujeto de su propia revuelta, y se lo convierte en un pretexto para la reflexión disciplinadora o autoreformista de los propios poderes coloniales o nacionales (Cusicanqui y Barragán 17).

En segundo lugar, y en contraposición a esas versiones oficiales, las relaciones testimoniales a nivel popular dejan al descubierto la compleja constitución de la conciencia criolla, atrapada en los juegos de poder y en los discursos de legitimación del poder imperial. En un estudio sobre el barroco americano, Bolívar Echevarría señalaba de qué modo, por miedo a la barbarie, los criollos continúan identificándose con los españoles en momentos de crisis de la estabilidad virreinal, aún en instancias avanzadas de la consolidación de su conciencia sectorial y de la búsqueda de una hegemonía que terminaría, luego de un largo proceso de diferenciación de la peninsular, por sublevarse ella misma contra las estructuras metropolitanas, que se mostrarían como progresivamente insuficientes de mantenerse como centros de sintetización social y totalización ideológica (Echevarría 34). La intermediación criolla, que aquí se juega en complicidad con el *status quo*, no vacila en explorar la matriz cultural indígena como vertiente de su propio proceso de diferenciación sectorial. Sin embargo, ante la crisis del orden existente, el sentido de esa cultura *otra* se transforma en negatividad y amenaza. En otras palabras, el *otro*, que mantiene su interés como objeto cultural, no puede asimilarse como sujeto político y social.

En este sentido, la ideología del racismo aparece como un constructo cultural de importancia y valores variables, según las coyunturas históricas y las alianzas sectoriales que fueran necesarias, en cada caso, para la solidificación de un poder criollo ascendente en las etapas protonacionales. Si el proyecto civilizador colonialista había relegado la empiria y la materialidad de los sectores sojuzgados al margen mismo de la civilidad, considerando la experiencia del cuerpo, los valores primarios de supervivencia y derecho a la autodeterminación como prácticas aisladas, descentradas, y básicamente improductivas, la movilización popular demostraba, aún en su dinámica dispersa y discontinua, que la polarización del mundo dividido en violencia y contraviolencia denotaba un desequilibrio esencial en un sistema cuyos fundamentos legitimadores parecían asentarse en la inapelabilidad del dominador y la irrepresentabilidad del dominado. Si el indio y las castas coloniales habían sido asimilados por las estrategias representacionales del poder imperial, como parte del escenario en el que se representaban los juegos y fiestas del poder absoluto, desempeñando el papel de "extras" ubicados siempre en el *background* del poder colonial, la sublevación los situaba, aún dentro del corto lapso de su levantamiento, en el proscenio de la escena histórica, por efecto de la movilización, la rebeldía y la asociación con quienes, aunque fuera provisionalmente, se solidarizaban en la dinámica de la acción colectiva. De ahí la importancia práctica y simbólica de la escritura historiográfica a que se aboca Sigüenza y Góngora y otros oficiales virreinales, y la premura del sabio mexicano en salvar, durante los sucesos de Junio de 1692, los archivos en que se registraba la historia de la dominación, fijando así su propio protagonismo individual y sectorial.

Finalmente, la doble perspectiva sobre el motín muestra en diversos aspectos la batalla simbólica que enfrenta, en el contexto colonial, las culturas en conflicto. Frente al despliegue de los símbolos religiosos (la cruz y las imágenes religiosas llevadas en procesión para conjurar la fuerza demoníaca del caos popular, la administración, en medio del tumulto, de la eucaristía a los moribundos de ambos bandos, las letanías y prédicas de los prelados tratando de contener los desafueros de la plebe, la alusión al patrimonio histórico de la dominación) el sector popular levanta sus propia parafernalia de pancartas, banderas improvisadas, armas precarias y consignas ofensivas y soeces contra la autoridad política y eclesiástica. Si las medidas del virrey y los procedimientos de la Real Audiencia, igual que los relatos oficiales, buscan restituir un orden suspendido por el paréntesis del amotinamiento, las acciones populares se revelan como un despliegue simbólico, que de acuerdo a la concepción dominante de la historia y la vida civil se manifiesta como inorgánica, fragmentaria y fuertemente apegada a lo empírico, material e inmediato. La apropiación de mercancías y las múltiples estrategias utilizadas para esconder el botín de las autoridades, la red contradictoria y falaz de testimonios que reclaman, como el relato de Sigüenza, la verdad de lo ocurrido, el énfasis en los cuerpos heridos, mutilados, o ejecutados y colgados públicamente para escarmiento popular, el fuego que consume el patrimonio de una cultura ostentosa, excluyente y represiva, crean un contrapunto difícilmente asimilable a las reglas selectivas y purificadoras de la historiografía.

La discursividad del dominado es, ella misma, un campo de batalla minado por los recursos de las superioridad ideológico-escrituraria, un territorio simbólico colonizado, apropiado y despojado por la retórica legitimante y disciplinadora del dominador. El significado de la subjetividad sojuzgada es sólo residual, intersticial, inorgánico, visto desde la perspectiva centralizante y racionalizadora de la elite. Sólo la letra del dominador crea, en el contexto del colonialismo, orden, realidad, verdad, utilizando la voz del dominado como confirmación de los modelos de universalidad en que se basa la identidad del yo y la alterización de la otredad. Si la palabra reafirma, entonces, sus fueros como vehículo de entrada al occidentalismo y como inscripción de lo local en el universalismo en que se apoya la dominación, las interrupciones del discurso por las prácticas reversivas del dominado obtienen, aunque provisionalmente, la suspensión de la inapelabilidad, exponiendo los pliegues de lo múltiple, híbrido, material, en la continuidad vulnerada del poder. Tanto esta discursividad fragmentaria y estas prácticas discontinuas como los silencios, contradicciones y falacias de las versiones sojuzgadas por la razón de estado establecen otras alternativas a los discursos del poder: las que derivan de una irracionalidad productiva que sigue su propia lógica insurreccional y su propia utopía liberadora, difícilmente asimilables por el ordenamiento historiográfico de la civilidad colonizadora. Proponen, en resumen, otras agencias, otras agendas, otros sujetos.

Notas

[1] Las alusiones a "la cultura del Barroco" y "la ciudad letrada" corresponden, obviamente, a los estudios de José Antonio Maravall y Ángel Rama, respectivamente.
[2] El texto "Alboroto y motín de México" ha sido estudiado, entre otros, por Kathleen Ross, especialista en la obra total de este autor, y por Sam Cogdell, quienes destacan la importancia de esta crónica como discurso criollo y los modelos historiográficos seguidos por Sigüenza y Góngora en su composición.
[3] Sobre los estudios de Sigüenza y Góngora sobre el pasado amerindio ver Pagden, Leonard y Ross.
[4] Este trabajo es tributario del estudio de Cope y de su lectura cuidadosa de los hechos revelados por los documentos del Archivo de Indias, así como de su sensible lectura de la multiplicidad de voces y perspectivas que obligan a matizar y a reinterpretar el relato de Sigüenza y Góngora.
[5] Cope se refiere, en su estudio, a la noción de catástrofe, y también Kurnitzky, al hablar de la "experiencia de la catástrofe" como organizadora de lo social (10).
[6] A esta "visión espasmódica de la historia popular" se refiere Cope (5) para aludir a formas de interpretación histórica, actualmente bajo revisión, que no dan suficiente importancia a factores sociales y económicos que preparan y explican levantamientos masivos en diversos contextos.

[7] Como Cope indica, puede haberse tratado de burócratas peninsulares que despreciaban a la elite criolla. Ver Cope 133, y n.38.

[8] Según Cope, "Spanish accounts, then, tend to depict the crowd as a vast octopus, a single will with many outreaching tentacles. But the rioters — once the palace was set on fire— may have more closely approximated a hydra, the multiheaded beast of classical lore" (144).

BIBLIOGRAFÍA

Cogdell, Sam. "Criollos, gachupines, y 'plebe tan en extremo plebe': Retórica e ideología criollas en *Alboroto y motín de México* de Sigüenza y Góngora". *Relecturas del Barroco de Indias*. Mabel Moraña, ed. Hanover: Ediciones del Norte, 1994. 245-80.

Cope, R. Douglas. *The Limits of Racial Domination. Plebeian Society in Colonial Mexico City, 1660-1720*. Madison: The University of Wisconsin Press, 1994.

Cusicanqui, Silvia Rivera y Rossana Barragán (comps.). *Debates postcoloniales: una introducción a los estudios de la subalternidad*. La Paz-Bolivia: Editorial Historias, Sierpe Publicaciones, 1997.

Deleuze, Giles. *The fold: Leibnitz and the Baroque*. Tom Conley, trad. Minneapolis: University of Minnesota Press, 1994.

Echevarría, Bolívar. "El *ethos* barroco". *Modernidad, mestizaje cultural y ethos barroco*. Bolívar Echevarría, comp. México: UNAM/El Equilibrista, 1994.

Kurnitzky, Horst y Bolívar Echeverría. *Conversaciones sobre lo barroco*. México: UNAM, 1993.

Leonard, Irving A. *Don Carlos de Sigüenza y Góngora. Un sabio mexicano del siglo XVII*. México: Fondo de Cultura Económica, 1984.

Maravall, José Antonio. *La cultura del Barroco*. Barcelona: Ed. Ariel, 1975.

Pagden, Anthony. "From Noble Savages to Savage Nobles: The *Criollo* Uses of the Amerindian Past". *Spanish Imperialism and the Political Imagination*. New Haven y Londres: Yale University Press, 1990. 91-116.

Rama, Ángel. *La ciudad letrada*. Hanover: Ediciones del Norte, 1984.

Ross, Kathleen. "*Alboroto y motín de México*: una noche triste criolla". *Hispanic Review* 56 (Spring 1988): 181-90.

Sigüenza y Góngora, Carlos de. *Seis obras*. William C. Bryant, ed. Caracas: Biblioteca Ayacucho, 1985.

Reescribiendo las crónicas: culturas criollas y poscolonialidad

Rolena Adorno
Yale University

Para parafrasear a Anthony Grafton (124) en *Forgers and Critics: Creativity and Duplicity in Western Scholarship*, sabemos que toda civilización compleja dispone de un corpus de textos autorizados que sirven para custodiar el pasado y orientar el presente. En el Perú virreinal estos "curadores" del pasado, los cronistas españoles, criollos, mestizos e indígenas, interpretaban la época colonial reexaminando el pasado incaico. Podríamos decir que la reevaluación del concepto "colonial" comienza con la generación de los cronistas post-toledanos.

Clasificados por Raúl Porras Barrenechea (39-40) sin simpatía pero con agudeza, éstos representan una "nueva generación en la que aparecen los primeros mestizos cultos y a base de un mejor y más directo conocimiento del quechua", que practica "una nueva y discutible utilización de los quipus", que aboga por lo que llama (exagerando un poco) "la cristianización póstuma del Incario" y que tiende hacia un "cierto género de erudición peregrina y exotista" y una "poetización creciente del Imperio desvanecido".

Se incluye en este grupo a los que estaban activos en el período que abarcaba desde hacia finales del siglo dieciséis hasta la cuarta década del siglo diecisiete: el padre Miguel Cabello Balboa, el llamado "Jesuita Anónimo", el padre mercedario Fray Martín de Murúa, el licenciado Fernando de Montesinos, el padre jesuita Juan Anello Oliva, el Inca Garcilaso de la Vega, el padre jesuita mestizo Blas Valera y el cronista indio de Lucanas, Felipe Guaman Poma de Ayala.

Recientemente en Italia se ha sacado a la luz un nuevo manuscrito presuntamente del siglo diecisiete, que podría pertenecer al mismo corpus. Algunos de sus contenidos nos son familiares, pero cuando presenta nueva documentación histórica, nos deja perplejos. En el breve manuscrito en octava de unos nueve folios y tres medios folios, titulado "Historia et rudimenta linguae piruanorum", encontramos una serie de aseveraciones que no se encuentra en ninguna otra fuente de los siglos dieciséis y diecisiete que no esté depositada en ese mismo archivo y que entra en contradicción directa y enfática con todas las fuentes de la época conocidas.[1] Este nuevo manuscrito desautoriza por completo al Inca Garcilaso de la Vega, cancela la autoría de Felipe Guaman Poma de la *Nueva corónica y buen gobierno*, presenta una imagen del padre mestizo Blas Valera que anula la única versión conocida hasta ahora de su obra[2] y convierte la *Historia del reino y provincias del Perú* de 1631 del padre jesuita y misionero en el Perú, el italiano Giovanni (Juan) Anello Oliva, en una falsificación completa por contradecir informaciones que supuestamente Oliva habría tenido, dice el nuevo manuscrito, desde 1611.

Por otra parte, el manuscrito anuncia un sistema de composición y lectura de los quipus, más allá del numérico y cuantitativo conocido, de carácter poético-literario, que servía para recoger los secretos de la religión y de las castas y que fue conocido no sólo por los soberanos, los sacerdotes y los filósofos incaicos, sino incluso por las vírgenes del sol (Laurencich Minelli, Miccinelli y Animato 383; 406-07 [c. 8ra]). El breve documento no sólo revela la supuesta existencia de este sistema, sino que facilita la clave para la lectura de tales textos textiles; se afirma que tanto Blas Valera como el supuesto Juan Anello Oliva del manuscrito sabían leerlos y que eran las únicas personas que en su momento histórico lo podían hacer (Laurencich Minelli, Miccinelli y Animato 382-387; 407-410 [c. 8va- c. 9va]; 389, 383, 407 [f. 7v, c. 8ra]).

Con este nuevo manuscrito como telón de fondo tanto como objeto de estudio, acerquémonos a la tarea de contemplar la redefinición del concepto de lo colonial en el Perú en el propio siglo diecisiete. Comencemos con los escritos de Blas Valera, el Inca Garcilaso y Juan Anello Oliva conocidos desde su época. Tenemos la sucesión textual de los tres autores en línea recta: de la historia inédita de los Incas de Blas Valera a los *Comentarios reales* del Inca Garcilaso a la primera parte de su historia de los jesuitas en el Perú del padre Juan Anello Oliva. Cada uno considera al autor que le precede como fuente fidedigna y de gran mérito. Tenemos los largos fragmentos de la historia de los Incas de Blas Valera transcritos y citados por el Inca Garcilaso de la Vega, y largos pasajes de las obras de los dos citados por Oliva[3]. Al reexaminar el pasado tumultuoso de la conquista que rompió la historia del Perú definitivamente en un antes y un después, estos cronistas comparten una característica fundamental: suavizan la ruptura.

Los dos jesuitas —el Blas Valera de los *Comentarios reales* y el Juan Anello Oliva de la *Historia del reino y provincias del Perú*— hablan con una misma voz. Sus ideas principales acerca de la civilización incaica y la nueva sociedad hispanocristiana se filtran por el Inca Garcilaso, apareciendo aquí y allá por toda su obra maestra. Gracias al cotejo de los textos de Valera y Garcilaso podemos vislumbrar la presencia de una misma óptica en sus actitudes y tomas de posición: la marcha desigual pero firme de la evangelización en el Perú emprendida por los jesuitas, el aprecio del antiguo orden social y moral peruano, el rechazo tajante de sus cultos antiguos pero persistentes y la preocupación por los peligros espirituales que las prácticas tradicionales presentan para los neófitos.

Otro tema importante compartido por los tres autores es el del impedimento a la evangelización en el Perú causado por la codicia del oro y plata de los primeros conquistadores y pobladores españoles. Oliva presenta esta crítica en el capítulo tachado (¿por las autoridades jesuitas?) de su manuscrito que se conserva en la Biblioteca Británica. Cita largos pasajes de la *Brevísima relación de la destrucción de las Indias* de Fray Bartolomé de las Casas y concluye con una larga reflexión del Inca Garcilaso (Segunda parte, lib. 2, cap. 6) sobre los veinticinco años de guerras en el Perú que impidieron la predicación de la fe entre los indios y les causaron grandes sufrimientos (Oliva, *Historia...y vidas* 191-92 [lib. 1, cap. 6]). Los textos de Valera citados por el Inca Garcilaso también tocan el tema de las injusticias y los estragos de la conquista, principalmente en el episodio del primer encuentro de Atahualpa y Pizarro y la masacre en Cajamarca en noviembre de 1532 (Garcilaso 3: 53 [Segunda parte, lib. 1, cap. 25]).

De entre los tres textos —los de Blas Valera, Garcilaso y Oliva— se puede sacar una aproximación a la interpretación de la historia y la espiritualidad de los peruanos que es abarcadora y coherente. Es una aproximación que empalma con la de otros de los cronistas de su generación y que es decididamente un fenómeno post-Tercer Concilio Limense, en tanto que el interés por evangelizar en lenguas indígenas recibió su mayor impulso a partir de 1583 con la producción de los catecismos en quechua y aymara en cuya preparación Blas Valera había participado.

El resultado colectivo de los esfuerzos de estos tres escritores apunta hacia una primera redefinición de lo colonial en su época. Tanto los misioneros-cronistas que venían al Perú para evangelizar a sus habitantes, como Oliva, como los estudiosos mestizos que nacieron en la sociedad mixta después de la conquista del Perú, como Valera y el Inca Garcilaso, buscaban formas conceptuales (sean teológicas y/o filosóficas) para superar la ruptura política y acomodar las diferencias culturales cuyos mayores emblemas eran, por un lado, las momias veneradas por los Incas y, por otro, el crucifijo que representaba el cuerpo resucitado de Jesucristo y las estatuas de los santos que se sacaban en procesión para celebrar la fiesta de Corpus Christi en el Cuzco desde la década de 1530.

Sin embargo, mientras que los cronistas criollos y mestizos post-toledanos intentaban superar la ruptura histórica que había producido un Perú pre-conquista y otro post-conquista, el nuevo manuscrito napolitano va en sentido contrario: niega precisamente los puentes de transición de la época incaica a la colonial que los textos consagrados habían creado, propone una interpretación de lo incaico/andino que intenta redefinir lo colonial de tal manera que la religión incaica se equipare con la cristiana, y asevera que si los Incas idolatraban también lo hacían los sacerdotes católicos. Esta actitud parece concordar con ciertas ópticas de este siglo, pero sería imposible imaginarlo en el siglo diecisiete y sobre todo por parte del jesuita cuya obra conocida desde su época plantea lo contrario.

Para mejor entender la óptica propuesta en el manuscrito napolitano, veamos en concreto sus aseveraciones: primero, el supuesto envenenamiento de los guardias de Atahualpa por Francisco Pizarro; segundo, el relato sensacional de la vida del padre mestizo Blas Valera más allá del año documentado de su muerte de 1597 hasta 1619; tercero, el anuncio de la existencia de los "quipus literarios" ("reales" o "trascendentales") junto con la traducción del contenido del tan novedoso "quipu real o literario"[4]; y cuarto, la noticia de la "conjura" por parte de los tres jesuitas Juan Anello Oliva, Blas Valera y Gonzalo Ruiz con el indio lucano Felipe Guaman Poma de Ayala. De esta conjura resultó la "verdadera obra" de Blas Valera, la *Nueva corónica y buen gobierno*, firmada, sin embargo, por Felipe Guaman Poma.

Para evaluar el significado de los contenidos de este novedoso documento es imprescindible tomar en cuenta su recepción. La noticia de la existencia del manuscrito napolitano y sus aseveraciones ha tenido una acogida internacional entusiasta y acrítica. Lo podemos explicar en parte por la tendencia, bien conocida en cuanto a la aproximación al conocimiento del pasado, de buscar novedades y en parte por el carácter de la tecnología de la comunicación masiva. Dada la poca frecuencia con que nuevas fuentes se presentan para el estudio del pasado colonial, y reconocida la resistencia de las fuentes ya establecidas a ofrecer nuevos datos o permitir la elaboración de nuevas interpretaciones, el deseo de contar con nuevos manuscritos y nuevos artefactos es permanente, y toca no sólo al público erudito especializado sino también al general y masivo. El día de hoy cualquier novedad en el mundo de la cultura se comunica y se impone por los medios de la comunicación masiva: el periodismo y sobre todo el Internet. En el Internet se cambia no sólo el medio de comunicar nuevos conocimientos sino su carácter y se aumenta exponencialmente el número de las personas comunicadas. Como la calidad y la confiabilidad de lo comunicado se suelen establecer por los consensos producidos en las comunidades de lectores o interlocutores pertinentes, la comunicación instantánea y global de informaciones produce consensos sólo aparentes y muchas veces falsos. Es decir, la mera comunicación de datos —en magnitudes inimaginables hace muy poco tiempo— sirve para imponerlos de una manera contundente con la fuerza de la verdad. Esto es lo que aparenta haber pasado con el nuevo manuscrito napolitano.

¿Cuáles de sus elementos más han llamado la atención del público y de la prensa? Al citarlos, podemos ver con claridad el impulso que el manuscrito napolitano ha dado para reconceptualizar o reelaborar algunas de las imágenes que caracterizan actualmente la época colonial. En los primeros momentos parecía que la idea de los *khipu* en crear un sistema de escritura antigua hasta ahora desconocido iba a ser el "plato fuerte" del manuscrito (ver Domenici y Domenici). Sin embargo, con el paso del tiempo y las alusiones recientes al descubrimiento en Nápoles del supuesto contrato entre tres jesuitas y Guaman Poma, el tema del *khipu* —de gran interés popular pero al fin y al cabo tema de estudio de un grupo selecto de eruditos especializados— parece haber retrocedido a segundo plano.[5]

Por un lado el *khipu* que acompaña el manuscrito parece ofrecer pocas posibilidades prácticas en un campo —el estudio de los *khipus*— donde sí se espera encontrar mucho más. Como señala el estudioso Gary Urton en *The Social Life of Numbers* (178-79), aunque algunos investigadores —él incluso— mantienen abierta la posibilidad de que haya existido un sistema narrativo de composición y lectura del *khipu*, no se han reunido hasta la fecha materiales y herramientas suficientes para abordar sistemáticamente tal investigación. Por otro lado, los grandes logros de los Incas y de sus antecesores en tierras costeñas tanto como las andinas (organización estatal, ingeniería, textiles, etcétera) son tales que el descubrimiento de un sistema de *khipus* narrativos o poéticos agregaría sólo una estrella más —aunque brillante y muy significativa— a la galaxia de avances económicos, tecnológicos y culturales incaicos universalmente reconocida.

Es significativo que, de todas las aseveraciones hechas en dicho manuscrito, la prensa haya centrado su interés casi exclusivamente en Guaman Poma y la autoría de la *Nueva corónica*.[6] No es sin razón que la autoría de Guaman Poma de la *Nueva corónica* haya salido como el tema más candente en cualquier discusión del manuscrito napolitano entre peruanistas. Durante las décadas pasadas ha habido debates, llevados a cabo en la prensa, exclusivamente en torno a Guaman Poma, como, por ejemplo, en los años setenta, sobre su lugar de nacimiento (Huánuco o Lucanas, ganando este último) o, en la misma década, la existencia de otros manuscritos suyos o de otras copias manuscritas de la obra.[7]

Aquí habría que poner la figura de Guaman Poma en el contexto de la acogida erudita y/o pública de otros cronistas de su índole de la época. A lo largo de este siglo, desde José de la Riva-Agüero en adelante, la discusión de los estudiosos ha girado en torno a las figuras del Inca Garcilaso de la Vega, Blas Valera y, poco después, Guaman Poma de Ayala, construyendo y reconstruyendo imágenes de éstas cuyo valor emblemático sirve para fijar prerrogativas culturales y sociales que abarcan mucho más que la experiencia particular y limitada de cada uno. Por consiguiente, se aprecian no sólo como fuentes para la historia colonial peruana sino como grandes personajes o emblemas de la misma.

Aquí habría que introducir el concepto del ícono cultural para tomar en cuenta la carga ideológica y afectiva que frecuentemente acompaña la interpretación de los escritos de estos autores. Al hablar de "íconos culturales" podemos pensar en imágenes originadas a partir de un caso histórico y que satisfacen una necesidad primeramente social de definir, explicar, interpretar y proponer los modos ideales de comportamiento en una realidad dada. Es necesario aclarar que no se trata simplemente de que en la lectura se asigne un valor ejemplar a los acontecimientos de la vida de ciertos personajes para universalizar los contenidos del relato, pues eso se podría afirmar de casi toda narración sin que se esté hablando de un ícono cultural. Más bien se trata de que el propio relato plantee las preguntas y los problemas que ocupan a una colectividad.[8]

Como ícono cultural, el caso de Guaman Poma es único, y veremos que para la redefinición del concepto de lo colonial efectuada en el nuevo manuscrito napolitano su papel es clave. No es exageración decir que la posición de la figura de Guaman Poma en la cultura indígena y criolla colonial ha llegado a ser central y casi universal. Desde la llamada "generación del 900" con José de la Riva Agüero, Víctor Andrés Belaúnde, Julio C. Tello y sus seguidores, la obra de Guaman Poma ha tenido un papel siempre más significativo, primero en las polémicas sobre hispanismo e indigenismo y actualmente en las indagaciones poscolonialistas, como la de Mary Louise Pratt en *Imperial Eyes* (4, 6-7, 27) donde Guaman Poma le permite elaborar el concepto, tan frecuentemente citado, del "contact zone".[9] En el caso de la "generación del 900", se utilizaba a Guaman Poma como ejemplo histórico pertinente: era el indio resentido y folclórico para los hispanistas como Riva-Agüero y Raúl Porras Barrenechea (Arguedas 192); para los indigenistas como Tello, representaba la pureza del espíritu indio (Adorno, "Racial Scorn" 3-4). En los estudios poscolonialistas, el caso de Guaman Poma ejemplifica los procesos de interacción producidos entre culturas distintas, caracterizados por prácticas y ópticas improvisadas y de influencia mutua a pesar de la jerarquización del poder que separa a los representantes de las respectivas sociedades.

El peso que tiene el cronista lucano como emblema de la cultura colonial en el Perú ha llegado a ser incalculable. A partir de mediados de este siglo, esto se debía, por un lado, a los mentores de la corriente antihispanista del indigenismo (Arguedas 195) y, por otro, al desarrollo de los estudios etnohistóricos andinos a partir de Luis E. Valcárcel, John Howland Rowe, John V. Murra, R. Tom Zuidema y otros (ver Arguedas 195; Murra 3). La lectura insistente de la *Nueva corónica* como fuente etnohistórica por Rowe, Murra y Zuidema y sus discípulos, la convirtió en obra canónica para los estudiosos.

Así la obra de Guaman Poma estaba canonizada primero como fuente histórica y, a partir de los primeros años de los setenta y para mediados de los ochenta, Guaman Poma ha alcanzado en la cultura artística e intelectual colonial peruana un estatus que habría sido impensable en la época de Riva-Agüero y Porras Barrenechea. Más importante aún, la reproducción y la circulación extensísimas de los dibujos del artista lucano han servido para imponer los mundos incaico y colonial realizados pictóricamente por Guaman Poma en la imaginación pública en innumerables contextos eruditos, masivos y populares. La figura de Guaman Poma es un ícono cultural que ha logrado cubrir los cielos del Perú, y habría que añadir que sus alas y sus garras (*huaman, puma*) se extienden también sobre vastos territorios culturales internacionales.

¿Cuál es, entonces, el significado de lo que nos presenta el manuscrito napolitano? ¿Cuáles serían sus consecuencias en cuanto al concepto de lo colonial tal como se entiende a través de las crónicas que son los textos autorizados de la tradición criolla y mestiza peruana?

El gesto del manuscrito italiano es genial. Al conseguir éste la aceptación que para él se busca, se trataría de borrar a Guaman Poma como emblema máximo y canónico de la cultura colonial del Perú para sustituirlo por Blas Valera. Tal como el cronista indio autodidacta ha sustituido al mestizo aristocrático y humanista del Inca Garcilaso, el manuscrito napolitano propone instalar al jesuita mestizo Blas Valera en el lugar de honor.[10] El significado de esta sustitución, sin embargo, abarca mucho más que las meras figuras históricas pertinentes. Se trata de los grandes valores sociales y culturales asociados popularmente con ellas.

Antes de pasar a la nueva imagen de Blas Valera presentada en el manuscrito napolitano, recordemos al Blas Valera que conocemos no de manera impresionista sino sustancialmente a través de las miles de palabras suyas citadas por el Inca Garcilaso en su *Comentarios reales*. Este Valera canónico expresa gran fe en la misión de los jesuitas en el Perú y en ciertos métodos para llevar a cabo sus propósitos, es decir, en base al conocimiento de la lengua general, y con un aprecio firme del valor del orden jurídico laico y moral de los antiguos peruanos (Garcilaso 2: 240a-243b [Primera parte, lib. 6, caps. 35-36], 191a-b, 304b-305a [Primera parte, lib. 5, cap. 29; lib. 8, cap. 8]). Su convencimiento absoluto en la irrecuperabilidad de la religión andina es patente (Garcilaso 2: 50b-51 [Primera parte, lib. 2, cap. 6]) pero la considera, sin embargo, precursora de los evangelios en cuanto al ejercicio de los Incas de la ley natural. También considera al quechua una lengua altamente capaz de expresar conceptos espirituales y filosóficos de gran abstracción y refinamiento, apta para la empresa de la evangelización (Garcilaso 2: 251a [Primera parte, lib. 7, cap. 4]). Defiende con elocuencia la dignidad humana y la capacidad de los indios peruanos, negando, como lo hará después el Inca Garcilaso, la existencia del sacrificio humano entre ellos (Garcilaso 2: 251a [Primera parte, lib. 7, cap. 4], 57b [lib. 2, cap. 10]).

El Blas Valera de quien escriben los autores anónimos del manuscrito napolitano (no citan sus palabras textuales) y que es visto sólo indirectamente, es otro.[11] Destaca, en efecto, una imagen totalmente contraria: se le presenta como guía espiritual y defensor del pueblo peruano, perseguido por sus mismos hermanos de religión por haberse alineado contra las torturas practicadas por los españoles a los quechuas para explotar el oro y por haberse expresado contra los sacerdotes cristianos (Laurencich Minelli, Miccinelli y Animato 382, 406 [c.8ra]). Encabezó un movimiento espiritualista y utópico en aras de la creación de un Perú neopagano y universalista. Era experto en la lectura de los novedosos quipus "reales o trascendentales", creía en la semejanza de la religión incaica y la católica cristiana, sabía la "historia verdadera" e ignominiosa de la conquista española y la condenó, conoció personalmente al Inca Garcilaso, a quien confió su obra sólo para verla después distorsionada y desfigurada por éste, y escribió e ilustró la *Nueva corónica y buen gobierno,* cuya versión manuscrita final encargó al cuidado del hermano jesuita Gonzalo Ruiz (Laurencich Minelli, Miccinelli y Animato 388, 398, 399, 382-383, 406-407 [c. 9vb, f. 4v, f. 5r, c. 8v, c. 8ra]). Para llevar a cabo todo esto, vivió clandestinamente en el Perú desde 1598 hasta poco antes de su muerte en Alcalá de Henares en 1619 (Laurencich Minelli, Miccinelli y Animato 388 [c. 8v), 398 [f. 4v]).

Nos encontramos ante ambiciosas aseveraciones de tercera mano y de dudosa ascendencia enfrentadas a las encuestas y pesquisas extensas y logradas, que se preservan en los *Comentarios reales* y que fueron consideradas por Garcilaso tan completas que en muchos casos citó textualmente todo un capítulo de Valera sobre el tema dado. Se trata de versiones totalmente opuestas de la historia peruana y su significado.

En la versión del manuscrito napolitano —y aquí el interés en la redefinición de lo colonial— borrar a Guaman Poma es borrar al máximo representante de la creatividad indígena para toda la época colonial. Ni Titu Cusi Yupanqui, el príncipe incaico que dictó su relato de traiciones españolas a Fray Marcos García en 1570, ni Juan de Santacruz Pachacuti Salcamayhua, contemporáneo joven de Guaman Poma y cronista de linaje no-inca de Collaguas, han tenido la acogida popular y masiva de Guaman Poma. Al ausentarse Guaman Poma de la escena contemporánea cultural, el indígena vuelve a ser la víctima explotada. Está desprovisto del saber antiguo (son los dos jesuitas alienados quienes saben leer los maravillosos *khipus* poéticos sagrados) y queda sin voz en el virreinato (el indio no escribe, no hace peticiones, no reclama sus derechos; todo lo relatado por Guaman Poma es una ficción creada por Blas Valera). La imagen canónica de Guaman Poma se reduce y se convierte en la de un indio pobre, oportunista, vanidoso, despreciable.

El que queda en el escenario es el mestizo pero no el aristocrático de ascendencia incaica, sino de los chachapoyas, soldados expertos del Inca.[12] Los argumentos de los exégetas del manuscrito napolitano enfatizan el papel de este nuevo Blas Valera como gran conocedor del Perú antiguo, radicalmente anti-español, castigado por su orden, exiliado de su patria, traicionado por el Inca Garcilaso de la Vega y a la vez el *dux populi* del pueblo andino que anticipa un nuevo orden universal utópico y un sincretismo religioso en el cual la religión incaica sobreviviría al lado de, e integrada con, la cristiana. Este Blas Valera se presenta como un nuevo ícono cultural que representa una conjugación de valores que redefine, una vez más, el significado del pasado colonial. Su mensaje —en el breve manuscrito napolitano y en los extensos comentarios de sus exégetas— es claro: lo colonial quiere decir el mestizaje, pero no el mestizaje cuyo modelo es el tradicional y ya rechazado de una síntesis armoniosa. Este es un mestizaje agresivo, que es anti-español, que reafirma y subraya la Leyenda Negra de la conquista española y que, en cuanto al pueblo autóctono, demuestra una actitud de superioridad como guardián del noble saber antiguo, como cabeza de un nuevo orden utópico y como promotor de un neopaganismo universalista, aunque sea éste mal definido y vago.

Del mismo modo que las ideas respecto del indio formuladas en este siglo por los novecentistas tenían que ver con su redefinición de lo colonial, el manuscrito napolitano y sus anexos ofrecen una propuesta actual en el debate permanente sobre hispanismo e indigenismo cuya forma actual es la discusión poscolonialista. Si en ese debate hasta los años cincuenta o sesenta de este siglo se presentaba al mestizo como emblema de valores hispanistas (e.g., el Inca Garcilaso de la Vega), este nuevo mestizo (el Blas Valera del manuscrito de Nápoles) rompe el molde, no sólo al ser anti-hispanista sino también en cierta medida anti-indigenista, rebajando a plano inferior la potencialidad indígena para obrar como agente en su propio destino (Guaman Poma como "indio biombo").

El planteamiento del manuscrito napolitano es extremadamente interesante y, dejando aparte su anhelado reconocimiento como nuevo hallazgo histórico documental (hasta ahora poco o nada confiable), nos sirve para contemplar los procesos de definición y redefinición de conceptos claves de la historia cultural. Tal como ocurrió con la canonización cultural gozada por la figura del Inca Garcilaso desde los días de Riva-Agüero, sólo para ser en un momento reemplazado por Guaman Poma, quizás ha llegado la hora de este nuevo y novedoso padre mestizo Blas Valera. Como ícono cultural, este Blas Valera, *khipukamayoc*, conocedor de los secretos del pasado incaico, iconoclasta, subversivo y carismático, presenta una nueva alternativa a la aristocracia del mestizo Inca Garcilaso y las pretensiones de abolengo yarovilca que expresa Guaman Poma. Este Blas Valera es el nuevo mestizo, descendiente militante de los guerreros de

Chachapoyas. Su lección es significativa. Sea cual haya sido su rol histórico auténtico en la evangelización del Perú autóctono en la década de 1580, su papel actual, al fin del milenio, toma precedencia. El significado del pasado en el presente, más que el del pasado en sí, anima estas discusiones para reformular nuestros conceptos del pasado. El debate sobre este Blas Valera es la mayor prueba de este principio.

NOTAS

[1] El manuscrito, propiedad de la señora Clara Miccinelli, de Nápoles, se conserva en el archivo de su familia (el archivo Miccinelli-Cera) en dicha ciudad, y ha sido estudiado directamente sólo por ella y sus colaboradores, la profesora Laura Laurencich Minelli de la Universidad de Bologna y su colega Carlos Animato (Laurencich Minelli, Miccinelli y Animato 363). Lo han estudiado también, pero en fotocopia, los lectores encargados por la Sociedad de Americanistas en París de dar una evaluación del mismo con vistas a su posible publicación (Estenssoro 48). Después de haber concluido su tarea, los lectores determinaron que el manuscrito no era auténtico, y la Sociedad suspendió el proyecto de publicación. También se ha aludido a la existencia de otros documentos, que son como anexos al principal, en el mismo archivo privado (Hampe Martínez).

[2] Me refiero a las extensísimas citas de la misma transcritas por el Inca Garcilaso en sus *Comentarios reales de los Incas*, no a la "Relación de las costumbres antiguas de los naturales del Perú" que algunos han querido identificar, sin mayores pruebas, como obra del padre mestizo.

[3] No incluimos en esta pesquisa los fragmentos de un vocabulario histórico de los Incas que Oliva cita y dice había pertenecido a Blas Valera porque el propio Oliva no consideraba a Valera el autor de ese diccionario manual ("vocabulario de mano"); se refiere al autor de éste llamándolo sólo "el autor incierto" (Oliva, *Historia ... de sus Incas reyes* 70-71, 111; Oliva, *Historia ... y vidas* 95, 142 [lib. 1, cap. 2, sec. 13, lib. 1, cap. 3, secs. 4-5]; Riva-Agüero 17).

[4] El mismo texto coincidentalmente aparece como el canto "Sumac Ñusta" en los *Comentarios reales* del Inca Garcilaso (2: 80 [Primera parte, lib. 2, cap. 27]).

[5] En el primer estudio de la Prof. Laurencich, predominaban la cuestión de los *khipu*, la idea de un sistema de escritura incaica desconocida y los logros de los jesuitas italianos en la obra misionera del Perú. En sus trabajos subsiguientes, posteriores a su presentación en Lima en 1996, Guaman Poma y Blas Valera han venido a ocupar el lugar privilegiado en sus ensayos.

[6] Veamos los titulares: "¿El gran destape? Serias dudas amenazan autoría de la *Nueva crónica y buen gobierno* de Guamán Poma de Ayala" (*Somos*, suplemento de *El Comercio*, 15 de junio de 1996), "Guamán Poma sólo fue 'hombre biombo'" (*El Comercio*, 29 de junio de 1996), "Huamán Poma y Blas Valera: La falsificación de una obra y la vida oculta de un cronista" (*Expreso*, 2 de julio de 1996), "Manuscrito sobre autoría de *Nueva crónica*: Posibilidades

de una investigación seria" (*El Comercio*, 5 de julio de 1996), "¿Quién es Guamán Poma?" (*El Sol*, 8 de julio de 1996), "La dama del manuscrito: Italiana Laura Laurencich atiza la polémica: Guamán Poma podría no haber escrito la *Nueva Crónica*" (*Somos*, de *El Comercio*, 3 de agosto de 1996) y, para brindar por las fiestas navideñas, "Según manuscrito descubierto por historiadora italiana, Pizarro envenenó con arsénico a Atahualpa" (*Expreso*, 25 de diciembre de 1996).

[7] En *El Comercio* de Lima del 23 de mayo de 1976, por ejemplo, Eduardo de Habich postulaba que las "Pruebas grafológicas serían concluyentes: Famoso códice de Guaman Poma no es el original" seguido por otro (de Abraham Padilla Bendezú) que responde, "Historiador aclara: El códice es uno solo".

[8] Reproduzco aquí parte de una discusión más amplia (Adorno, "La estatua") sobre este asunto.

[9] Pratt (4) define el "contact zone" como "social spaces where disparate cultures meet, clash, and grapple with each other, often in highly asymmetrical relations of domination and subordination—like colonialism, slavery, or their aftermaths as they are lived out across the globe today". En la *Nueva corónica y buen gobierno* se presenta esa situación conflictiva y jerárquica, por así decirlo, en carne viva.

[10] Como insisten los estudiosos del manuscrito, Blas Valera es su figura central (Laurencich Minelli 61; Laurencich Minelli y Miccinelli 45). Importa recalcar, sin embargo, que Blas Valera no aparece como autor en el documento napolitano: con la excepción de una supuesta cita de unas breves palabras suyas (Laurencich Minelli, Miccinelli y Animato 399 [f. 4v]), todos los testimonios sobre él son de los autores presuntos del manuscrito: los jesuitas Juan Antonio Cumis y Juan Anello Oliva.

[11] Porras Barrenechea calificó a Valera como un "cronista fantasma": "No se conserva de él ninguna obra [...] resulta un cronista sin obra al que no se conoce sino por apariciones pasajeras y controvertibles [...] y que, a pesar de todo, existe y tiene una influencia visible e incierta" (462).

[12] Los chachapoyas eran un grupo étnico y posiblemente lingüístico de las zonas montañosas orientales y las amazónicas occidentales del norte del Perú actual (Salomon 158). No habían sido conquistados por los Incas hasta el reinado del Inca Huayna Capac; por el Inca fueron enviados como *mitmaqkuna* al área de Quito donde se encontraban asentados durante la conquista española (Hemming 159, 247-48). Inmediatamente a la llegada de los españoles se integraron a las fuerzas reales como "soldados modernos," (Guaman Poma 3:1138), quizás continuando el mismo tipo de rol social que habían desempeñado durante la era incaica.

BIBLIOGRAFÍA

Adorno, Rolena. "La estatua de Gonzalo Guerrero en Akumal: íconos culturales y la reactualización del pasado colonial". *Revista Iberoamericana* 62, 176-77 (1996): 905-23.
_____ "Racial Scorn and Critical Contempt". *Diacritics* 4, 4 (1974): 2-7.
Arguedas, José María. *Formación de una cultura nacional indoamericana.* [1975]. Ángel Rama, ed. 2ª ed. México: Siglo Veintiuno, 1977.
Domenici, Viviano y Davide Domenici. "Talking Knots of the Inca". *Archaeology* 49, 6 (1996): 50-56.
Estenssoro, Juan Carlos. "¿Historia de un fraude o fraude histórico?". *Sí* (Lima) 500 (28 de octubre de 1996): 48-53. Reimpreso: *Revista de Indias* 62, 210 (1997): 566-78.
Garcilaso de la Vega, el Inca. *Comentarios reales de los Incas.* [1609, 1617]. Carmelo Sáenz de Santa María, S. J., ed. *Obras completas del Inca Garcilaso de la Vega II-IV.* Biblioteca de Autores Españoles 163-165. 3 tomos. Madrid: Atlas, 1960-65.
Grafton, Anthony. *Forgers and Critics: Creativity and Duplicity in Western Scholarship.* Princeton: Princeton University Press, 1990.
Guaman Poma de Ayala, Felipe. *El primer nueva corónica y buen gobierno.* [1613-15]. John V. Murra y Rolena Adorno, eds., traducciones del Quechua de Jorge L. Urioste. 3 tomos. México: Siglo Veintiuno, 1980.
Hampe Martínez, Teodoro. "El enigma de Guamán Poma de Ayala". *El Comercio* (Lima) 12 de agosto de 1998.
_____ "Importante hallazgo histórico". *El Comercio* (Lima) 1 de agosto de 1998.
Hemming, John. *The Conquest of the Incas.* San Diego: Harcourt, Brace, 1970.
Laurencich Minelli, Laura. "Il documento 'Historia et Rudimenta Linguae Piruanorum'. Il contributo di due gesuiti italiani del '600 alla storia e alla cultura del Peru". *Actas convegno "Gli indiani d'America e l'Italia", Torino, 14-15 sett. 1996.* Alessandria: Dall'Orso, 1997. 59-68.
_____ y Clara Miccinelli. "'Historia et Rudimenta Linguae Piruanorum': Una nuova fonte etnostorica sui primi tempi della colonia spagnola". *Etnostoria* (Palermo) (1998): 35-118.
_____, Clara Miccinelli y Carlo Animato. "Il documento seicentesco 'Historia et Rudimenta Linguae Piruanorum'". *Studi e Materiali di Storia delle Religioni* (Roma) 61.19.2 (1995 [1996]): 363-413.

Murra, John V. "Current Research and Prospects in Andean Ethnohistory". *Latin American Research Review* 5, 1 (1970): 3-36.

Oliva, Giovanni (Juan) Anello. *Historia del reino y provincias del Perú, de sus Incas reyes, descubrimiento y conquista por los españoles de la corona de Castilla*. [1631]. Juan Francisco Pazos Varela y Luis Varela Orbegoso, ed. Lima: Imprenta y Librería de San Pedro, 1895.

―――― *Historia del reino y provincias del Perú y vidas de los varones insignes de la Compañía de Jesús*. [1631]. Carlos M. Gálvez Peña, ed. Lima: Pontificia Universidad Católica del Perú, 1998.

Porras Barrenechea, Raúl. *Los cronistas del Perú (1528-1650) y otros ensayos*. [1962]. Franklin Pease G.Y., ed. Biblioteca Clásicos del Perú 2. Lima: Banco de Crédito del Perú, 1986.

Pratt, Mary Louise. *Imperial Eyes:Travel Writing and Transculturation*. Londres y Nueva York: Routledge, 1992.

Riva-Agüero, José de la."El padre Blas Valera". [1910]. *Obras completas de José de la Riva-Agüero IV. La historia en el Perú*. 20 tomos. Lima: Pontificia Universidad Católica del Perú, 1965. 9-30.

Salomon, Frank. *Native Lords of Quito in the Age of the Incas: The Political Economy of North Andean Chiefdoms*. Cambridge: Cambridge University Press, 1986.

Urton, Gary, con Primitivo Nina Llanos. *The Social Life of Numbers:A Quechua Ontology of Numbers and Philosophy of Arithmetic*. Austin: University of Texas Press, 1997.

Escribir en los confines: épica colonial y mundo antártico[1]

Paul Firbas
Princeton University

> Si (como el griego afirma en el Cratilo)
> El nombre es arquetipo de la cosa,
> En las letras de rosa está la rosa
> Y todo el Nilo en la palabra Nilo.
> J. L. Borges, "El Golem".

1. Introducción

Entre 1586 y 1610 se escribieron en América cuatro libros vinculados al Perú, cuyos títulos, sin embargo, anuncian otra geografía, ajena al vocabulario de los conquistadores, remota en el espacio y más antigua que los grandes "descubrimientos": la *Miscelánea antártica* (1586), la *Miscelánea austral* (1602), el *Parnaso antártico* (1608) y las *Armas antárticas* (c. 1610). Sus autores eran todos peninsulares establecidos en el Perú, adonde llegaron ya con cierta formación literaria. En los mismos años, encontramos además otros vestigios de ese *mundo antártico* en el mismo territorio: las menciones a la "Academia Antártica" de poesía en Lima y la aparición de un Caballero Antártico en el pueblo minero de Pausa.[2]

El propio Inca Garcilaso en 1596, cuando escribe su genealogía paterna, no duda en llamarse a sí mismo "indio antártico" (véase su *Relación de la descendencia de Garci Pérez de Vargas* 41). Así, este adjetivo establece una identidad y varios enigmas: ¿Qué es el mundo antártico para un escritor de fines del XVI? ¿A través de qué desplazamientos el Perú virreinal se vuelve el referente de ese mundo? ¿Qué tradiciones literarias implica el uso de este adjetivo y a qué geografía pertenece? ¿Cuál es la espesura de este término y cuál su relación con los diferentes géneros discursivos en que aparece? Y finalmente, ¿por qué desaparece, aparentemente sin dejar huella, de los títulos de los textos americanos hacia 1610?[3]

Estas preguntas se dirigen principalmente a dos de los libros arriba mencionados: la *Miscelánea antártica* de Miguel Cabello de Balboa y, con mayor detalle, las *Armas antárticas* de Juan de Miramontes Zuázola. Ambos textos, de 1586 y 1610 respectivamente, abren y cierran el "ciclo antártico" de las letras peruanas, y presentan significativas coincidencias temáticas y formales.

Para Cabello de Balboa y Miramontes Zuázola, escribir desde el mundo antártico suponía construir genealogías, trazar orígenes y definir espacios. Como espero mostrar, el mundo antártico se forma dentro de las convenciones de la literatura épica y caballeresca, rica en imágenes y mitos. Así, los esquemas y posibilidades de la literatura servían de marco textual para resolver, poéticamente, la violencia de la conquista y las tensiones del mundo colonial. La imaginación antártica le confería mayor sentido y coherencia a la misma experiencia indiana.

No hay colonias ni colonialismos sin desplazamientos de cuerpos, tradiciones, disciplinas e imaginarios. Al inicio del período de la llamada estabilización colonial en el Perú, el mundo antártico —un viejo Nuevo Mundo— emerge como un territorio simbólico para un grupo de escritores y poetas: un espacio para pensar los desplazamientos y fijar su lugar respecto de la tradición. Los textos de estos autores constituirían un primer momento del pensamiento *criollo* en el Perú, heterogéneo y contradictorio; pero reconocible en el anuncio de la novedad del lugar de su escritura y en el ejercicio de los géneros más prestigiosos de la cultura europea.

2. La palabra *antártica*

Antarcticus, lo anti-ártico, es palabra latina de origen griego, un "epíteto que se aplica al polo meridional del orbe, que es opuesto al polo ártico o septentrional", según explica el *Diccionario de autoridades*. El *polo antártico* o las *regiones antárticas* aparecieron en el pensamiento griego clásico como consecuencia de suponer que la tierra era esférica y de la necesidad de equilibrar las masas continentales de ambos hemisferios. Aunque esta teoría tuvo detractores, recorrió el medioevo a través de la autoridad de Cicerón, y fue luego prolongado en los comentarios de Macrobio, y de San Isidoro en sus *Etimologías*.[4] Antes del siglo XV, las regiones antárticas son sólo un referente imaginario o una realidad deducida por estas teorías: un tópico, pero nunca un lugar de enunciación.

A principios del siglo XVI, el paso de Hernando de Magallanes por el estrecho que hoy lleva su nombre, alentó la búsqueda de la llamada "Terra Australis" en los confines meridionales del mundo.[5]

Más de dos siglos después, en su viaje de circunnavegación, realizado entre 1772 y 1775, el inglés James Cook fue el primero en cruzar el círculo antártico, con lo cual empezó a fijarse el referente del continente antártico. Sólo a partir del siglo XIX tomará forma concreta su remota geografía. En español contemporáneo el doble topónimo *Antártica* o *Antártida* parece mantener la indeterminación de un territorio cargado de mito e historia.

En términos generales, en los textos del siglo XVI, los adjetivos *antártico* y *austral* connotan las tierras al sur de la línea equinoccial. El polo austral o el polo antártico eran, por extensión, todo lo que hoy llamamos Sudamérica. En esta vastedad territorial de límites absolutamente imprecisos, el adjetivo *antártico* servía asimismo como una marca de geografía imaginaria y de territorio en construcción. *Antártico* no sería propiamente un adjetivo específico del discurso geográfico, sino un término abierto a la poesía, a los imaginarios político y antropológico, y al discurso colonial.

El curioso libro de viajes del cosmógrafo francés André Thevet (1516?-1592), titulado *Les singularitez de la France antarctique, autrement nommée Amerique et de plusieurs terres et îles découvertes de nostre temps*, publicado en París en 1557 con 41 grabados, gozó de mucha difusión y varias traducciones durante ese siglo. Thevet reúne bajo este título las impresiones reales y ficticias de sus viajes por el Brasil, el Perú, México, la Florida y Canadá. Thevet pasó solamente unos meses entre los indígenas de Brasil en 1555, acompañando a la expedición colonizadora de Nicolás Durand de Villegagnon. Esta expedición fundó la "France Antarctique" en una pequeña isla de la bahía de Río de Janeiro (Lestringant 9, 62). Sin embargo, Thevet emplea "América" y "Francia Antártica" vagamente para designar toda la región continental al sur del ecuador.[6] Así, los vacíos de la cosmografía ptolemaica de Thevet y el proyecto colonizador de *Les singularités* encuentran su expresión en el uso de *antártico*.

En las cosmografías y los poemas épicos renacentistas, y en los textos influidos por estas tradiciones, el adjetivo *antártico* aparece numerosas veces en expresiones fijas, como en "antárticas regiones", "polo antártico", "trópico antártico", "antártico famoso". Se trata de usos altamente convencionales que operan como marcas genéricas para el lector iniciado. Apelan a una geografía remota que, en el marco del género épico, activa un *script* de viajes y conquistas.[7] Para la cultura europea, el mundo antártico era el territorio desconocido por antonomasia y, por lo tanto, un espacio fértil en relatos y monstruos.

Hacia esas regiones navegó por última vez el infeliz Ulises de la *Commedia* de Dante, para encontrar su perdición (*Inferno* XXVI).

Por otro lado, conviene recordar que un título, como recurso retórico, suele anticiparle al lector el género o los géneros discursivos dominantes de una obra. Palabras como "historia", "crónica", "miscelánea", "parnaso" e inclusive "armas" se inscribían en diferentes tradiciones que el lector sabría reconocer. Junto a esas palabras, el uso de un topónimo o un adjetivo geográfico redirigía la recepción hacia una familia de textos y sus convenciones particulares.

Por ejemplo, un término como "Indias" (imaginemos un poema que cante las *Armas indias*), además de indistinguir los virreinatos americanos, pertenece a las frases y títulos de los grandes discursos legales y cronísticos del primer siglo de la colonia, generalmente enunciados desde el mismo centro del imperio.

El término "Perú", considerado aquí como parte de un título, aparece principalmente en los relatos *de descubrimiento y conquista del Perú*, y estaría así focalizado en ese período, anterior al de las reformas toledanas y la estabilización colonial. Así, "Perú", como marca paratextual, habría sido un término incómodo o inapropiado para la perspectiva de enunciación de *Armas antárticas*, escrito en Lima después del gobierno del virrey Toledo (de 1569 a 1581) y antes de la política dura de extirpación de idolatrías (a partir de 1610). El uso de "Perú" en un título sugeriría la perspectiva de los viejos conquistadores, quienes, al menos desde 1571, recibían severas críticas por los móviles que habían inspirado sus conquistas (Lohmann IX).

Desde la década de 1550, las crónicas virreinales solían incluir alguna reflexión sobre el nombre del "Perú". Hacia 1596, el Inca Garcilaso insiste en que los indios jamás se identifican con dicho nombre y recuerda que ya Pedro Cieza de León había señalado que ese topónimo era de uso exclusivo español (*Comentarios reales*, libro I, cap. V). En ese contexto, "Perú" era un término de guerra y conquista. Porras Barrenechea en su estudio *El nombre del Perú*, explica que los primeros usos datan de 1527, y que era voz de la soldadesca que desde Panamá codiciaba las riquezas del sur. En cambio, en esos años previos a la conquista, la empresa de Pizarro, Almagro y Luque fue llamada por sus directores y funcionarios reales "la armada del Levante" y la región por conquistar, "la costa del Levante". En 1528, después del regreso de los soldados del segundo viaje de Pizarro, el uso de "Perú" ya había arraigado entre los residentes de Panamá (Porras, *El nombre* 66-69 y 86).

Por otra parte, el nombre de *América* circulaba desde 1507 en diferentes textos europeos no españoles sobre el Nuevo Mundo. Como es sabido, este topónimo fue acuñado por cosmógrafos y humanistas alemanes para nominar el territorio sudamericano, escenario de los viajes de Américo Vespucio.[8] Sin embargo, *América* no ingresará al castellano hasta muchas décadas después. A este respecto, Juan Gil ha notado que "son los extranjeros los que hablan de *América*; los españoles prefirieron mantener el ensueño colombino y se refirieron siempre a las *Indias*, especificando después *Occidentales*" (Gil 25). En *La Dragontea* de Lope de Vega, poema épico publicado en 1598, escrito a propósito de la noticia de la muerte de Francis Drake en el Caribe en 1596, el poeta usa ya el nombre de *América* (octava 656). El adjetivo *américo* —casi medio siglo anterior a los primeros usos de *americano* en castellano— aparece repetidas veces en las *Armas antárticas* y en un verso del "Discurso en loor de la poesía", en los preliminares del *Parnaso antártico*. El *Diccionario histórico de la lengua española* registra la primera ocurrencia de *américo* en 1602, precisamente en un texto épico religioso, *Templo militante*, del canario Bartolomé Cairasco, traductor de la *Jerusalén libertada* de Tasso. Este adjetivo es quizá muy moderno para que Cabello de Balboa lo utilice en su título de 1586, pero podrían haberlo usado en sus títulos los otros textos antárticos. Sin embargo, *américo*, aunque también pertenece a la geografía de la imaginación épica colonial, no tenía el atractivo ni las reminiscencias del término *antártico*.

A principios del XVII, el adjetivo *antártico* probablemente resonaría en España como propio de la imaginación épica americana. Así, Cristóbal Suárez de Figueroa en su texto misceláneo *El pasajero*, publicado en Madrid en 1617, imagina una burla a "un magnífico presbítero" que había llegado de México a Madrid con intención de publicar su *Poema antártico*, texto en "ocho mil octavas sobre un caso portentoso sucedido en su encomienda" (237-44). *El pasajero* describe con detalle cómo un grupo de letrados peninsulares ridiculiza *ese* tipo de literatura, representada en los versos del poeta mexicano. Más allá de las distancias entre México y el Perú, las convenciones de la escritura del presbítero conectan este poema mexicano con la imaginación antártica. La burla sobre el *Poema antártico* supone que Suárez de Figueroa identifica un tipo de escritura, una tradición, que vincula las convenciones del género épico con la materia americana.[9]

3. PERÚ ANTÁRTICO

Respecto del uso de *antártico* en el contexto virreinal, Raúl Porras Barrenechea señaló en 1943 que el adjetivo "antártico" significaba "peruano" o "sudamericano". Además, señalaba que podía identificarse un "ciclo antártico" en la poesía épica americana, posterior al ciclo araucano y más interesado en las cosas civiles que éste, de marcada temática antiluteranista y con presencia de corsarios o piratas. Porras le da un marco temporal muy extenso al "ciclo antártico", desde Cabello de Balboa hasta Pedro Peralta, es decir, desde finales del XVI hasta mediados del XVIII. Aunque es posible identificar un "ciclo antártico", éste no puede extenderse más allá de las primeras décadas del XVII. Ningún texto se identifica con el mundo antártico después de 1617, fecha de la inédita *Segunda parte del Parnaso antártico* de Diego Mexía. Por otro lado, desde el campo del lenguaje simbólico, los adjetivos "peruano" o "sudamericano" no son equivalentes de "antártico".

Por su parte, Alberto Tauro, en su libro de 1948 sobre la Academia Antártica, llama la atención sobre la insistencia en la calificación geográfica —antártico, austral— en los títulos de las obras de Cabello de Balboa, Dávalos y Figueroa, Diego Mexía y Miramontes, y en que esta adjetivación "parecía resumir una promesa de novedad e interés, pero también acusaba la proyección del espíritu hacia los problemas y secretos de la tierra" (15).

En nuestro corpus, el primer texto que se enuncia desde el mundo antártico es la *Miscelánea antártica* de Miguel Cabello de Balboa. El autor, español de nacimiento, clérigo establecido en América desde 1566, terminó su obra en 1586, después de diez años de trabajo. El propósito explícito del libro es aclarar el origen de "los indios occidentales". Sin embargo, la naturaleza del género misceláneo le permite ocuparse de la historia de los incas e insertar relatos diversos, como el extenso cuento de amores indígenas narrado en medio de la guerra de conquista. En esta diversidad de planteamientos y propósitos emerge y muestra su forma el mundo antártico de los letrados del Perú.

Con más fortuna editorial, en 1602 Diego Dávalos y Figueroa dio a la imprenta limeña su miscelánea, casi homónima de la anterior: la *Miscelánea austral*. En las páginas preliminares de ambas misceláneas, los autores explican sus títulos con razones semejantes y como disculpándose por la variedad intrínseca de sus materias. Cabello de Balboa justifica el título de su obra señalando, en primer lugar, que el nombre de "miscelánea" le fue puesto "por la forzosa mixtura de historia que consigo antecoge el hilo de su proceder", es decir, escribir el origen de los indios americanos desde el principio del mundo. Seguidamente agrega: "Fuele puesto el nombre de Anthartica respecto de la parte del Mundo donde se escrive: que es la sugeta al polo anthártico" (4). Por su parte, Dávalos y Figueroa señala asimismo que sus "coloquios y discursos" siguen el fluir vario de una conversación en la que es "forzoso tratarse muchas cosas" y que le añadió el "renombre de austral por haberse compuesto en esta región y parte del austro o sur, que es del polo antártico" (en el Prólogo "Al lector", f.s.n.). Seguramente Dávalos y Figueroa conocía el manuscrito de Cabello de Balboa o tenía noticia de él y prefirió el adjetivo "austral" para no repetir el título anterior. En ambos textos, el uso del adjetivo geográfico se justifica por la necesidad o el deseo de subrayar la perspectiva americana de la escritura.

Es necesario evaluar el uso de *antártico* en el título de la miscelánea de Cabello de Balboa, teniendo en cuenta la importancia de su reflexión lingüística. Su estudio de las palabras contribuye a establecer la identidad entre el Perú y la tierra de Ophir, nombre del bisnieto de Noé y, según Cabello de Balboa, topónimo original de todo el continente americano[10]. La *Miscelánea antártica* pretendía demostrar que el llamado Nuevo Mundo era en realidad parte del mundo antiguo, es decir, que los indios antárticos —los antípodas— descendían todos de Noé:

> [...] queda visto ser Ophir padre y origen de las naciones y gentes que abitan en esta parte de Mundo, que bien considerada es lo que antiguamente llamaron Antipodas los que no alcanzaron a saber tanto como el tiempo y el trabajo a mostrado a los que oy biven (Cabello de Balboa, 93).[11]

La identidad entre los nativos de "esta parte del mundo" y los antiguos antípodas le permite a Cabello de Balboa encontrar a los indios americanos en la misma memoria cultural y tradición letrada europea. Ya en el siglo VII, San Isidoro de Sevilla en sus *Etimologías* recogía este saber, a veces haciéndolo suyo, otras distanciándose:

> Además de estas tres partes [Europa, Africa y Asia] del orbe, existe una cuarta situada al otro lado del océano, en el sur, que es desconocida para nosotros a causa de los ardores del sol. Se dice que en sus confines habitan los legendarios antípodas (XIV, 5, 17).

Si la identidad de los indios descansa en la memoria de un saber antiguo y prestigioso, conocer a los indios es reconocerlos. El mundo antártico de Cabello de Balboa ocupa el referente poético y clásico de *antártico*. De esta manera, la *Miscelánea*, con su recorrido por múltiples textos, referencias eruditas y creencias populares, recupera e inventa una tradición cultural.

En este sentido, no discuto aquí el problema de la representación convencional de los indígenas, sino la forma en que lo indígena, es decir, una tradición no europea, se incorpora en la continuidad del relato de los textos antárticos.[12] Para Cabello de Balboa, los antípodas y la genealogía de Ophir representan los puntos en que la tradición clásica y bíblica se anudan a la "tela de nuestro estambre", como él mismo llama a su singular narración (410). En el·caso del poema de Miramontes, el mundo andino prehispánico y las sociedades de negros cimarrones integran el relato épico en diferentes claves literarias, como elementos pertenecientes a distintos tiempos y espacios de las regiones antárticas. El indígena contemporáneo de la realidad colonial de Miramontes no ingresa en el relato del poema, en el cual el inca Atahualpa y el intérprete Felipe —ambos ejecutados por Pizarro en Cajamarca— representan la ruptura que marca el principio de una nueva tradición. Desde ésta se sitúa el poeta para narrar los acontecimientos de finales del siglo XVI.

Ese lugar de enunciación y la mirada del narrador organizan los territorios del texto. La perspectiva de la mirada resulta especialmente relevante en una época en que los mapas y las cosmografías constituyen un "género" dominante. Para un poema como *Armas antárticas*, el cual comprende en sus versos desde Panamá hasta el estrecho de Magallanes, la visión o perspectiva del cosmógrafo, según ha demostrado Frank Lestringant en su estudio sobre André Thevet, puede operar como una poética. Quizá como un tropo, como se lee en la descripción de la esfera o "gran poma milagrosa" del mago Fitón en la *Araucana* de Alonso de Ercilla.[13]

La mirada del cosmógrafo, los viajes, conquistas y desplazamientos reales e imaginarios, conectan el territorio antártico con el género épico y el mundo de los indígenas. No deja de ser significativo que hacia el final de la *Miscelánea antártica*, después de haber recorrido los orígenes de los indios, la historia antigua de los incas y "lo que por el universo iba sucediendo",[14] Cabello de Balboa decida intercalar el relato de "amores de Quilaco Yupangui de Quito y Curicuillor del Cuzco". La inserción de este cuento indígena se justifica porque, según recuerda Cabello de Balboa, el título de *Miscelánea* exige que se trate también la materia amorosa. El relato se nos presenta como un traslado de una relación oral recogida por el autor en Quito, y que luego decide entretejer en la narración de las guerras entre Atahualpa y Huáscar y la llegada de los españoles a Cajamarca.

El cuento de Quilaco y Curicuillor presenta características que me excusan, por ahora, de estudiarlo con detalle; pero importa mencionar aquí su estructura épico-caballeresca. Haya sido inspirado en una fuente indígena o no, con este relato Cabello de Balboa hace más compleja y rica la tradición que soporta el mundo antártico y, al mismo tiempo, pone de relieve la vinculación necesaria entre lo antártico, la imaginación épica y el mundo indígena.

4. El caballero antártico

La noticia de la llegada del nuevo virrey del Perú, Juan de Mendoza y Luna, marqués de Montesclaros, generó un texto notable para pensar el imaginario antártico: la *Relación* de las fiestas que se celebraron en 1607 en el pueblo minero de Pausa. El texto fue publicado por primera vez en 1911 por Francisco Rodríguez Marín. Esta *Relación* ha merecido varios comentarios por la aparición sorprendente, en fecha tan temprana, del Caballero de la Triste Figura, don Quijote, en un pueblito de la sierra del Perú (véanse los libros de Irving Leonard 302-312 y Aurelio Miró Quesada 73). Más sorprendente aún, me parece, es el hecho de que a don Quijote lo anteceda otro caballero en el desfile, no menos notable: el Caballero Antártico, disfrazado de Inca, acompañado por decenas de indios.

En la fiesta, el mundo indígena aparece ordenado según la imaginación y convenciones de la literatura épica y caballeresca. La descripción detallada de los caballeros, y la participación de los espectadores en la fiesta (no había más de doce familias españolas en Pausa), revelan una pequeña comunidad de lectores capaces de reconocer e interpretar los signos de los disfraces. Dice la *Relación*:

> Estando corriendo las postreras lanzas entró por la plaza el Caballero antártico, que era el gran Román Baños, hecho el Inga, vestido muy propia y galanamente, con una compañía de más de cien indios vestidos de colores, que le servían de guarda, todos con alabardas hecha de magueyes, pintadas con mucha propiedad, de que era capitán el cacique principal de los pomatambos. Llevaba delante de sí el Inga un guión de plumería con sus armas, y él iba en unas andas muy bien aderezadas y detrás dellas iban muchas indias haciendo taquies a su usanda. El caballo le llevaba de diestro otro cacique muy galán, y con esta magestad se presentó por la tela con dos padrinos, sin llevar delante menestriles y atabales, sí sólo los tanborinos de los taquies, que eran tantos y hacían tanto ruido que hundían la plaza. Dio su letra, que decía:

> Por ser las damas qual son,
> me he vestido de su modo
> para conquistarlo todo.

La de su capitán decía:

> Por regusijar la fiesta
> de la nueva del Virrey
> venimos con nuestro Rey (108-9).[15]

La descripción se cierra con la insinuación de que el destinatario final de la fiesta de Pausa está en la corte de Lima, a través de la *Relación* que de ella hace el escritor anónimo. Recordemos que la fiesta celebra la llegada del nuevo virrey y poeta, marqués de Montesclaros. El desfile del Caballero de la Triste Figura y del Caballero Antártico —el disfraz de inca y de don Quijote— coexisten en una misma secuencia significativa, dentro del espacio literario. Ambos son nuevos en el mundo de las caballerías y de la literatura, como lo son también las circunstancias en que aparecen. Lo "antártico" evoca las regiones propias de la imaginación literaria, territorio indiscutible de don Quijote. Sin embargo, los "más de cien indios vestidos de colores", interpretando y bailando su propia música, ponen en cuestión los disfraces. Se trata de una situación cultural compleja, que confirma la estrecha relación entre épica y mundo colonial.

Podemos preguntarnos, regresando sobre lo ya expuesto, por qué Ramón Baños, este personaje de quien Rodríguez Marín dice, sin citar ningún documento, que llevaba "sangre de los indígenas, mezclada con la de los conquistadores" (82), decide llamarse a sí mismo "Caballero Antártico" y no, por ejemplo, "Caballero Peruano". ¿Qué campos de uso y qué connotaciones tenía "antártico" que "peruano" no podía comunicar?

5. Las *Armas antárticas* de Juan de Miramontes Zuázola

Miramontes Zuázola escribió su único texto literario conocido, *Armas antárticas*, unos veinte años después de arribar al puerto del Callao en 1588. Nació en España en 1567 y pasó a Indias hacia 1586. Antes de llegar al Perú, sirvió por algunos meses en Tierra Firme, cuando el pirata inglés Francis Drake saqueó Cartagena de Indias en 1587. Desde que pasó al Perú hasta 1604 sirvió en la recientemente creada Armada del Mar del Sur, constituida en 1579 después de la aparición de Drake en el Callao. La experiencia en esta armada y la relación con los antiguos militares que servían en ella, como Pedro de Arana, resultan centrales en la formación del imaginario antártico del poema.[16] En 1604 el virrey Luis de Velasco le concedió a Miramontes una plaza de gentilhombre en la compañía de arcabuces de la guarda del virrey. Esta compañía, como la de los lanzas, tuvo desde sus inicios una relación compleja con la institución de la encomienda. Fue creada en 1557, justamente para aquietar a los criollos "a quienes no hubiese caído repartimientos", según le recordaba el Rey en 1595 al virrey don Luis de Velasco (Hanke I, 18). El mismo año de 1604, el virrey le concedió el título de gentilhombre lanza a Pedro de Oña, quien diez años antes en el *Arauco domado* había escrito que de su padre conquistador nada había heredado, excepto el buen nombre. En los documentos virreinales, el nombramiento de Miramontes se justifica por los servicios militares prestados en la Armada del Mar de Sur, aunque probablemente su amistad con los virreyes haya sido el factor determinante. Después de 1604, Miramontes se instala permanentemente en Lima hasta enero de 1611, fecha de su muerte (Firbas, *Piratas* 99).

Armas antárticas se terminó de escribir en esa ciudad, entre los años de 1608 y 1610. La narración principal incorpora y transforma hechos militares ocurridos entre Panamá y el estrecho de Magallanes, entre los años de 1579 y 1587 y evita toda referencia autobiográfica. El poema se estructura desde la capital del virreinato, desde donde se proyectan las miradas hacia las diferentes fronteras del mundo antártico. El ambiente y tiempo internos del texto corresponden a un período de quietud militar, olvido de las armas y auge comercial limeños que se quiebran con la aparición de los piratas.

En la dedicatoria al marqués de Montesclaros, Miramontes escribe convencionalmente que su poema busca "rescatar del olvido los hechos de muchos españoles en conquistar, quietar y defender este reino". La primera octava del canto inicial declara el propósito del poema:

> Las armas y proezas militares
> de españoles cathólicos valientes,
> que por ignotos y soberbios mares
> fueron a dominar remotas gentes,
> poniendo al verbo eterno en los altares
> que otro tiempo con voces insolentes
> de oráculos gentílicos espanto
> eran del indio (agora mudas), canto (I, 1).[17]

Las declaraciones explícitas de los temas nos dan una idea falsa del plan y la complejidad del poema. "Conquistar, quietar y defender" tienen pesos disímiles en los veinte cantos de la obra. El relato de la conquista ocupa sólo una parte del canto I, mientras que las guerras civiles y "quietar" el Perú corresponden solamente al canto II. En cambio, la "defensa" del reino de los ataques de los primeros piratas ingleses se narra en once cantos. Los siete cantos restantes encierran el relato de amores prehispánicos entre Cori Coyllor y Chalcuchimac.

Las distintas partes del poema revelan la composición social del mundo antártico en Miramontes. Se trata de un territorio integrado por españoles, criollos, piratas "luteranos", negros cimarrones e indígenas, ubicados en planos de espacio y tiempo diferentes, pero con zonas de intersección altamente significativas. Como veremos más adelante, los indios ocupan el lugar y el tiempo de la fundación mítica del "Perú antártico", mientras que los cimarrones se sitúan en las nuevas fronteras del imperio, definidas por la presencia de las expediciones inglesas en Sudamérica. El imaginario social antártico se concibe desde la ciudad de Lima, centro político y cultural del virreinato y marco de enunciación de todo el poema.

En el canto I, el relato breve de la conquista del Perú tiene como *telos* la fundación de Lima, el tiempo primigenio de las *Armas antárticas*. El encabezado o sumario del canto resume así su contenido:

> Don Francisco Pizarro vence en Caxamarca a Atabaliba Inga, préndele y degüéllale y pasa adelante conquistando el Pirú. Funda la Ciudad de los Reyes.

Este sumario introduce bruscamente el lugar de Pizarro en la conquista. No queda duda aquí de que él es el responsable de la muerte de Atahualpa, tema que ya había generado un intenso debate textual hacia principios del siglo XVII. Sin embargo, la imagen de Pizarro es también la de un gigante, casi mítico, que "iba el ancho reino conquistando" e "ilustres ciudades fabricando" (I, 74).

A pesar de los versos críticos a la conquista, la voz del narrador mantiene siempre una perspectiva de equilibrio en sus juicios sobre los hechos iniciales de la guerra; en cambio, deja que el indio Felipe, traductor de los españoles, acuse abiertamente a Pizarro de "injusto y cruel" en un extenso discurso de argumentos lascasistas (I, 57). Felipe representa otra forma de disfraz de indio, el cual le permite al sujeto de enunciación articular su crítica de los conquistadores. Puestas en la voz del narrador o un personaje español o criollo, estas críticas habrían entorpecido los favores solicitados y menoscabado el elogio del poderoso que enmarcan el poema. La fórmula del disfraz complica el sentido del texto del lengua Felipe (como en el caso del Caballero Antártico) y lo hace, propiamente, un producto de las negociaciones de la vida colonial.[18]

Con la llegada de Francis Drake en 1579, el primer pirata que sorprendió las costas de Lima, las armas antárticas salen a explorar las fronteras de su territorio. La breve aparición del "Draque", después de su derrotero por el estrecho de Magallanes, acabó definitivamente con la seguridad militar sustentada en el aislamiento geográfico del virreinato. Desde ese entonces, el estrecho de Magallanes se volvió la puerta abierta imposible de cerrar, y obligó a los limeños a pensar en la posibilidad de la invasión extranjera y en los límites borrosos del Imperio. No debe olvidarse que en *Armas antárticas* el enemigo ya no es más el indio, sino el inglés "pirata caballero".

Sin embargo, la piratería generará en el poema, entre otras cosas, una cohesión imaginaria entre el mundo de Lima y los habitantes más explícitamente separados del reino: los negros cimarrones del poblado de Ballano.[19] Desde ahí, desde esa frontera de reacción al orden colonial, el rey Luis de Mazambique, rey de los cimarrones, dirige sus campañas de rescate de los demás negros esclavos:

> Viendo que es inferior a los de España
> jamás ante sus ojos se presenta,
> mas, enriscado en la áspera montaña,
> su regio mando y libertad sustenta.
> Algunas veces baja a la campaña
> y dentro en Panamá sacar intenta
> de noche, no sin prósperos sucesos,
> los negros que sus amos tienen presos (IV, 367).

El americanismo léxico *cimarrón*, término que emplea Miramontes sin necesidad de explicarse, nace con la misma realidad de la dominación colonialista y sus imposibilidades.[20] Los primeros usos documentados del término se refieren al animal, planta, indio o negro que, habiendo estado sometido al control doméstico español, regresa a su estado "salvaje", incontrolable y libre; pero no precolonial, porque la cimarronería implica siempre la tensión con ese orden. En este sentido, *cimarrón* es el opuesto semántico de *esclavo*, y el sintagma *negro cimarrón* comparado con *pieza de ébano* supone un desplazamiento de objeto a sujeto. Así, la construcción del negro como aliado militar en el mundo antártico se consigue gracias a su condición de cimarrón, es decir, a que es un sujeto libre y no un objeto comercial, y a la genealogía mítica que se le asigna como descendiente del pueblo cristiano de Etiopía.

La llegada del Draque por el sur coincide con la penetración del pirata Juan Oxnán [John Oxenham] por el norte, desde el mar Caribe hasta el Pacífico. Oxnán consigue en un primer momento aliarse con la comunidad de cimarrones de Ballano, pero después queda derrotado por las armas españolas, y por los mismos cimarrones que deciden regresar al lado hispano. Los desplazamientos de los piratas desde el istmo de Panamá hasta el estrecho de Magallanes marcan el vasto territorio sobre el que Oxnán posa su mirada en sueños: una geografía que el narrador describe como "la tierra del américo horizonte" (IX, 743).

Una vez capturado el pirata Oxnán nada más se dice sobre la situación de los negros cimarrones. Las fronteras del mundo antártico, diferentes de los límites políticos impuestos por la corona, revelan las fisuras del control imperial y los lugares de formación de las nuevas sociedades nacidas de la experiencia colonial.

La navegación desde la tierra de los cimarrones hasta la Ciudad de los Reyes es el marco de una extensa narración: "los amores de Chalcuchima y Curicoyllor y las diferencias de Chuquiyupanqui, Inga, y Chuquiaquilla, su hermano". El relato, narrado por el general Pedro de Arana a los demás soldados, se inicia con la siguiente octava:

> Cuando este Perú antártico famoso
> que al ártico hemisfero ignoto estaba,
> Chuquiyupangui, Inga poderoso,
> con absoluto imperio gobernaba
> en el fértil Yucay, un valle umbroso
> que a la corte del Cuzco lustre daba
> con su fecundidad y grato suelo
> aire templado y favorable cielo (XI, 940).

El lugar y tiempo del mundo indígena en el poema es el pasado remoto y la geografía pastoril; sin embargo, el uso directo o soslayado de ciertos nombres (Quisquis, Chalcuchimac, Chuquiyupanqui, etc.) y los mismos hechos referidos en el cuento (la guerra fratricida, el refugio en Vilcabamba) resuenan inequívocamente en la historia de la conquista del imperio incaico. Las convenciones pastoriles funcionarían también en este nivel, en el sentido de que la novela de pastores podía ser una novela en clave o de máscaras que ocultara a personajes reales de la corte.

La frase que abre el relato, el "Perú antártico famoso", de alguna manera resume el lugar mítico de los indígenas en el poema. El *Perú* y el adjetivo *peruano*, parecen aquí corresponder, como ya lo habíamos sugerido, al mundo del pasado y de la conquista. Antes de que el general Arana empiece con su relato, el general Trejo apela a la antigüedad y experiencia de Arana para saber de "algún notable caso sucedido / en el Pirú" (X, 936). Arana es el viejo baquiano, cuyo conocimiento de la tierra parece diluir la separación entre lo nativo y lo foráneo.

En todo el poema no se vuelve a usar el sintagma "Perú antártico", verso en el cual se sintetizan dos perspectivas narrativas: la de los antiguos conquistadores (es decir, "lo peruano") y la del proceso de la estabilización colonial ("lo antártico"). En el relato del idilio, la perspectiva del narrador principal se sobreimpone a la del personaje narrador, el viejo conquistador y baquiano Pedro de Arana. El texto parece proyectar la destrucción del mundo incaico hacia un pasado remoto y pre-hispánico.[21]

En los últimos tres cantos de *Armas antárticas* la narración se traslada a la costa del extremo sur del continente, en los relatos de la expedición de Sarmiento de Gamboa al estrecho de Magallanes y la llegada del pirata Tomás Candy (Cavendish) a Chile. Esas octavas no ocultan el fracaso de la Armada por controlar el espacio y a los pobladores del sur chileno y prevenir la entrada de piratas "luteranos" por el Estrecho.

Como en el caso del territorio de los cimarrones, la frontera del Estrecho es un lugar sin presencia imperial. Sólo aquí el indio "bárbaro intratable" continúa como enemigo. El extremo del mundo antártico es un espacio totalmente inhóspito, en donde

> Amenaza la tierra intolerable,
> nociva, estéril, fría, sin abrigo,
> el giganteo bárbaro intratable
> que declarado se ha por enemigo;
> el crudo y recio viento, el mar instable
> y el ver que si se siembra el rubio trigo
> a madura sazón no llega el fruto,
> por no verse jamás el suelo enjuto (XVIII, 1569).

En esas latitudes, tan distantes del orden cortesano de Lima, los piratas luteranos se muestran compasivos y humanos con los sobrevivientes de las abandonadas poblaciones que fundó Sarmiento de Gamboa. El momento del encuentro entre los ingleses y los hispanos en las soledades australes está cargado de dudas sobre la validez de los códigos del Viejo Mundo. Los católicos preguntan: "¿sois en Cristo bautizados, / seguís su santa fe y su iglesia pía?"; a lo que los ingleses responden: "Somos hermanos, / por Cristo redimidos y cristianos" (1582). Aunque el texto sugiere de inmediato que los piratas aclaran su fe protestante, ya los versos citados han establecido una identidad en Cristo que parece imponerse en aquellas regiones antárticas. Candy se muestra sensible al sufrimiento de sus enemigos y les ofrece salvamento:

> Juntaos, que en mi hallaréis obras de hermano,
> hasta que tierra cómoda se ofrezca
> donde queráis saltar, si del ultraje
> del mar salvare Dios nuestro viaje (XVIII, 1586).

El poema cierra abruptamente con la salida del general Arana en persecución de Tomás Candy. Nada dice el texto sobre el resultado de esta nueva empresa del general. Sin embargo, la presencia final de este personaje, luego de haber recorrido todo el texto, sugiere que Arana sería el modelo —quizá también la clausura— de las armas antárticas. No es, por lo tanto, justo afirmar, como se ha hecho muchas veces, que el texto está inacabado. En éste y otros poemas épicos cuya materia es contemporánea al tiempo de enunciación, el final constituye un problema propio del género.[22]

6. Escribir en los confines

Los significados de *antártico* no pueden aislarse de los géneros discursivos y de las tradiciones literarias en que aparecen. En este sentido, debe tomarse en cuenta la estrecha relación entre lo antártico y las regiones de la imaginación literaria épico-caballeresca y pastoril, dominantes en el siglo XVI. De otro lado, el género épico en América cumplió, en su momento, una función análoga a la fundación de las ciudades letradas: imponer orden, establecer jerarquías y recomponer los espacios. La épica criolla de Miramontes, aunque se enuncia ya desde la perspectiva de la estabilización colonial, mantiene la aspiración fundacional y ordenadora propia del género. Miramontes imaginó desde Lima un mapa antropológico, una utopía en la cual cada grupo humano ocupe un espacio y un tiempo fijos.

Lo antártico evoca el mundo de los confines, lugar de una doble fundación: literaria y social. Apela a un referente remoto, a una toponimia que no usaron los documentos oficiales ni los textos de los

Escribir en los confines • 207

conquistadores. Debe leerse como un término clave en la fundación de lo literario en América. Las "antárticas regiones" y los "américos linderos" de Miramontes son zonas que no corresponden a los reinos del Imperio, sino que definen sus propias relaciones y cronologías. Este mundo acepta en sus márgenes —entre indígenas, cimarrones y equívocos abrazos de cristianos y luteranos— la formación de nuevas comunidades marcadas por la experiencia colonial.

Notas

[1] Quiero agradecerle a Arcadio Díaz Quiñones sus comentarios y sugerencias al presente trabajo.

[2] La *Miscelánea antártica* de Miguel Cabello de Balboa, permaneció manuscrita hasta 1951; la *Miscelánea austral con la Defensa de Damas*, obra de Diego Dávalos y Figueroa se imprimió en Lima en 1602-3; el manuscrito de *Armas antárticas*, de Juan de Miramontes Zuázola se terminó entre 1608 y 1610; la *Primera parte del Parnaso antártico*, traducción de las *Heroidas* de Ovidio por Diego Mexía Fernangil, se publicó en Sevilla en 1608 e incluye el poema anónimo "Discurso en loor de la poesía", en el cual se menciona la Academia Antártica. En las páginas preliminares de su obra, Diego Mexia compara su desplazamiento con la vida de Ovidio y sitúa su propia escritura en la alta tradición poética. El *Parnaso antártico* lleva la poesía culta a los confines, y puede leerse como una reflexión sobre las colonias y los centros culturales. Véase la edición facsimilar preparada por Trinidad Barrera. Conocemos además dos encabezados de sonetos que mencionan la Academia Antártica, uno del "Licenciado Gaspar de Villarroel Y Coruña, abogado de la Chancillería Real de la Ciudad de los Reyes. Por la Academia Antártica al Licenciado Pedro de Oña", en los preliminares del *Arauco domado*, Lima, 1596. El otro, del "Licenciado Pedro de Oña en nombre de la Academia Antártica, de la ciudad de Lima en el Pirú", en *el Parnaso antártico* (Chang-Rodríguez, 87). Alicia de Colombí-Monguió ha estudiado detalladamente el petrarquismo en Dávalos y Figueroa.

[3] En su libro *Las promesas ambiguas. Criollismo colonial en los Andes*, el historiador Bernard Lavallé se pregunta, respecto del mundo criollo limeño en ese mismo período: "¿Qué sentido tenía exactamente y qué representaba en aquella época un término como el Perú? ¿Cuáles eran sus verdaderos límites? Los de la administración son fáciles de establecer, pero ¿qué significaban para un limeño que, como la mayoría de sus compatriotas, vivía de espaldas al interior del país?" (120). Estas preguntas de Lavallé inspiraron el primer borrador del presente trabajo.

[4] Cicerón en su *Somnium Scipionis*, sostiene la existencia de los antípodas. Los comentarios de Macrobio a Cicerón generaron todo un ciclo cartográfico durante el medioevo (Wroth 164).

[5] Juan Schöner, cosmógrafo de Nuremberg, en 1515 dibujó un estrecho entre el continente que llama "América" y un territorio antártico que denomina

"Brasilio Regio". No se sabe si Magallanes conoció este mapa antes de navegar el estrecho en 1520, y sólo se pueden conjeturar las fuentes, quizá portuguesas, de la geografía de Schöner. Los sucesivos mapas de este cartógrafo, así como las especulaciones sobre la insularidad de la Tierra del Fuego y el lugar de la *Terra Australis* en la cartografía del XVI y principios del XVII, pueden seguirse en los trabajos de Héctor José Tanzi y Lawrence C. Wroth.

[6] En el capítulo 61 de *Les singularités* dice Thevet: "Or ce peuple depuis le cap de Saint Augustin, & au delà iusques pres de Marignan [Marañón], et le plus cruel & inhumain, qu'en partie quelconque de l'Amerique" (f. 119v.). Estevão Pinto, en su traducción portuguesa del libro de Thevet, incluye una nota aquí: "Thevet quando menciona a America, refere-se à região continental abaixo do equador, ou melhor à sua França Antarctica" (363, n. 1).

[7] Joyce Tolliver en "Discourse Analysis and the Interpretation of Literary Narrative" sugiere que "[...] perhaps might a script be activated, not only by mention of elements familiar to the listener/reader, but also by certain stylistic features of the discourse itself which report the events forming part of the script." (272). Para la definición de *script*, la misma autora remite al libro de Roger Schank y Robert Abelson, *Scripts, Plans, Goals and Understanding* 41.

[8] En la *Cartographiae introductio* (Saint Dié, 1507), texto preliminar a la traducción latina de los *Viajes* de Americo Vespucio, el poeta y humanista Matthias Ringman y el cartógrafo Martin Waldseemüller, inventan los nombres "Amerige" y "America" para el Nuevo Mundo. Véase el trabajo de Harold Jantz, "Images of America in German Renaissance", en donde se analiza el pasaje en el que Ringman propone, con humor propio de un joven humanista, los nuevos topónimos (98).

[9] A modo de ejemplo equívoco de la tercera acepción de antártico, "Perteneciente o relativo a las regiones antárticas", el *Diccionario histórico de la lengua española* menciona este *"Poema antártico"* sin notar la referencia mexicana ni el uso paródico de Suárez de Figueroa. El *Diccionario* ignora los textos que discuto en el presente trabajo.

[10] José Durand en su artículo "Perú y Ophir en Garcilaso Inca, el jesuita Pineda y Gregorio García" señala que desde tiempos de Colón, autores como Pedro Mártir, Francisco Vetablo y Benedicto Arias Montano sostuvieron la tesis de que el Perú era la región bíblica de Ophir, abundante en oro. Fray Gregorio García en su *Origen de los indios* (1607) todavía argumenta en favor de la etimología de Perú proveniente de Ophir, y refuta al Inca Garcilaso. En cambio, en 1609 Juan de Pineda le contesta a García y sostiene que Perú no deriva de Ophir.

[11] Cabello de Balboa cita textualmente a Arias Montano: "Finalmente este Ophir (que antes nombramos) prudució y dio gentes y nombre a toda la costa continuada con el gran mar, y más adelante a dos regiones interpuestas entre dos mares, aunque ellas muy estendidas y largas y entre sí distantes" (108).

[12] Respecto de la representación del indígena en los textos coloniales, Rolena Adorno ha señalado que la visión europea del indio durante los siglos de la

conquista no reconocía la diferencia, sino que la asimilaba. En otras palabras, las percepciones intraculturales "no se concebían creyendo en la alteridad sino en la identidad" (55). Por otro lado, John H. Elliott, en sus estudios sobre el renacimiento, sostiene que la cultura clásica y judeo-cristiana, a través del humanismo, era lo suficientemente vasta y variada para absorber la novedad americana sin sufrir un verdadero impacto antropológico como resultado de los grandes "descubrimientos" (15 y 21).

[13] Fitón le explica al personaje Ercilla:
Y esta bola que ves y compostura
es del mundo el gran término abreviado,
que su dificilísima hechura
cuarenta años de estudio me ha costado (XXIII, 71).

La descripción de la "bola" corresponde al globo terráqueo de un cosmógrafo. Cuando Ercilla posa, alucinado, la vista en la esfera mágica o "globo" (XXIII, 69) contempla la batalla naval de Lepanto y encuentra que los combatientes aparecen con un rótulo que los identifica por su nombre, como si se tratara de un gran mapa:
Mirando, aunque espantado, atentamente
la multitud de gente que allí había,
vi que escrito de letras en la frente
su nombre y cargo cada cual tenía (XXIII, 84).

[14] Así se lee en la portada de la *Miscelánea antártica*, códice de la Universidad de Texas. Reproducido facsimilarmente en la edición de 1951 (entre las páginas viii y ix).

[15] Esta cita involucra otros problemas que exceden el interés del presente trabajo, por ejemplo, la representación del inca como dama y como "rey". Juan Carlos Estenssoro llamó la atención sobre este "inca-rey" en una conferencia dada en Lima en el Instituto Riva-Agüero, en agosto de 1998.

[16] La revisión de la escasa bibliografía sobre *Armas antárticas* puede verse en Firbas, *Piratas, cimarrones e indígenas*. Corrijo varias inexactitudes sobre la biografía de Miramontes. Sigo los documentos que guarda el Archivo General de la Nación en Lima. Las referencias completas pueden leerse en Firbas "Apuntes y criterios".

[17] Cito por mi edición en preparación. La numeración de las octavas coincide con la numeración de la edición de Rodrigo Miró en la Biblioteca Ayacucho.

[18] Otros casos de "disfraz de indio" en la épica americana pueden leerse en la arenga de Galvarino en el *Arauco domado* (canto XVII), y en las "razones" de Pailamacho en el *Purén indómito* (canto III) de Arias de Saavedra.

[19] Ballano fue personaje histórico. Dirigió a los negros cimarrones en la zona del Darién y aparece en numerosos textos coloniales, bien como hombre, topónimo o como arquetipo. En 1555-6 la situación en la zona del Darién llegó a ser tan crítica que el marqués de Cañete, nuevo Virrey del Perú, tuvo que pactar un armisticio con los cimarrones de Ballano (Mellafe 119).

[20] En cambio, Lope de Vega en su ya citada *La Dragontea*, explica el significado del término cimarrón, consciente de que su lector podría ignorarlo (ver octavas 37 y 412). Los cimarrones Luis de Mazambique y Jalonga son también

personajes de este poema de Lope (véase, especialmente el canto VI). La relación con *Armas antárticas* es explícita, aunque todavía no he podido descartar la posibilidad de una fuente común. En todo caso, debe estudiarse también la influencia inmediata de Oña sobre Lope, quien cita el *Arauco domado* (Lima, 1596) en *La Dragontea* (Valencia, 1598).

[21] Conviene tener presente que el relato de Quilaco y Curicuillor en la *Miscelánea antártica* se confunde con la misma disolución del imperio incaico. El final de la *Miscelánea* es también el final del relato de los amores de la pareja indígena. En esas últimas páginas, Cabello de Balboa confunde el tiempo histórico con el tiempo de la imaginación épico-caballeresca.

[22] En su estudio sobre "Épica y novela", M. Bakhtin describe la épica como un género que trabaja siempre con un tiempo absoluto y acabado, y para el cual los comienzos y finales son arbitrarios, ya que cualquier segmento de ese pasado está de por sí completo. La épica americana no se ajusta al modelo que discute Bakhtin, en cambio coincide con ciertos rasgos de un "género novelizado" (31).

BIBLIOGRAFÍA

Adorno, Rolena. "El sujeto colonial y la construcción cultural de la alteridad". *Revista de Crítica Literaria Latinoamericana* 28 (1988): 55-68.

Arias de Saavedra, Diego. *Purén indómito*. [1606]. Concepción: Biblioteca Nacional y Universidad de Concepción, Seminario de Filología Hispánica, 1984.

Bakhtin, M. M. *The Dialogic Imagination*. Michael Holquist, ed. y Caryl Emerson/Michael Holquist, trad. Austin: University of Texas Press, 1981.

Barrera, Trinidad. "Diego Mexia de Fernangil, preferencias de un intelectual expatriado". *Conquista y contraconquista. La escritura en el Nuevo Mundo*. Julio Ortega y José Amor y Vázquez, eds. México: El Colegio de México, Brown University, 1994. 167-74.

Cabello de Balboa, Miguel. *Miscelánea Antártica*. [1586]. Introducción de Luis E. Valcárcel. Lima: Universidad Nacional Mayor de San Marcos (Instituto de Etnología), 1951.

Chang-Rodríguez, Raquel. "Epístola inédita de Pedro de Carvajal, poeta de la Academia Antártica". *Revista de Crítica Literaria Latinoamericana* 3, 2 (1976): 85-91.

Colombí-Monguió, Alicia de. *Petrarquismo peruano: Diego Dávalos y Figueroa y la poesía de la* Miscelánea austral. Londres: Támesis, 1985.

Dávalos y Figueroa, Diego. *Primera parte de la Miscelánea austral... en varios coloquios*. Lima: A. Ricardo, 1602-3. Microfilm del ejemplar de la British Library.

Durand, José. "Perú y Ophir en Garcilaso Inca, el jesuita Pineda y Gregorio García". *Revista Histórica* [Lima] 3, 2 (1979): 35-55.

Elliott, John H. "Renaissance Europe in America: A Blunted Impact?" *First Images of America: The Impact of the New World on the Old*. 2 vols. Fredi Chiappelli, ed. Berkeley: University of California Press, 1976. Vol. I, 11-23.

Ercilla, Alonso de. *La Araucana*. Marcos Morínigo e Isaías Lerner, ed. Madrid: Castalia, 1979. 2 tomos.

Firbas, Paul. *Piratas, cimarrones e indígenas en el discurso épico colonial americano. Estudio de Armas antárticas, poema de Juan de Miramontes y Zuázola*. Tesis de maestría. University of Notre Dame, 1995.

_____ "Apuntes y criterios para una edición anotada de un poema épico colonial: *Armas antárticas* de Juan Miramontes Zuázola". *Edición y anotación de textos coloniales hispanoamericanos*. Ignacio Arellano y José A. Rodríguez Garrido, eds. Madrid: Vervuert, 1999. 129-43.

Gil, Juan. "La épica latina quinientista y el descubrimiento de América". *Anuario de estudios americanos* 40 (1983): 203-51.

Hanke, Lewis (ed.). *Los virreyes españoles en América durante el gobierno de la casa de Austria. Perú*. Madrid: Biblioteca de autores españoles, 1978.

Isidoro de Sevilla. *Etimologías*. Ed. bilingüe. Texto latino, versión española, notas e índices por José Oroz Reta y Manuel A. Marcos Casquero. 2 vols. Madrid: B.A.C., 1983.

Jantz, Harold. "Images of America in the German Renaissance". *First Images of America: The Impact of the New World on the Old*. 2 vols. Fredi Chiappelli, ed. Berkeley: University of California Press, 1976. Vol. I, 91-106.

Lavallé, Bernard. *Las promesas ambiguas. Ensayos sobre el criollismo colonial en los Andes*. Lima: Pontificia Universidad Católica del Perú-Instituto Riva Agüero, 1993.

Lestringant, Frank. *Mapping the Renaissance World. The Geographical Imagination in the Age of the Discovery*. David Fausett, trad. Prefacio de Stephen Greenblatt. Cambridge: Polity Press, 1994.

Lohmann Villena, Guillermo. Estudio preliminar a la *Relación* de Pedro Pizarro. Lima: Fondo Editorial de la Pontificia Universidad Católica del Perú, 1986.

Miramontes Zuázola, Juan de. *Armas antárticas*. Biblioteca Nacional de Madrid, M. 3946, 294 fols.

———. *Armas antárticas*. Rodrigo Miró, ed. Caracas: Biblioteca Ayacucho, 1978.

Miró Quesada S., Aurelio. *El primer Virrey-poeta en América. (Don Juan de Mendoza y Luna, Marqués de Montesclaros)*. Madrid: Gredos, 1962.

Mellafe, Rolando. *Breve historia de la esclavitud en América Latina*. México: SepSetentas, 1973.

Mexía Fernagil, Diego. *Primera parte del Parnaso antártico de obras amatorias*. 1608. Edición facsimilar e introducción de Trinidad Barrera. Roma: Bulzoni Editore, 1990.

Oña, Pedro de. *Arauco domado*. Lima, 1596. Edición facsimilar. Madrid: Ediciones de Cultura Hispánica, 1944.

Porras Barnechea, Raúl. "El enigma biográfico de don Juan de Miramontes, y Zuázola, poeta antártico". *Revista Histórica* [Lima] 16, 1-2 (1943): 42-57.

———. *El nombre del Perú*. Lima: Talleres Gráficos Villanueva, 1968.

Real Academia Española. *Diccionario histórico de la lengua española*. Madrid: Imprenta Aguirre Torre, 1972.

———. *Diccionario de autoridades*. [1726]. Edición facsimilar. Madrid: Gredos, 1969.

Rodríguez Marín, Francisco. *El "Quijote" y don Quijote en América*. Madrid: Librería de los sucesores de Hernando, 1911.

Schank, Roger y Robert Abelson. *Scripts, Plans, Goals and Understanding*. Hillsdale, NJ: Erlbaum, 1977.

Suárez de Figueroa, Cristóbal. *El pasajero*. [1617]. M. Isabel López Bascuñana, ed. Barcelona: PPU, 1988. 2 vols.

Tanzi, Héctor José. "El continente antártico y la Tierra del Fuego en el siglo XVI". *Revista de historia de América* 100 (1985): 13-54.

Tauro, Alberto. *Esquividad y gloria de la Academia Antártica*. Lima: Huascarán, 1948.

Thevet, André. *Les singularités de la France antarctique, autrement nommée Amerique et de plusieurs terres et îles découvertes de nostre temps*. [1558]. Edición facsimilar. París: Les temps, 1982.

———. *Singularidades da França Antarctica, a que outros chamam de America*. Prefacio, traducción y notas de Estevão Pinto. São Paulo: Companhia Editora Nacional, 1944.

Tolliver, Joyce. "Discourse Analysis and the Interpretation of Literary Narrative." *Style* 24, 2 (1990): 266-83.

Vega, Inca Garcilaso de la. *Comentarios reales.* [1609]. Ángel Rosenblat, ed. Buenos Aires: Emecé, 1943.

_____ *Relación de la descendencia de Garci Pérez de Vargas.* [1596]. Raúl Porras Barrenechea, ed. Lima: Instiruto de Historia, 1951.

Vega Carpio, Félix Lope de. *La Dragontea.* [1598]. Burgos: Museo Naval, 1935. 2 tomos.

Wroth, Lawrence C. "The Early Cartography of the Pacific." *The Papers of the Bibliographical Society of America* 38.2 (1944): 87-268 + 22 mapas (MLA, 1995, 4.10.9) remite a Fleischer E: *A Style Manual for Citing Microform....*

Santa Rosa de Lima y la identidad criolla en el Perú colonial (ensayo de interpretación)

Teodoro Hampe Martínez
Pontificia Universidad Católica del Perú

Pongamos por delante la hipótesis que preside este ensayo: la diligente elevación a los altares de Rosa de Santa María (1586-1617), primera persona nacida en América que fue canonizada por la Iglesia católica, tuvo como incentivo el interés político de las elites criollas del virreinato del Perú, las cuales buscaban consolidar su ascenso como grupo de dominio económico-social. Para fundamentar esta idea haremos unas consideraciones generales acerca de los testigos limeños que intervinieron en el proceso de canonización de Santa Rosa y, luego, reflexionaremos sobre el tema de la identidad criolla en el siglo XVII desde la perspectiva del arte, de los simbolismos icónicos, de las representaciones mentales y de factores concretos de la sociedad y la economía que rodearon a Isabel Flores de Oliva. No será ésta la primera vez en que se trata de establecer dicha vinculación entre la patrona de Hispanoamérica y las circunstancias de su tiempo, pero la noción queda aquí bien sustentada a través de múltiples testimonios de la época y de inferencias que podemos levantar en la actualidad.[1]

1. Los testigos de Santa Rosa: una prosopografía

Forman un conjunto de 210 los testigos que brindaron declaraciones en las dos consultas que se hicieron en Lima sobre la vida, virtudes y milagros de Santa Rosa: primero fue el proceso ordinario de 1617-1618, realizado a iniciativa del arzobispo Bartolomé Lobo Guerrero,[2] y después el proceso apostólico de 1630-1632, desarrollado según las formalidades exigidas por los jerarcas de la Iglesia en Roma.[3] La mayor parte de estos testigos poseían el mismo sexo que Santa Rosa: había 113 mujeres (53,8 por ciento) frente a 97 varones (46,2 por ciento). El rasgo del analfabetismo estaba más extendido por cierto entre las mujeres, lo cual parece obvio en una sociedad en que sólo las doncellas nacidas de buena cuna y las que entraban en vida monacal podían acceder a las letras; 58 de las declarantes femeninas (51,3 por ciento) y 4 de los masculinos (4,1 por ciento) carecían de la habilidad de leer y escribir. Hay que tener en cuenta, sin embargo, que Rosa de Santa María no corresponde al modelo de la "monja escritora" y que sus emblemas místicos tuvieron muy restringida difusión, por lo cual la fama de sus virtudes y acciones milagrosas se transmitiría sobre todo oralmente, entre la población letrada y no letrada por igual. Una reciente tesis doctoral del ámbito universitario norteamericano ha examinado con detalle la composición y significado icono-léxico de las *Mercedes del alma* y la *Escala mística* (fechables alrededor de 1608), asignándoles un lugar de privilegio dentro del discurso femenino de la época colonial (cf. Ibáñez-Murphy, esp. el Cap. 3). Ambos paneles se guardan, al margen de la curiosidad del investigador común, en el convento de Santa Rosa de las Madres, erigido en el mismo lugar donde falleciera la santa en Lima.

¿A qué estatus o categoría profesional pertenecían los privilegiados testigos de Rosa? Buena parte de ellos provenían del ámbito religioso, ya fuesen obispos o dignidades de iglesias catedralicias, superiores o frailes de órdenes conventuales, clérigos presbíteros, abadesas, monjas o novicias de comunidades recoletas, o siervas terciarias de alguna congregación. En cifras exactas, había 49 religiosos entre los declarantes masculinos (50,5 por ciento) y 22 religiosas entre las declarantes mujeres (19,5 por ciento). Cierto es que Isabel Flores de Oliva frecuentó mayormente a confesores de la Orden de Predicadores y la Compañía de Jesús, permaneciendo en cambio alejada de los recogimientos e instituciones eclesiásticas femeninas: por esto las compañeras del bello sexo que depusieron en su favor eran sobre todo viudas, madres o hijas que residían en familia.

Dentro del grupo de varones, los oficios no eclesiásticos se hallaban repartidos de manera bastante equitativa. Había siete burócratas de la administración virreinal, seis titulares de oficios menores (chacareros, fundidores, carpinteros, boticarios), cuatro encomenderos de indios, cuatro artistas (pintores, doradores), cuatro estudiantes de colegio o facultad, tres profesionales (abogados, médicos), tres mercaderes y dos esclavos. Por desgracia, faltan datos acerca de un grupo indeterminado de catorce testigos, que conforman el 14,4 por ciento de los varones.

Respecto al grupo de declarantes femeninas, no se puede naturalmente ensayar una categorización profesional de ese tipo, ya que las normas consuetudinarias de la época constreñían a las mujeres a dedicarse a las actividades domésticas —bajo la tutela masculina del padre o esposo— o a consagrarse a la vida religiosa contemplativa, al servicio de Dios. Entre las testigos de Santa Rosa, cuatro (3,5 por ciento) no gozaban del estatuto de libertad: eran esclavas de procedencia africana. En el conjunto mayoritario de mujeres libres adscritas a la sociedad civil había treinticuatro casadas (30,1 por ciento), veintinueve viudas (25,7 por ciento) y veintitrés solteras (20,4 por ciento) (Hampe Martínez, "Los testigos de Santa Rosa").

Veamos ahora el conjunto de datos propio del expediente apostólico de 1630-1632, donde se encuentra información sistemática sobre el lugar de nacimiento de los testigos. Dentro del sector masculino formaban una notable mayoría los individuos de procedencia "criolla", vale decir, oriundos de la ciudad de Lima, de otras poblaciones del Perú actual y de otros territorios coloniales de Hispanoamérica: éstos eran treintisiete, o sea 56,1 por ciento. Su oriundez tendía a ser muy variada, ya que venían de sitios como Panamá, México, Quito, Chuquisaca, La Paz, Potosí, La Imperial y Santiago de Chile, y de pueblos de menor categoría en Nicaragua o Paraguay. Por contraposición, los originarios de la Península Ibérica (conjunto en el que un par de lusitanos reforzaban a los españoles) eran veintiocho, o sea 42,4 por ciento. Un solitario representante africano, el negro ladino Antón Bran, de Bissau (Guinea), completaba este esquema intercontinental.

Mujeres eran la mayor parte de los testigos consultados en el proceso apostólico, y entre ellas primaban largamente las "criollas" que se declararon nativas de Lima, de diversas provincias peruanas y de otros dominios hispanoamericanos: tales eran nada menos que sesenta de las declarantes, vale decir, un 74,1 por ciento del total. Había en este grupo media docena de testigos oriundas de la ciudad de Huánuco (sujeta a la jurisdicción eclesiástica de Lima), al lado de otras provenientes del callejón de Huaylas, Trujillo, Barranca, Huaura, Huamanga, etc. Más lejanas en su naturaleza eran las mujeres que provenían de Panamá, Quito, Cuenca, Tunja, Chuquisaca, Potosí, Santiago del Estero y aun Valdivia. Como se deja entender, estaban en minoría las testigos que declararon ser nativas de la Península Ibérica —eran dieciocho (22,2 por ciento)— y las esclavas de raíz africana (de las cuales había dos).

Uno de los índices más valiosos para emprender la prosopografía o biografía colectiva de los testigos de Santa Rosa, es justamente aquél de la relación numérica criollo-peninsular. Si volvemos a las cifras globales del proceso apostólico, juntando varones con mujeres, tenemos que hubo 97 declarantes de origen indiano (67,8 por ciento) frente a 46 declarantes de origen europeo (32,2 por ciento). ¿No estamos aquí ante un dato esencial para comprender las bases ideológicas *criollistas* del fenómeno, en tanto que fueron hombres y mujeres del mismo estamento socio-racial de Rosa quienes testificaron preponderantemente acerca de sus virtudes cristianas, sus prodigios místicos y sus obras milagrosas? Los súbditos peninsulares también intervinieron en el proceso, pero en un lugar secundario, como sector minoritario —e inclusive menos poderoso— dentro de la nueva sociedad americana que se gestaba en las ciudades precisamente a lo largo del siglo XVII.

No es dable afirmar, por lo demás, que la extraordinaria "beata" Rosa de Santa María tuviera como audiencia principal a los sectores más bajos o marginales de la sociedad limeña. Entre los testigos figuraban prominentes funcionarios de la Real Audiencia, la Santa Cruzada y la milicia, catedráticos de la Universidad, canónigos de la iglesia metropolitana, encomenderos de indios y ricos hombres de negocios, que pertenecían a la clase alta. También hallaban cabida los estratos medios a través de artesanos, pintores, estudiantes, frailes, pequeños mercaderes y gentes de oficios menores, mientras que los sectores pobres o dependientes (esclavos, criados) poseían asimismo una simbólica representación. Las mujeres que brindaron declaraciones provenían de los mismos estratos altos, medios y bajos que hemos mencionado, como un espejo o complemento de aquella diversidad social.[4]

Lo que resulta claro, entonces, es que el conjunto de testigos refleja diáfanamente la composición y relaciones de poder al interior de la sociedad virreinal. En aquellos conglomerados urbanos o "repúblicas de españoles" —espacios donde convivían ricos propietarios, medianos empleados y una legión de servidores— primaba ya a comienzos del siglo XVII la población de origen criollo. La ciudad de Lima, en concreto, halló su representante ideal en Isabel Flores de Oliva, devota, virgen y bella, mujer de buena cuna y educación, ni muy pobre ni muy rica, y resolvió impulsar firmemente la causa de su elevación a los altares. No fue el interés de una clase en especial, sino la suma de expresiones (o testificaciones) de los más diversos estamentos de la población, lo que garantizó el éxito de su proceso de canonización.

En medio de un ambiente de efervescencia religiosa, se multiplicaron en aquella época en Lima los interrogatorios de testigos sobre las virtudes de siervos y siervas de Dios (se dice que hubo durante la decimoséptima centuria algo más de cuarenta procesos diocesanos). Al respecto, Fernando Iwasaki Cauti ha apuntado que las figuras de santidad que florecieron en la capital se caracterizaron por su condición marginal y popular, afirmación que referida a nuestra "beata" criolla —hija de un arcabucero de la guardia virreinal— parece bastante discutible. Es más, el citado historiador yerra sin duda al señalar que "los hombres y mujeres que testificaron las virtudes heroicas de los santos coloniales pertenecieron a la plebe de Lima y fueron los verdaderos artífices y beneficiarios de las gracias de aquéllos" (Iwasaki Cauti, "Vidas de santos y santas vidas" 50).

Al revés, tenemos la percepción de que una mirada de conjunto a los testigos de la vida, virtudes y milagros de Santa Rosa ayuda a conocer la formación y composición de la sociedad indiana colonial. De las testificaciones de su proceso se desprende la insoslayable vinculación de la "flor de Lima" con las inquietudes y el ambiente donde surgieron el protonacionalismo y la conciencia criolla.

2. Santa Rosa en el imaginario y el arte

Situado en el terreno de la antropología histórica, Ramón Mujica Pinilla ha ofrecido un denso y brillante ensayo acerca de la mística y los afanes políticos que rodearon a Rosa de Santa María. Analiza en esta contribución el universo espiritual de la santa, con sus antecedentes europeos y sus fundamentos teológicos e intelectuales. Utiliza para ello los expedientes del proceso de canonización y las hagiografías clásicas del siglo XVII, así como una serie de autores modernos (sobre todo ingleses y estadounidenses) que han abordado cuestiones como la representación del cuerpo, las automortificaciones, la astrología, las profecías, las herejías, la iconolatría y las imágenes míticas en Europa medieval.[5]

Acerca de la representación de Rosa en imágenes pictóricas del Seiscientos y del Setecientos, el citado estudioso se empeña en señalar su vinculación con los atributos de la diosa Astrea, la abanderada de la justicia dentro de la mitología helénica. Según esta postura, el ancla que porta usualmente la virgen limeña sería un símbolo de esperanza, de confianza en la restauración de una edad dorada de perfección espiritual. En un sentido más terreno, Santa Rosa se nos presenta como la intercesora de la monarquía hispánica ante el Cielo, la que equilibra la balanza de la justicia política y constituye la garante de toda concordia y paz (Mujica Pinilla, "El ancla de Rosa de Lima" 162-69).

Quizá justamente por haber vivido encerrada en un misticismo enfermizo, alejada de las relaciones y de las fricciones sociales, Isabel Flores de Oliva fue tenida por santa en la población limeña, que se sentía interiormente henchida de culpa a causa de sus constantes transgresiones de la moral. Aquella joven criolla representaba a la "beata" que sufría por expiar los pecados de la ciudad, mujer santa y firme en su penitencia, que tenía el don de comunicarse con Dios, predecir sucesos y granjear favores divinos y terrenales. Su comunicación con el exterior era voluntariamente limitada, pero ella fue elegida por la población de Lima como símbolo unificador y liberador de las tensiones características del coloniaje, según propone Luis Miguel Glave (*De Rosa y espinas, Economía, sociedad* 195).

Aparte los merecimientos espirituales y religiosos de la terciaria dominica, el hecho de que fuera elevada a los altares sólo un siglo y medio después de la incorporación de América del Sur a la civilización occidental determinó en el orbe católico un fuerte sentimiento de devoción hacia este fruto visible de la evangelización y, como corolario, la demanda de lienzos, tallas y estampas con su imagen (Flores Araoz 216). De ahí que resulte poco menos que imposible estudiar la iconografía completa de Santa Rosa, pues en innumerables iglesias, conventos, monasterios, santuarios, beaterios y ermitas del Nuevo Mundo, y hasta en oratorios particulares y en modestísimas viviendas, se rendía culto y veneración a la virgen limeña. Más aún, los antiguos cronistas y narradores convienen en que casi no había hogar en el virreinato del Perú donde no existiese una imagen suya, fuese ésta pintada, esculpida o grabada.

Pero su fama trascendió rápidamente los contornos de América para expandirse, desde la corte real de Madrid que la acogía con beneplácito, a todos los rincones de la enorme monarquía católica de los Habsburgo. A fin de demostrar unos milagros adicionales que justificaran su canonización, ya en 1670 los promotores de su causa recogieron declaraciones de testigos en provincias tan lejanas como Nápoles, Sicilia y Flandes.

No sorprende, por lo tanto, que la imagen santarrosina prendiera también con fuerza en el arte barroco de Europa occidental, donde fue representada mayormente en el clímax del ascetismo, mostrándola ante el "sentimiento doloroso y gozoso a la vez del éxtasis, considerado a lo largo del siglo XVII como la más genuina expresión de la santidad" (Bernales Ballesteros 2:45). Este aspecto místico prevaleció en Europa sobre los rasgos de gracia, humanidad y caridad que aparecen también en las biografías de Rosa, la cantante, tocadora de vihuela y amiga de las flores y los pájaros. Notables artistas de la época como el sevillano Bartolomé Esteban Murillo y el círculo de discípulos de Bernini, en Roma, se dedicaron a plasmar la imagen de la doncella criolla en capillas, altares, conventos y palacios.

Rosa de Santa María no es sólo la protectora oficial de la ciudad de Lima y de todas las Indias y las Filipinas, sino también la patrona de las monjas dominicas y de los jardineros y floristas en general. En virtud de su propio nombre y de su semblanza espiritual, el atributo más importante en el escenario iconográfico que la rodea son las rosas, que la santa lleva entre las manos o recibe de Nuestro Señor. También se distingue por su hábito blanco de terciaria de la Orden de Predicadores y porque frecuentemente sostiene (como San Antonio de Padua) al Niño Jesús en sus brazos. De igual manera que su paradigma de vida, Santa Catalina de Siena, lleva por lo general una corona de rosas, o bien una cenefa de espinas (Reau 6: 1171-1172).

Entre los atributos más constantes de la figura de la santa criolla está asimismo la palma, incorporada evidentemente a raíz de la vieja costumbre limeña de colocar una rama de palma y una guirnalda en el féretro de las doncellas. También aparece con frecuencia el ancla, que representa en sentido místico la salvación o la esperanza y que se ha explicado de modo más tangible por el protagonismo de Rosa de Santa María en un hecho histórico concreto, bastante conocido. Se trata de la incursión en aguas del Callao del pirata holandés Joris van Spilbergen, en julio de 1615, que provocó una natural conmoción entre los habitantes de la capital; fue en estas circunstancias en las cuales —se dice— la virgen limeña rezó con ahínco (y con éxito) por la salvación de su ciudad (Rodríguez Crespo 5: 26-28; y Bruno 109-10).

Con una perspectiva de análisis muy peculiar, Frank Graziano se ha fijado en el tropo de la representación de Isabel Flores de Oliva como una rosa. La simbolización de la rosa como perfección, pureza, completitud, esperanza mesiánica, puede hallar su contrapartida —advierte— en un sentido carnal (la defloración) que nos remite por extensión a las mortificaciones corporales de la virgen limeña (Graziano, "Rosa de Lima and the tropes of sanctity" 51-53). La autotormentación de Santa Rosa, entendida como acto de romance místico, de unión con el celestial Esposo, remite también a cierta desviación o sublimación de la sexualidad normal. Hay en esto como una simbólica mutilación del cuerpo, que le impide a ella experimentar el amor carnal y origina el desvío de esta carga afectiva mediante el dolor, el sufrimiento, el ascetismo.

Además de la transformación simbólica del amor mundano en amor místico, el tropo de la rosa nos muestra a Isabel como la representación metonímica de las colonias hispanoamericanas. La virgen limeña es expuesta figurativamente como el fruto más perfecto del "jardín edénico" del Nuevo Mundo y como el agente mesiánico de la salvación de estas tierras. Para expiar las impurezas de nuestro jardín indiano se introduce a Rosa de Santa María bajo la forma de una víctima sacrificada a Cristo, penitente y atormentada con grillos, púas y espinas. La penetración del cristianismo en el virreinato queda finalmente consumada —según Graziano— a través del desposorio de la santa, o sea de la imaginaria defloración de la rosa hecha por el sublime Esposo (Graziano "Rosa de Lima" 54; "Santa Rosa de Lima" 195-99).

Así, pues, el ámbito espiritual de la doncella criolla se representa como un jardín por la contextura natural de su alma, por su compromiso cósmico y por la luz, que para ella (y para el misticismo del Siglo de Oro) es la esencia de la realidad. Estamos por cierto ante el caso de una personalidad carismática, cuasi mágica: la devoción popular apreció instintivamente la íntima relación que unía a Santa Rosa con las fuerzas telúricas, cósmicas, astrales. Se da aquí un curioso paralelismo entre la mitología o cosmovisión andina y las mentalidades de la sociedad americana.

Si tenemos en cuenta el propósito de fundación de una nueva y genuina cristiandad que animaba a muchos de los pensadores coloniales en el siglo XVII, puede decirse que el papel desempeñado por las *huacas* o pacarinas —divinidades de origen— en el mundo precolombino fue de algún modo trasladado a Rosa de Santa María dentro de la naciente sociedad criolla. Y esto llega al punto de que Waldo Ross asienta: "Santa Rosa es una huaca del proceso mesiánico de nuestra historia" (Ross 180). En medio de tal contexto, hay que considerar asimismo las investigaciones etnográficas que Luis Millones ha realizado sobre el culto moderno a Rosa en las comunidades andinas de Quives, Arahuay y Carhuamayo, y aun en la población cordillerana de Chillán, en el centro de Chile, donde persiste la veneración de la santa limeña (Millones, Caps. 1 y 4).

Sintetizando el problema, diríamos que la "flor de Lima" logró asimilar en su *performance* varios de los rasgos más distintivos y fundamentales de la religiosidad y la sensibilidad cultural de su tiempo. Se trata sin duda de la figura más excelsa del misticismo virreinal peruano, y por esta razón —a pesar del recluimiento en que vivía— logró gozar de enorme prestigio entre sus contemporáneos, especialmente en los años que siguieron a su muerte. Fue profundamente admirada por toda clase de gentes, quienes veían en Rosa de Santa María el reflejo de lo que ellas mismas quisieran haber sido, la materialización de los más altos ideales y valores por los cuales pretendían regir su conducta (Millones 184-86).

3. Santa Rosa, símbolo de la identidad criolla

El breve espacio de vida que tuvo Santa Rosa de Lima (31 años, de 1586 a 1617) coincide con circunstancias que favorecieron la estabilidad política del extenso virreinato peruano y su consiguiente apogeo económico. Mientras que España y la mayor parte de los países europeos entraban en una crisis de producción y un torbellino de guerras, en América —y sobre todo en el Perú— se daba una fase de notable expansión, con florecimiento del comercio y de haciendas, minas y obrajes (Romano 75-88 y 131-41). Fue también un momento en el cual la producción artística y literaria de esta colonia, junto con el florecimiento de instituciones de enseñanza, lograron configurar importantes patrones de la cultura virreinal. Al mismo tiempo se desarrolló la piedad popular, con manifestaciones ascéticas y una nutrida vida de conventos: esplendor material y misticismo, lujo y renunciación, aparecían entonces como las dos caras de una sola moneda (Lohmann Villena 1: ix-xii).

El ámbito indiano tenía necesariamente que producir un misticismo y un personaje de la talla de Santa Rosa, en que se engloban y armonizan una serie de elementos originarios de la civilización autóctona, como la sensibilidad y el antiguo universo cosmogónico del Tahuantinsuyu. En el mismo sentido se orientaba aun el discurso oficial de la Iglesia católica, conforme se manifiesta en la extensa bula de canonización de Clemente X, que justificó la elevación de Isabel Flores de Oliva a los altares y su proclamación como patrona de las Indias.

En dicha bula del 12 de abril de 1671, titulada *Caelestis Paterfamilias*, el sumo pontífice de la familia Altieri expresaba con claridad estas dos ideas: que la vida de Santa Rosa se hallaba ligada indisolublemente a la tierra americana y que la santidad de la virgen limeña era la luz mesiánica de América. Este texto relaciona a la joven "beata" con su tierra de origen, la llamada Ciudad de los Reyes, notando que la Providencia la había dispuesto para guiar a sus connaturales a la ciudad o morada del rey de los reyes, que es Jesucristo. Con ello el Papa no hacía más que probar una notable intuición histórico-cultural, ya que la tierra (*pachamama*) es el elemento básico de la religiosidad de los pobladores andinos y la luz, el componente nuclear en el misticismo español del Siglo de Oro (Cantù 181, 191).

No menos importante es que el curso vital y la obra milagrosa de la primera santa americana tienen lugar dentro del duro, y a veces grotesco, proceso de surgimiento de la Lima criolla virreinal. Se trataba de la búsqueda de identidad dentro de un mundo indiano en trance de maduración, donde los embustes, sortilegios y novelerías de la mentalidad barroca se combinaban con un misticismo acendrado (Glave 14-17 y Cap. 5). En este sentido, Rosa de Santa María fue una hija de su tiempo, un símbolo de la autoconciencia de la emergente "república" criolla, a tal punto que fue propuesta como patrona de Lima y de todo el Perú ya en 1632, mucho antes de ser oficialmente beatificada.

Impregnando con su ejemplo de piedad a la pequeña Lima criolla, ciudad de poco más de 30.000 habitantes, Rosa de Santa María constituyó una "beata" modelo porque no aceptó el matrimonio urdido por su familia, rehusó la clausura conventual y vistió sólo hábito de terciaria dominica. Mucho antes de que ella abandonara el hogar de sus padres para asumir una ambigua disciplina religiosa en casa del contador del tribunal de la Santa Cruzada, Gonzalo de la Maza, junto con un grupo de fervorosas devotas, la Inquisición española ya había advertido a sus comisarios en torno al peligro que representaba la ortodoxa piedad de aquellas mujeres.[6]

Conforme decían los inquisidores de Sevilla en una carta al rey Felipe II, de 1575, la forma de vida de las mujeres recogidas "se entiende que es invención de los alumbrados de este tiempo". Por lo tanto, observa Iwasaki Cauti, si Rosa de Santa María hubiera dado rienda suelta a su devoción en alguna ciudad española a principios del siglo XVII, quizá su suerte habría sido la misma que la de cientos de santurronas que vinieron a dar con sus huesos en las celdas de la Inquisición (Iwasaki Cauti, "Mujeres al borde" 583). Pero un azar insondable quiso que su destino estuviera en los altares y no en los calabozos. Otras mujeres limeñas, pertenecientes al círculo más íntimo de Rosa y acaso tan virtuosas como ella, no corrieron la misma suerte y fueron procesadas por el Santo Oficio de esta capital, en el auto de fe de 1625 (Hampe Martínez, *Santo Oficio e historia colonial* 100, 117-118).

Vayamos ahora al campo de las ideas políticas recurriendo al trabajo del historiador inglés David A. Brading, quien ha rastreado el proceso a través del cual los criollos o "españoles americanos" gestaron y definieron su propia identidad. Su excelente libro *The First America*, de 1991, reflejo de una investigación de largo aliento, pasa revista a la vida y obra de un conjunto de autores representativos de Hispanoamérica, desde la época de la conquista. Por oposición a la llamada "tradición imperial", apunta dicha obra, surgió en el curso del siglo XVII la corriente del patriotismo criollo. Su base radica en un cierto sentimiento de desposesión entre los descendientes de los conquistadores, que se rebelan contra la primacía de los ibéricos y evocan con nostalgia tanto la época heroica de la conquista como la grandeza exótica de las civilizaciones precolombinas. Interesa observar que el criollismo era una ideología plagada de contradicciones: los descendientes de españoles querían distanciarse físicamente de la sociedad indígena, pero al mismo tiempo glorificaban su pasado; guardaban enemistad hacia los inmigrantes de la metrópoli, pero al mismo tiempo conservaban su dependencia política. En realidad, anota críticamente Brading, el patriotismo criollo fue más el instrumento de una clase que de una nación (Brading 322). Esto se hace evidente sobre todo en el caso del Perú, donde la elite criolla permaneció renuente a adoptar el pasado indígena, porque la presencia de los descendientes de los incas —una especie de elite subalterna— quitaba al Tahuantinsuyu su carácter mitológico, extravagante, y daba a la situación ciertos visos de rivalidad étnica y social.

Al mismo tiempo, no podemos soslayar la necesidad de atender a los factores económicos y sociales, vale decir, a la infraestructura que sostuvo el despliegue de polémicas e ideas que conforman el criollismo colonial en los Andes. Aquel florecimiento de manifestaciones reivindicatorias, insertas en crónicas y tratados de diversa especie, tuvo lugar durante la fase de maduración de la sociedad virreinal. Fue ésa la llamada "era de impotencia" de la monarquía española, cuando el desarrollo productivo, la integración de mercados y la adquisición de cargos públicos por parte de los criollos alcanzaron niveles inigualados (Hampe Martínez, "Los funcionarios de la monarquía española" 110-12).

En la recta final del camino hacia la santidad de Isabel Flores de Oliva, a partir de 1665, la reina gobernadora María Ana de Austria brindó un dinámico y poderoso apoyo, aunque detrás de ella se encontraba el inquisidor general Juan Everardo Nithard —sacerdote jesuita y confesor de la reina— como verdadero promotor de la causa. Lo cierto es que se trató de una campaña del más alto nivel y con buena dotación de medios, orquestada por las autoridades del cabildo de Lima, la corte de Madrid y la congregación de Santo Domingo. Así lo evidencia la documentación original que hemos consultado, por ejemplo, las instrucciones a don Antonio Pedro Gómez Dávila, marqués de Astorga, quien ejerció la representación diplomática de España ante la curia papal de Roma entre 1667 y 1671.[7]

Las piezas de la correspondencia cambiada entre María Ana de Austria y su embajador en la Santa Sede traslucen el interés que existía al nivel de la corte por favorecer el ascenso de Santa Rosa a los altares. En la ceremonia solemne de abril de 1671, en la cual se celebró la canonización de "los tres nuevos santos españoles", la imagen de la doncella peruana estuvo acompañada de dos ilustres religiosos de origen hispánico, San Francisco de Borja y San Luis Beltrán. Así se confirma el aserto de Luis Miguel Glave en el sentido de que

> [...] la metrópoli y la jerarquía romana cayeron en la cuenta de la importancia de un símbolo y lo aceptaron, mientras los indianos querían el suyo y lo crearon. Tan pronto murió Rosa el mito se hizo carne en la mentalidad popular (Glave, *De Rosa y espinas, creación* 20-21).[8]

4. CONSIDERACIONES FINALES

La primera intentona por dar a Rosa de Santa María el título de patrona de la ciudad de Lima se remonta al 11 de octubre de 1630, o sea en pleno desarrollo de la información de testigos del proceso apostólico, cuando el convento de Santo Domingo formuló una petición en tal sentido ante los regidores de la capital. La reacción del ayuntamiento fue meramente tibia, limitándose a señalar que el patronazgo de Rosa podría darse junto con el de fray Francisco Solano, el franciscano andaluz y "apóstol de Lima", cuyo proceso de beatificación se hallaba simultáneamente en marcha. Pero subordinaba toda decisión al consentimiento de la Iglesia de Roma, pues no era usual que personajes no elevados a los altares gozaran de tal preeminencia.[9]

Finalmente, después de mantener el asunto largo tiempo en suspenso, un cabildo abierto realizado el 16 de agosto de 1669 puso a votación la propuesta de hacer patrona de su ciudad natal a Rosa de Santa María. Emitieron su opinión favorable el virrey conde de Lemos y los oidores de la Audiencia; los inquisidores del Santo Oficio; el tribunal de la Santa Cruzada; la Universidad de San Marcos; las congregaciones de Santo Domingo, San Francisco, San Agustín, Nuestra Señora de la Merced, la Compañía de Jesús y San Juan de Dios; el tribunal del Consulado; los colegios de San Felipe, San Martín y Santo Toribio; los cuerpos de milicia; los abogados; los caballeros de las órdenes militares; los relatores, los receptores y los procuradores de la Audiencia; los escribanos públicos y los de provincia; y los gremios de plateros, cereros y confiteros, cajoneros, médicos, cirujanos y barberos, albañiles, sombrereros, tejedores, espaderos, bodegueros, sastres, cerrajeros y herreros, pulperos, zapateros y zurcidores.[10] En otras palabras, todos los representantes de la sociedad corporativa criolla manifestaron su jubiloso consentimiento, con lo cual se adelantaban a la noticia de la proclamación oficial del patronazgo hecha en Roma (2 de enero de 1669).

Es preciso tener en cuenta que el proceso de santificación de Rosa requirió de ingentes desembolsos monetarios. Hay diversas referencias sobre las gestiones de carácter financiero que se emprendieron desde la década de 1630 ante el cabildo de Lima, cuando se votó una ayuda de costa de 3.750 pesos, pagaderos en el lapso de diez años. A esto podemos agregar una carta de octubre de 1668 firmada por el maestro general de la Orden de Predicadores, fray Juan Bautista de Marín, en la que solicitaba un aporte con vistas a la etapa definitiva de la canonización, "ayudando para el depósito que a de ser de quarenta mil ducados de plata, puestos en Roma [...]".[11]

Si las autoridades pertinentes se hallaban animadas a soltar tan cuantiosas sumas, es desde luego porque comprendían la importancia política del asunto. Era pues una cuestión de largas implicancias históricas y no simplemente una lucha de prestigio entre las órdenes conventuales, sobre todo las de San Francisco y Santo Domingo, que rivalizaban por llevar sus miembros a la categoría de santidad.

Retomando el sentido de nuestra hipótesis, ¿cuál es el protagonismo de Santa Rosa y las monjas y mujeres recogidas de su entorno dentro del criollismo colonial? Parece un hecho insoslayable que el escenario privilegiado de las luchas criollistas en América fue el mundo conventual, fenómeno que se explicaría porque los cenobios (tanto de mujeres como de varones) eran agrupaciones que reproducían bastante fielmente el abanico de la sociedad civil y ejercían, por ello, un poderoso influjo sobre todos los sectores de la población. Más aún —apunta Bernard Lavallé (163)—, los capítulos conventuales significaron la válvula de escape para rivalidades y rencillas que en otros contextos no tenían ocasión de manifestarse.

Dentro de ese convulso ambiente surgieron las crónicas conventuales y las hagiografías del siglo XVII, como expresiones paradigmáticas del criollismo militante en el Perú, y sobre todo del sentimiento limeñista. Entonces tuvo lugar, además, un activo proceso de venta de oficios públicos, incentivado por la bancarrota de la Corona española, que permitió a los colonizadores de buena situación económica acceder a los puestos de mando en el virreinato. Así, la administración del Perú escapó virtualmente al control de la monarquía y pasó a manos del estamento criollo.

¿No resulta lógico, en este contexto, sugerir que el proceso de canonización de Santa Rosa fue promovido por el interés de las nuevas elites urbanas, deseosas de consolidar su posición mediante la elevación de una representante suya a los sitiales de la cristiandad? Aquella doncella blanca, mujer de notable belleza y profundo recogimiento espiritual, que había vestido el hábito de dominica y se había vinculado con personas tan influyentes como el contador Gonzalo de la Maza, resultaba la figura ideal para ser promovida hacia los altares. De ahí se entendería que las autoridades civiles y eclesiásticas del virreinato, representando los afanes de la naciente aristocracia criolla, asumieran en seguida de su muerte (1617) la tarea de conseguir una "santa autóctona" para las colonias de Hispanoamérica.

Todavía no estaba desarrollado entonces un sentimiento de apego a la "patria chica", llámese peruana, mexicana, argentina, guatemalteca o colombiana, y lo que primaba entre la población indiana de origen blanco-español era la conciencia de una historia vivida en común por ser todos descendientes de los primeros colonizadores y hallarse afincados con profundos intereses en la tierra. No sorprende, por esto mismo, que la santa limeña fuese adoptada como un objeto emblemático y de veneración a lo largo de todo el Nuevo Mundo hispánico (según lo demuestran abundantes testimonios de la época) (Millones 14, 113; Mujica Pinilla 174-77). Así estaba dispuesto, además, en las regulaciones oficiales de la Iglesia, que le habían concedido el estatus de patrona en la integridad del continente americano.

Los expedientes de la causa de beatificación y canonización, así como la procedencia social y los objetivos de los agentes que la fomentaron, permiten observar claramente lasa raíces criollistas del fenómeno. En diferentes ámbitos —lo imaginario, lo artístico, lo político, lo social— se pueden acumular evidencias para ratificar, en suma, la noción de Santa Rosa de Lima como símbolo o coronación del emergente nacionalismo criollo del siglo XVII.

Notas

[1] Puedo remitir, en general, a mi propia contribución en la materia: *Santidad e identidad criolla. Estudio del proceso de canonización de Santa Rosa;* trabajo basado en documentación original de archivos y bibliotecas del Vaticano, Roma, Lima y otros lugares.

[2] Archivo Secreto Vaticano, Riti, 1570. Traslado auténtico del proceso ordinario de Santa Rosa, 334 fols.

[3] Archivo Arzobispal de Lima, Sección Eclesiástica. Expediente original del proceso apostólico de Santa Rosa, 928 fols.

[4] Sería interesante realizar una comparación de índole sociológica entre este conjunto de testigos y los que prestaron declaraciones, por ejemplo, en el proceso de beatificación de San Martín de Porras (donado y barbero en el convento dominico de Lima), con ocasión de los interrogatorios que se efectuaron en 1660, 1664 y 1671 en esta capital. Véase al respecto las consideraciones reflexivas de José Antonio del Busto Duthurburu en su biografía del santo mulato: "Son ópticas distintas las del hombre y la mujer, las del joven y el anciano, las del culto y el inculto, las del noble y el plebeyo, las del interesado y el neutral, las del amigo y el enemigo, para no hablar de otros. En conclusión, no hemos valorado a todos por igual, sino que — aplicando criterios de oposición, contraste y concordancia, de promediación y anulación— hemos preferido a los testigos que vieron, conocieron y trataron a fray Martín de Porras, dejando para un segundo lugar a los que sólo oyeron hablar de él y se acogen a lo que fue público y notorio" (Busto Duthurburu *San Martín de Porras/Martín de Porras Velásquez*, 14).

[5] Mujica Pinilla, "El ancla de Rosa de Lima". Entre sus fuentes modernas, hay que mencionar principalmente los estudios de Peter Brown, Caroline Walker Bynum, Norman Cohn, Giles Constable, Fred Gettings, Daniel J. Sahas y Marie Tanner.

[6] Tanto la sospechosa devoción de las "beatas" amigas de Santa Rosa como la vida profesional y personal del contador de la Maza han sido objeto de investigación en los últimos años. Véase al respecto Iwasaki Cauti, "Luisa Melgarejo de Soto y la alegría de ser tu testigo, Señor", y José Antonio Benito Rodríguez, "La modélica gestión del contador de la Cruzada de Lima, Gonzalo de la Maza".

[7] Hampe Martínez, "En torno a la canonización de Santa Rosa". La referida documentación se encuentra en la Biblioteca Pública y Universitaria de Ginebra, Collection Edouard Favre, vols. 43 y 45.

[8] En el plano de la simbología, otro punto digno de tomar en cuenta es la especie de compromiso cósmico que se da entre Santa Rosa y el Universo (cielo y astros). A través de su nacimiento, la virgen limeña parece asimilar todo el sistema de relaciones de la creación, como un "punto de acumulación" donde la historia se concentra para dar origen a un proceso mesiánico. En palabras más sencillas, apunta Waldo Ross, "Santa Rosa va a tomar sobre sus hombros el destino de toda la creación, y su personalidad religiosa define por primera vez, en forma integral, el destino mesiánico de América" ("Santa Rosa de Lima y la formación del espíritu hispanoamericano" 169).

[9] Archivo Histórico Municipal de Lima (AHML), Libro de Cabildos nº 20, acta del 11 de octubre de 1630, fol. 247, y Libro de Cabildos nº 21, acta del 30 de abril de 1632, fol. 149.

[10] AHML, Libro de Cabildos nº 28, acta del 16 de agosto de 1669, fol. 252.

[11] *Ibidem*, acta del 31 de agosto de 1669, fol. 255. En la misma comunicación, el P. Marín informaba sobre el difundido culto a la beata Rosa en tierras del

Sacro Imperio, Francia e Italia. Véase también la "Relación de las fiestas y gastos por la beatificación de Santa Rosa en la ciudad de Lima", compuesta por el regidor Pedro Álvarez de Espinosa, en AHML, Libro de Cabildos n° 28, acta del 28 de mayo de 1669, fol. 228v.

Bibliografía

Archivo Arzobispal de Lima, Sección Eclesiástica. Expediente original del proceso apostólico de Santa Rosa, 928 fols.
Archivo Histórico Municipal de Lima. Libro de Cabildos. Municipalidad de Lima.
Archivo Secreto Vaticano, Riti, 1570. Traslado auténtico del proceso ordinario de Santa Rosa, 334 fols.
Benito Rodríguez, José Antonio. "La modélica gestión del contador de la Cruzada de Lima, Gonzalo de la Maza". *Hispania Sacra* 48 (Madrid, 1996): 199-230.
Bernales Ballesteros, Jorge. "Santa Rosa de Lima en el arte europeo". *Temas de estética y arte*. 2 vols. Sevilla: Real Maestranza de Caballería de Sevilla, 1988.
Brading, David A. *The First America. The Spanish Monarchy, Creole Patriots, and the Liberal State, 1492-1867*. Cambridge: Cambridge University Press, 1991.
Bruno, S.D.B., Cayetano. *Rosa de Santa María. La sin igual historia de Santa Rosa, narrada por los testigos oculares del proceso de su beatificación y canonización*. Lima: Editorial Salesiana, 1992.
Busto Duthurburu, José Antonio del. *San Martín de Porras / Martín de Porras Velásquez*. Lima: Pontificia Universidad Católica del Perú, Fondo Editorial, 1992.
Cantù, Francesca. "Rosa da Lima: identità storica e trasfigurazione nell'imaginario sociale peruviano". En *Tradizione e sincretismo. Saggi in onore di Ernesta Cerulli*. Valeria Cottini Petrucci y Marco Curatola, ed. Montepulciano: Editrice Le Balze, 1998.
Flores Araoz, José. "Iconografía de Santa Rosa". *Santa Rosa de Lima y su tiempo*. Lima: Banco de Crédito del Perú, 1995. 213-302.
Glave, Luis Miguel. *De Rosa y espinas. Creación de mentalidades criollas en los Andes, 1600-1630*. Lima: Instituto de Estudios Peruanos, 1993.
_____ *De Rosa y espinas. Economía, sociedad y mentalidades andinas, siglo XVII*. Lima: Instituto de Estudios Peruanos & Banco Central de Reserva del Perú, 1998.

Graziano, Frank. "Rosa de Lima and the tropes of sanctity". *Public* 8 (Toronto, 1993). 49-55.
_____ "Santa Rosa de Lima y el cuerpo sacrificial". *Mujer y cultura en la Colonia hispanoamericana*. Mabel Moraña, ed. Pittsburgh: IILI-Biblioteca de América, 1996. 195-99.
Hampe Martínez, Teodoro. *Santidad e identidad criolla. Estudio del proceso de canonización de Santa Rosa*. Cuzco: Centro de Estudios Regionales Andinos Bartolomé de las Casas, 1998.
_____ *Santo Oficio e historia colonial. Aproximaciones al tribunal de la Inquisición de Lima, 1570-1820*. Lima: Ediciones del Congreso del Perú, 1998.
_____ "En torno a la canonización de Santa Rosa". *El Comercio* (Lima, 6 de mayo de 1998): A3.
_____ "Los testigos de Santa Rosa: una aproximación social a la identidad criolla en el Perú colonial". *Revista Complutense de Historia de América* 23 (Madrid, 1997): 113-36.
_____ "Los funcionarios de la monarquía española en América: notas para una caracterización política, económica y social". *Histórica* 16/1 (Lima, 1992): 89-118.
Ibáñez-Murphy, Carolina. *¿Primera escritora colonial? Santa Rosa de Lima, sus «Mercedes» y la «Escala mística»*, tesis Ph.D. Tucson, AZ: University of Arizona, Department of Spanish and Portuguese, 1997.
Iwasaki Cauti, Fernando. "Luisa Melgarejo de Soto y la alegría de ser tu testigo, Señor". *Histórica* 19 (Lima, 1995): 219-50.
_____ "Vidas de santos y santas vidas: hagiografías reales e imaginarias en Lima colonial". *Anuario de Estudios Americanos* 51 (Sevilla, 1994): 47-64.
_____ "Mujeres al borde de la perfección: Rosa de Santa María y las alumbradas de Lima". *Hispanic American Historical Review* 73, 4 (Durham, NC, 1993): 581-614.
Lavallé Bernard. *Las promesas ambiguas. Ensayos sobre el criollismo colonial en los Andes*. Lima: Pontificia Universidad Católica del Perú, Instituto Riva-Agüero, 1993.
Lohmann Villena, Guillermo. "Estudio preliminar a Francisco López de Caravantes". 2 vols. *Noticia general del Perú*. Madrid: Ediciones Atlas, 1985.
Millones, Luis. *Una partecita del cielo. La vida de Santa Rosa de Lima narrada por don Gonzalo de la Maza, a quien ella llamaba padre*. Lima: Editorial Horizonte, 1993.

Mujica Pinilla, Ramón. "El ancla de Rosa de Lima: mística y política en torno a la patrona de América". *Santa Rosa de Lima y su tiempo.* Lima: Banco de Crédito del Perú, 1995. 53-211.

Réau, Louis. *Iconographie de l'art chrétien.* 6 vols. París: Presses Universitaires de France, 1959.

Rodríguez Crespo, Pedro. "Santa Rosa de Lima". En *Biblioteca Hombres del Perú,* 1ra serie. 5 vols. Lima: Editorial Universitaria, 1964.

Romano, Ruggiero. *Coyunturas opuestas. La crisis del siglo XVII en Europa e Hispanoamérica.* México, DF: El Colegio de México & Fondo de Cultura Económica, 1993.

Ross, Waldo. "Santa Rosa de Lima y la formación del espíritu hispanoamericano". *Mercurio Peruano* 462 (Lima, julio-agosto 1966): 165-213.

Lima satirizada: Mateo Rosas de Oquendo y Juan del Valle y Caviedes

Pedro Lasarte
Boston University

La investigación literaria de los últimos años viene preocupándose por releer los textos de la colonia hispanoamericana en busca de una mejor comprensión de sus referentes históricos y sociales. Tal es el caso no sólo para las obras históricas sino también para las poéticas, que si bien se comprenden a la luz de una larga tradición literaria europea, o española, a la vez se leen ahora también como discurso que pone en evidencia algunos aspectos de su contorno propiamente colonial. En este breve ensayo me aproximaré a la obra satírica de dos poetas del virreinato del Perú: Mateo Rosas de Oquendo, de fines del siglo XVI, y Juan del Valle y Caviedes, de fines del XVII —autores cuya sátira entraña cierta comprensión de las encontradas relaciones entre diversos grupos de españoles que en esos momentos se hallaban en el virreinato del Perú—.

Pero primero algunas palabras sobre los dos autores. De Mateo Rosas de Oquendo se conoce poco: nace alrededor de 1559, en España, y viaja al Perú probablemente como miembro de la corte del Virrey García Hurtado de Mendoza, de quien llega a ser criado. En 1591 participa en la conquista de la región del Tucumán y en la fundación de la ciudad de La Rioja, donde es nombrado Contador de la Hacienda Real. Se le otorgan, asimismo, encomiendas en Cachanga y Camiquín. Luego, hacia 1598 abandonaría el virreinato del Perú para trasladarse a México, lugar donde probablemente pasa el resto de sus días, quejándose siempre de su mala fortuna.[1]

Juan del Valle y Caviedes también nace en España, en Jaén, en 1645. Llega a Lima de muy joven, pero ahora a una Lima más centrada en lo que se ha llamado el "período de la estabilización colonial". A diferencia de Rosas de Oquendo, quien viene a hacer las Américas como conquistador, Valle y Caviedes se dedica al comercio y a la minería. Sabemos que entre sus parientes se hallan dos Oidores de la Audiencia de Lima —don Berjón de Cabiedes y el doctor Juan González de Santiago (Lohmann Villena 39)— y que logra entrar en estrecha relación comercial con un miembro importante de la corte del Conde de la Moncloa, el general Juan Bautista de la Rigada y Anero (Lohmann Villena 68). Asimismo, el poeta contrae matrimonio con Beatriz de Godoy, hija de don Antonio de Godoy Ponce de León, hombre, según Guillermo Lohmann Villena, "espectable", "solvente" y de "alcurnia" (Lohmann Villena 28, 29). No obstante estas relaciones con los centros del poder, como con el caso de Rosas de Oquendo, Valle y Caviedes tampoco logra satisfacer sus ambiciones económicas. El poeta muere, en la pobreza, en Lima, hacia 1698.

Vistos, entonces, estos breves datos biográficos, pasemos a las obras literarias. Mi intención —como ya lo mencioné— es la de llevar a cabo una lectura de ciertos pasajes en el contexto del complejo trasfondo social en el cual vivieron los poetas. Cabe recordar que estos primeros siglos americanos sirven de campo de batalla para las encontradas alianzas y antagonismos entre diversos grupos de los habitantes españoles del Perú; es decir, en términos muy generales —y muy simplificados—, las rencillas entre los llamados criollos o "apegados a la tierra" y los chapetones o españoles "nuevos". Es mi intención también tratar de mostrar que las sátiras de estos autores, al enfocarse críticamente en la distorsión o la exageración, eluden simples alianzas ideológicas o políticas y nos permiten visualizar algo de lo posiblemente compleja y controvertida que habría sido la realidad social con la cual se enfrentaban los nuevos residentes del virreinato del Perú.

De las obras de Mateo Rosas de Oquendo, la que más se conoce es su "Sátira a las cosas que pasan en el Pirú, año de 1598", largo romance (de 2120 versos) que conlleva, entre otras cosas, un sermón que vitupera la vida, vicios y costumbres de la Lima virreinal, sermón que apoyado en la tradición literaria pasa revista a toda una serie de tipos y profesiones ya convencionalizados por el género satírico: viejos verdes, mujeres lascivas, adúlteros, cornudos, seductores, vírgenes falsas, soldados, esclavos, médicos, notarios, poetas, abogados, etc. En este sentido la *Sátira* de Rosas de Oquendo recoge un número de conocidísimos tópicos literarios; pero lo que hay que notar es que del juego entre la convención poética y el referente histórico se perfila cierta comprensión del mundo colonial.

Es importante ver que a ratos las acusaciones del narrador satírico recuerdan un conocido discurso denigrante hacia el criollo americano llevado a cabo por ciertos sectores españoles. Como nos ha mostrado en varias ocasiones Bernard Lavallé, en la época se pensaba que el contacto con la naturaleza y clima americanos le ocasionaba al criollo

—ya nacido o afianzado en América— una serie de males, entre ellos la fealdad y el "debilitamiento físico" (20). El narrador de la *Sátira al Perú* hace eco de tales creencias: su contacto con los aires de América —nos dice— habría "alacranado" su salud; y advierte que, según él, si algún día llegase a su patria, a Castilla, "no abrá fiera que me aguarde, / ni trataré con las xentes / y me serrarán las puertas / como atocado de landre" (2072-76). De modo semejante, en otro momento se quejará de que sin que sus "treintainueve navidades" todavía lo pidan él comienza ya a "platearse," es decir, a encanecer (1291-1292).

No es difícil imaginarse que las dificultades y penurias con que se enfrentaban los conquistadores bien podrían causar un prematuro envejecimiento, pero hay que ver que la última queja del narrador connota una ya olvidada creencia de la época, que él querrá asociar con la denigración del continente americano. El doctor Juan de Cárdenas, en su *Problemas y secretos maravillosos de las indias*, de 1591 —quien, dicho sea de paso, no tiene ninguna intención de difamar— tiene un capítulo titulado "Cuál sea la causa de encanecer tan presto los hombres en esta tierra". Allí explica Cárdenas que a los españoles la estadía en el Nuevo Mundo les causaba un exceso de flema, exceso que se expulsaba del cuerpo a través del pelo; es decir, en forma de canas. Según Cárdenas, los españoles sufrían de tal profusión de flema a causa del clima, a causa de la humedad de las regiones americanas, pero —más interesante aun— añade, por "los demasiados actos venéreos de que mucho usan en las Indias" (216). Si volvemos a Rosas de Oquendo, vemos que su narrador favorece esta segunda conjetura de Cárdenas, la de la vida licenciosa de la Lima virreinal, sobre todo la de sus mujeres. Entre las muchas acusaciones del poeta podemos destacar, por ejemplo, la predilección por el baile lascivo: "Vn sanbapalo comiensan, / con que las donzellas dansen, / que no hay rramera en Ginebra / que tantos meneos alcanse" (1203-06); o los deslices de la joven casada con el viejo: "La otra tiene un galán / discreto de lindo talle, / y cuando su viexo duerme, / se lebanta a regalalle, / y en la cama de la niña / suelen a solas holgarse" (1127-32).

El narrador confiesa su complicidad con este supuesto relajamiento sexual de las limeñas: "en vn desdichado tiempo / rrondaua yo vuestras calles / y adoraba vuestras cosas, / tan dinas de abominarse" (1283-1286), pero a la vez agradece burlonamente los efectos de su contacto con la vida licenciosa del Perú. Les dice a las limeñas —como hemos visto— que sin que su edad lo pida, comienza ya a "platearse," pero añade que "algunas beses me huelgo / de berme con este traje, / porque enfadadas de mí / huiáis" (1293-1296). El narrador nos da a entender, entonces, que sus achaques prematuros —su contagio del "landre" y su temprano encanecimiento— serían no sólo producto del contacto con los "aires" de Lima, sino también —recordando las ideas de Cárdenas— producto de su participación en los "actos venéreos de que muchos usan en las Indias".

Rosas de Oquendo parece tomar prestada una de las muchas creencias negativas sobre América y con ella integrarse al discurso difamatorio del Nuevo Mundo. ¿Es, entonces, el poeta, un representante de aquellos grupos de españoles que se enfrentaban con los criollos u otros apegados a la nueva tierra? Sí y no. Lo que hay que notar es que Rosas —y luego Valle y Caviedes— por medio de su poesía satírica sí critican severamente muchos aspectos de la realidad del virreinato del Perú, pero no toman claro partido con ningún grupo específico. Sus preocupaciones, más bien, parecen ser más que nada las de descubrir el engaño y la falsificación, sea esta de criollos o de españoles.

Como hemos visto, Rosas de Oquendo al principio parece unirse a las voces condenatorias que acusaban al Nuevo Mundo de ser nocivo para el español, pero hay que ver también que lo ha hecho en son de burla: recordemos que el narrador se alegra de un supuesto encanecimiento prematuro, de un afeamiento que lo haría poco agradable para los apetitos sexuales de las limeñas. No es sorprendente, entonces, que en otro momento, con seriedad, rectifique su adhesión a lo antes dicho. Sus contagios de "landre", su encanecimiento prematuro, y su predilección por el pecado venéreo —corrige en su "conversión"— no se deberían a las innatas condiciones del continente americano y sus habitantes, sino más bien a sus propias inclinaciones personales:

> ¡O mi Pirú mal pagado,
> perdóname, ilustre reino,
> que habiendo sido mi abrigo,
> vine yo a pegarte fuego!
> Traté mal tu presunción
> y descubrí tus secretos,
> ¡habiendo sido tu daño,
> hijo de mi mal ejemplo! (Vargas Ugarte 65).

Otro segmento del poema de Rosas de Oquendo en que también se ponen en tela de juicio algunas de la ideas o voces que circulaban en el virreinato del Perú hacia fines del siglo XVI refiere a los conquistadores menores que se sentían desplazados por una nueva clase burocrática y litigante. Rosas de Oquendo recibió encomiendas y llegó a ser "criado" del virrey, pero estas situaciones parecen no haber sido ni suficientemente buenas ni duraderas. Es quizás por esto que su narrador, en varias ocasiones, hace suyas las conocidas quejas de muchos de los viejos conquistadores, quienes, para entonces, habrían llegado a una penosa situación de pobreza y abandono. El narrador se lamenta:"Pasé por siglo de oro / al golfo de adbersidades: / ayer cortezano ylustre, / oy vn pobre caminante" (79-82), y sarcásticamente intenta desenmascarar el engaño y la pretensión de los advenedizos a corte:

> Maquinan torres de viento,
> consiben mil nesedades,
> vno pide situasiones,
> el otro pide eredades,
> el otro rrepartimientos (1595-1599).

Y luego, lleno de ira e indignación, nos recuerda que

> en leies de presunción
> se tiene por ynviolable
> que sólo goze del fruto
> quien lo rregó con su sangre (1635-1638).

El reclamo, tan típico del conquistador, es argumentado por Rosas de Oquendo al incluir un pasaje autobiográfico sobre su participación en la conquista:

> Vna bes fui en Tucumán
> debajo del estandarte,
> atronado de tronpetas,
> ....
> y quando el Gouernador
> tubo nonbrados alcalldes,
> hísome Jues Ofiçial
> de las hasiendas rreales.
> Juntámonos en cauildo
> todos los capitulares (1689-1702).

Y de inmediato reproduce —en estilo indirecto— fragmentos de una relación de servicios:

> que por franquear el sitio
> para pueblos y eredades,
> fuimos con muncho trauajo
> ....
> que peleamos tres días
> con veinte mil capaianes;
> salimos munchos heridos
> sin auer quien nos curase;
> que en pago deste seruisio
> nos acudiese y onrraze,
> enbiándonos esençiones,
> franquezas y liuertades (1705-1716).

El poema recoge, entonces, un discurso de gran importancia para los conquistadores en el llamado proceso de pacificación. Lo que debemos ver, sin embargo, es que nuevamente la *Sátira* de Rosas de Oquendo, en son de burla, se permite cuestionar tales peticiones, peticiones que sin duda alguna proliferaban en las oficinas virreinales. Como se aproxima la Cuaresma, nos dice el narrador, él ha de confesarse y rectificar el memorial enviado al virrey:

> yo rrestituio la honrra
> a los pobres naturales,
> que ni ellos se defendieron,
> ni dieron tales señales;
> antes nos dieron la tierra
> con muy buenas boluntades,
> y partieron con nosotros
> de sus asiendas y ajuares;
> y no me dé Dios salut
> si se sacó onza de sangre (1719-1728).

Recapitulemos, entonces, brevemente: tanto en este caso, el de una carta de petición de favores rectificada, como en el anterior, el de la acusación de una Lima dañina y licenciosa corregida, el poema de Rosas de Oquendo parece estar muy consciente de las interesadas exageraciones —o falsificaciones— que habrían de llevarse a cabo por parte de los diversos grupos que competían por el reconocimiento de sus propios intereses.

Avancemos ahora unos cien años para ver que con Juan del Valle y Caviedes ocurre algo semejante. Para el caso escojo un animado diálogo de preguntas y respuestas entre una "Vieja," asociada con la "curiosidad," y un joven "Perico" o "Periquillo," portavoz del "desengaño".

El diálogo, como con Rosas de Oquendo, se enfoca en algunos vicios morales de los habitantes de Lima, sobre todo las relajadas actividades que acompañarían ciertas prácticas religiosas, la pretensión de linajes, y el comportamiento lascivo y vanidoso de las limeñas —es decir, nuevamente vemos toda una misma tradición literaria como trasfondo del referente histórico virreinal.[2]

El diálogo empieza con la voz de un narrador externo que presenta a los dos personajes: "La anciana Curiosidad,/ frágil, femenil dolencia" que le hace preguntas "al niño de Cuacos,/ bobo de Coria en simpleza" (A 1-6).[3] Los personajes que dialogan son seres ironizados y rebajados por el narrador. La vieja, con su "anciana curiosidad," recuerda la "fragilidad" femenina iniciada por Eva; y su interlocutor, "el niño de Cuacos, bobo de Coria", es testimonio de la ignorancia y la necedad. En apego a la tradición serio-cómica estos personajes, dada su condición, serían capaces de relatar una verdad "no oficial" sobre la ciudad de Lima. Con palabras irónicas, y con la cabeza "mareada", la vieja requiere la verdad en torno a los pregones de la "fama parlera" (A 70-72), quien viene exaltando la superioridad de Lima:

> Niño Perico, pues vienes
> de aquella Cairo suprema,
> que son cortos arrabales
> las cortes más opulentas;
> con quien Roma es un cortijo;
> Nápoles, una aldehuela;
> Londres, un zaquizamí;
> París, una choza yerma.
> ....
> Contadme, niño, contadme,
> sin que la pasión te mueva,
> sus progresos, sus trofeos,
> sus máquinas, sus grandezas (A 13-28).

El Periquillo, quien viene de "allí", dadas su experiencia americana y sus limitaciones intelectuales, habría de ser un excelente reflector de la realidad para así satisfacer la curiosidad de su interlocutora. El contará lo que ve y oye "de pe a pa" —es decir de memoria, sin reflexión ni engaño— y esto aunque le "echen periquitos", es decir, que lo insulten (A 10-11) —pena que sin duda habría de sufrir el mensajero de la verdad.

En el diálogo hay muchas cosas: entre ellas una sátira de las aparatosas fiestas y paseos religiosos, que incluye una obligatoria referencia a las tapadas limeñas; una denuncia de la vana ostentación de riqueza llevada a cabo en los entierros y exequias limeños; y también una conocida censura del abuso del "don" y de la pretensión de linajes: "en esta Babel con sólo / el contacto de la huella, / se constituyen los sastres / en potentados de Grecia;/ los galafates, en condes;/ duquesas, las taberneras;/ en príncipes los arrieros, / y las gorronas, princesas" (B 135-42). Curiosamente —y en recuerdo de la tradición del *laus et vituperatio*— a lo largo de la denuncia de los habitantes de Lima hay también, intercalada, una defensa o alabanza de una "verdadera" nobleza, tanto entre hombres como mujeres. Así, por ejemplo, los interlocutores se ponen de acuerdo para no "profanar las excelencias" de "gloriosos héroes / que ilustran su alta nobleza" (B 107-10); o, en otro lugar, el Periquillo defiende a las "ilustres matronas," reclamando que su "prudente recato, / virtud, cordura y modestia / a la veneración toca / y no a la censura grosera" (B 223-26).

Ahora, dada la coexistencia de la denigración y la alabanza de ciertos sectores de los habitantes de Lima, hay que preguntarse dónde se sitúa el discurso satírico; es decir, desde qué perspectiva se enjuicia, o se alaba, a ciertos sectores de la ciudad de Lima. ¿Quiénes son los blancos de vituperación y elogio que se hallan detrás del lugar común y la referencia tópica? ¿De quién se queja y a quién ataca? La repuesta, como en el caso de Rosas de Oquendo, no es ni muy inmediata ni muy clara. Veamos.

Una primera aproximación a estas preguntas ha de hacerse, creo, otra vez, en el terreno de lo que se ha visto como la pugna entre "criollos" y "españoles". La conocida queja en torno a una "verdadera nobleza" que se ve opacada por el arribo de una nueva clase oportunista ha de mirarse en función del concepto que tenía el criollo americano de ser verdadero y legítimo descendiente de los conquistadores. Esto en pugna con los "otros", los "chapetones", a quienes percibía como "nuevos". El elogio de la "verdadera" nobleza española que residía en el virreinato formaría parte, entonces, de una "reivindicación" criolla. Un ejemplo de la época, que coincide con las alabanzas del poeta, se halla en el historiador criollo Fray Buenaventura de Salinas y Córdova. En su *Memorial de las historias del nuevo mundo Pirú* (1630), dice: "Los caualleros, y nobles (que son muchos, y de las mas ilustres, y antiguas casas de España) todos son discretos, gallardos, animosos, valientes, y ginetes. Las mugeres generalmente cortesanas, agudas, hermosas, limpias, y curiosas; y las nobles son con todo estremo piadosas, y muy caritatiuas" (246).

Tanto nuestro satírico Valle y Caviedes como el historiador Buenaventura de Salinas alaban, entonces, a una "verdadera nobleza", y también coincidirán en la denuncia de los "falsos caballeros". Recordemos lo que nos había dicho el Periquillo de Valle y Caviedes. Vuelvo a citar: "en esta Babel con sólo / el contacto de la huella, / se constituyen los sastres / en potentados de Grecia; / los galafates, en condes; / duquesas, las taberneras" (B 135-40). En Salinas hay algo muy semejante: su sátira es menos directa, pero no deja de serla. Luego del elogio de la nobleza peruana que vimos hace unos minutos, la de los "caballeros y damas discretos, gallardos y animosos", continúa enalteciendo al Perú, pero de paso se mofará de sus recién llegados, de sus advenedizos. La tierra del Perú —según las ideas de Salinas— sería muy benévola con todos sus nuevos residentes porque "en llegando a Panama, el rio de Chagre, y el mar del Sur los bautiza, y pone vn Don a cada vno: y en llegando a esta Ciudad de Reyes, todos se visten de seda, decienden de don Pelayo, y de los Godos, y Archigodos, van a Palacio, pretenden rentas, y oficios, y en las Iglesias se afirman en dos colunas, abiertas como el Coloso de Rodas, y mandan dezir Missas por el alma del buen Cid" (246). Vemos así, pues, que los dos autores —Valle y Caviedes y Salinas— comparten cierta posición en torno a los encuentros entre criollos y españoles: alaban a una "verdadera" nobleza y denigran el oportunismo de los recién llegados. ¿Hemos, entonces, de asociar al poeta con lo que Bernard Lavallé ha llamado en cierto momento el "criollismo militante" de Buenaventura de Salinas? (134). Sí y no. Hay, creo, entre los dos, una interesante e importante diferencia. La expresión criolla de Buenaventura de Salinas, su defensa del "antiguo" en contraposición al "advenedizo", se halla argumentada (en este caso al menos), en parte, por un continuado e hiperbólico encomio de la ciudad de Lima. Valle y Caviedes, sin embargo, parece atacar a la ciudad. Adentrémonos, entonces, un poco más en este asunto.

La exaltación de la llamada "Ciudad de los Reyes", como nos explica Lavallé, se dio en un principio como expresión de orgullo ante la habilidad de los primeros conquistadores españoles para crear de la "nada" un importante centro urbano y cultural. Agustín de Zárate y Cieza de León, por ejemplo, hacia mediados del siglo XVI, se habrían mostrado muy orgullosos de "la más bella realización española del país" (Lavallé 131). El segundo de estos dos afirmaría que en Lima "hay muy buenas casas y algunas muy galanas con sus torres y terrados y la plaza es grande y las calles anchas sus huertas y jardines [...] son muchos, frescos y deleitosos, [etc.] " (Lavallé 131). A principios del siglo XVII, luego de esta inicial alabanza de Lima como obra creada de la "nada", surge lo que el mismo Lavallé denomina el "fenómeno criollo"

(132), y con él también una defensa del virreinato, y de Lima, pero ahora —y esto es importante— como respuesta ante una creciente denigración española. Desde un principio el medio americano se había considerado como inferior al de España y, de acuerdo a las creencias de la época (recordemos lo que hemos visto de Rosas de Oquendo), se pensaba que América habría tenido un inevitable influjo negativo sobre sus habitantes; hasta tal punto que (y nuevamente debo citar de Bernard Lavallé) "en repetidas ocasiones —todavía a finales del siglo XVII— eminentes 'especialistas' españoles se preguntaban sin rodeos si, con el tiempo, bajo los efectos de la naturaleza americana conjugada con condiciones de vida particulares y con influencias astrales específicas, los criollos no vendrían a ser un día semejantes, en todo, a los indios" (110).

Ante tales amenazas de denigración española, el discurso criollo en su alabanza del Perú se convierte entonces en arma de combate. Fray Buenaventura de Salinas —de quien ya hemos leído una exaltación— dice que Lima ha llegado "a leuantar cabeça entre las mas ilustres ciudades deste nueuo Mundo, y de España, no solo por su fundacion, sino mucho mas por su autoridad, y nobleza" (106); y hace suyas, en traducción, las palabras de un pasajero por Lima, el "ilustrisimo Fr. don Francisco Gonçaga Arçobispo de Mantua":

> es tal el temple desta ciudad, tal la serenidad del ayre, la tranquilidad, y amenidad, que apenas tiene igual en todo el mundo [...] ni con el demasiado calor del Sol se abrassa en el Verano, ni con los elados frios se entorpece [... y concluye que] siempre goza de vn cielo tranquilo, y sereno (véase también Lavallé 112-113).

La alabanza del ambiente natural de Lima y su alrededores —como la que acabamos de leer— daría paso a la alabanza de sus moradores, invirtiendo la lógica de los detractores de la ciudad. Buenaventura y Salinas pareciera sugerir que los habitantes de un lugar perfecto tendrían que ser, a su vez, perfectos (Lavallé 134): "el natural de la gente comúnmente es apacible, y suave: y los que nacen acá son con todo estremo agudos, viuos, sutiles, y profundos en todo genero de ciencias, etc.", y concluye que "el clima del Pirú los levanta, y enoblece en animos, y pensamientos" (Salinas 246). Es importante, entonces, subrayar que esta alabanza de los habitantes del virreinato en Salinas —como en muchos otros criollos similares— se desprende del elogio de la ciudad de Lima. Tal elogio rápidamente pasará a convertirse en una suerte de "mitificación" de la capital del virreinato.[4] Y es sobre esto, creo, sobre la exagerada e hiperbólica representación de Lima, sobre la cual descarga su sátira Valle y Caviedes. El poeta, como hemos visto, comparte las denuncias de los advenedizos y se afilia con las voces de los "antiguos pobladores" o "hijos de la tierra," pero simultáneamente, como buen satírico, reconoce y repudia la exageración, la propaganda. Regresemos a su "Vieja Curiosidad".

A lo largo del diálogo entre la Vieja y el Periquillo hay numerosas referencias a la procedencia de la exaltación de Lima y sus habitantes. El elogio, nos dice la vieja, sería producto de algunos "paporretas" que le faltan el respeto con "apócrifas quimeras / de asombros, monstruosidades,/ maravillas, conveniencias /.../ de regalos y riquezas" (A 78-84). Y de inmediato quiere poner en tela de juicio lo que comúnmente se oye (o se lee) sobre el placentero y beneficioso clima de la Ciudad de los Reyes (para nosotros, ahora, esto recuerda lo que habíamos leído en Salinas y Córdoba). Cito las palabras de la vieja: "¿Qué me cuentas del celaje / que, según lo que exageran / sus patricios, el Empíreo / aún no llega a su belleza?" (A 97-100). El Periquillo corrobora sus sospechas ("del dicho al hecho hubo siempre / muy notable diferencia"A 101-02), y como "bobo" bien sabe de donde vienen tales exageraciones: "en cualquier tierra de Babia / suelen mentir sus babiecas" [A 103-104]). Tras la máscara de necio del Periquillo se esconde, entonces, un reconocimiento de la falsificación. Este parece ser un buen lector de los textos encomiásticos de Lima que circularían "por allí". Le advierte a la vieja, con un recuerdo burlesco de la sátira de la descripción poética, que estos discursos, "por dar / a sus errores más fuerza, / dirán que el cielo es pintado / sobre cristalino néctar; / que es de tela de cebolla, / bordada de lentejuela" (A 105-10). Y, autorizado por su conocimiento directo de la verdad, rectifica: el cielo de Lima, dice, se halla "las más veces, / cubierto de opaca niebla" (A 113-14) y puede "competir al limbo / o apostar con la Noruega" (A 115-16).[5]

A pesar de lo que pareciera a primera vista, no es mi intención poner a Fray Buenaventura de Salinas como referente paródico de Valle y Caviedes. Salinas, de todos modos, es sólo una de muchas voces de lo que Bernard Lavallé ha denominado la "militancia criolla". Creo, además, que la obra de Valle y Caviedes en su totalidad muestra una simpatía por las quejas y preocupaciones del criollo.[6] Lo que sí es importante es reconocer que en este diálogo la crítica se dirige más que nada a la exageración de la grandeza de Lima, y en especial a la circulada por medio de la letra escrita. Al final del diálogo, después de haber escuchado por parte del Perico una confirmación de sus sospechas, vemos que la vieja, con indignación, renuncia al texto escrito como ilusorio y peligroso:

> Digo que de hoy adelante,
> doy por falsas, por siniestras,
> por nulas, por atentadas,
> por patrañas, por novelas,
> a todas y cualesquiera
> relaciones o gacetas,
> informes o descripciones
> a mano escritas o impresas,
> maldiciendo a los perjuros
> informantes
> ....
> y a los tales ateístas,
> por incursos en la pena
> de falsarios, de embusteros
> o de perjuros babiecas (B 314-29).

En conclusión, parece ser que de las preguntas y respuestas de la Vieja Curiosidad y el Periquillo se destila una interesante matización a la conocida pugna entre "criollos" y "españoles". Como se ha venido reconociendo en los últimos años, la posible identidad del colono, y del criollo, no era algo rígido e inmutable. Éste ha de definirse como función de las diversas posiciones, a ratos contradictorias, que asumía en su relación con las prácticas socio-económicas y políticas que lo rodeaban. En el caso de Valle y Caviedes estamos en presencia de una voz colonial cuya denuncia del advenedizo lo sitúa en el campo del criollo, pero no del "militante". Su sátira se alía con las críticas hechas a una nueva clase advenediza, pero a la vez se enfrenta con la falsificación de la realidad por parte de cierto sector criollo. Su obra matiza así, entonces, lo que en algunos lugares se ha pensado ser una clase homogénea.

De las obras de estos poetas no es fácil saber cuáles fueron exactamente sus aliados y cuáles sus antagonistas, o qué comportamientos apreciaban y cuáles les disgustaban, y cuándo. Lo que sí parece quedar claro es que su sátira se preocupa por descubrir el engaño y la falsificación. Tanto Rosas de Oquendo como Valle y Caviedes, para recordar el concepto de Ángel Rama, habitaban una "ciudad letrada" en la cual una gran parte del poder se ejercía a través de la letra escrita, forma de control de la cual los poetas habrían estado muy conscientes. De allí que Rosas de Oquendo se mofe de muchas de las invenciones sobre América y de las exageradas relaciones de servicio, y que la "Vieja Curiosidad" de Valle y Caviedes se indigne al contemplar una Lima falsificada por la letra. Rosas de Oquendo y Juan del Valle y Caviedes sin duda participaron activamente en defensa de sus propios intereses e intentaron apegarse a los centros del poder, pero simultáneamente, por medio de sus inclinaciones satíricas, nos legaron una interesante comprensión de la compleja y contradictoria realidad del virreinato peruano.

Notas

[1] Para un breve e inicial bosquejo de su biografía, véase Vargas Ugarte (viii-xiv) y Peña (70-121).
[2] Algunas de las ideas aquí expuestas sobre la obra de Valle y Caviedes se hallan desarrolladas en forma más extensa en Pedro Lasarte, "La Vieja y el Periquillo: una aproximación a la Lima de Juan del Valle y Caviedes".
[3] Utilizamos la edición de Leticia Cáceres, Luis Jaime Cisneros y Guillermo Lohmann Villena. El diálogo entre la Vieja y el Periquillo aparece allí en dos partes, pero conjeturamos que han de ser segmentos de un mismo diálogo que se fragmentó a lo largo de su transmisión manuscrita. Por lo tanto, los tratamos como un solo texto. Las referencias a los versos del primer diálogo —según la edición de Cáceres et al.— irán acompañadas de la letra A, y las correspondientes al segundo, por la letra B. Para una elaboración detallada de la problemática textual en torno a este diálogo, véase Lasarte.
[4] Otro elogiador de la capital del virreinato sería el hermano de Fray Buenaventura, F. Diego de Córdoba Salinas, cuya exaltación de Lima en su *Teatro de la santa Iglesia metropolitana de los reyes* (terminada en 1650), recuerda el diálogo de Valle y Caviedes. La "Vieja curiosidad" se quejaba de que a Lima la suponían superior a Cairo, Roma, Nápoles, Londres y París (A 13-20). El historiador Diego de Córdoba piensa de modo semejante, aunque sin crítica y con seriedad. Dice que "no tiene Lima que envidiar las glorias de las ciudades antiguas, porque en ella se reconoce la Roma Santa en los templos y divino culto; la Génova soberbia en el garbo y brío de los hombres y mujeres que en ella nacen; Florencia hermosa por la apacibilidad de su Temple; Milán populosa por el concurso de tantas gentes como acuden a ella; Lisboa por su conventos de monjas, música y olores; Venecia rica por las riquezas que produce para España y liberal reparte a todo el mundo; Bolonia pingüe por la abundancia del sustento; Salamanca por su florida universidad, religiones y colegios" (Lavallé 137-138). Para más ejemplos similares, véase Lavallé 137 y 139 y José Antonio Mazzotti 180, 188-189 y su *Bibliografía*.
[5] Hay que reproducir aquí algunas palabras del viajero por Lima, Fray Diego de Ocaña: "El invierno en esta ciudad es un tiempo muy triste, no frío sino templado; pero tiempo que causa mucha melancolía porque acontece no ver el sol en todo el mes y en toda la semana, y está de continuo el cielo

como con un toldo de niebla que entristece mucho y causa enfermedades" (94).

[6] Valle y Caviedes nació en Jaén, España, en 1645, pero pasó a América de temprana edad (Lohmann Villena 22-23). Dada su permanencia en Lima creemos que habría vivido y compartido los sentimientos del criollo peruano. Para el caso debemos recordar algunas palabras de Jacques Lafaye, para quien "lo que definía al criollo, más que el lugar de su nacimiento, era el conocimiento del país y sobre todo la adhesión a un ética colonial de la sociedad" (cit. en Lavallé 25).

BIBLIOGRAFÍA

Cárdenas, Juan de. *Problemas y secretos maravillosos de las Indias.* Angeles Durán, ed. Madrid: Alianza Editorial, 1988.

Lasarte, Pedro. "'La Vieja y el Periquillo': una aproximación a la Lima de Juan del Valle y Caviedes". *Calíope. Journal of the Society for Renaissance and Baroque Hispanic Poetry* 4 (1998): 125-39.

Lavallé, Bernard. *Las promesas ambiguas. Ensayos sobre el criollismo colonial en los Andes.* Lima: Pontificia Universidad Católica del Perú, 1993.

Lohmann Villena, Guillermo. "El entorno. Tiempo de Valle y Caviedes. El Personaje. Hitos para una biografía". *Obra Completa.* Juan del Valle y Caviedes. Lima: Banco de Crédito del Perú, 1990. 1-90.

Mazzotti, José Antonio. "La heterogeneidad colonial peruana y la construcción del discurso criollo en el siglo XVII". *Asedios a la heterogeneidad cultural. Libro de homenaje a Antonio Cornejo Polar.* José Antonio Mazzotti y Juan Zevallos Aguilar, coords. Filadelfia: Asociación Internacional de Peruanistas, 1996. 173-96.

Ocaña, Fray Diego de. *Un viaje fascinante por la América hispana del siglo XVI.* Fray Arturo Alvarez, ed. Madrid: Stvdivm, 1969.

Peña, Margarita. *Literatura entre dos mundos. Interpretación crítica de textos coloniales y peninsulares.* México: Coordinación de Difusión Cultural, Dirección de Literatura/UNAM, Ediciones del Equilibrista, 1992.

Rosas de Oquendo, Mateo. *Sátira hecha por Mateo Rosas de Oquendo a las cosas que pasan en el Pirú, año de 1598. Estudio y edición crítica.* Pedro Lasarte, ed. Madison: Hispanic Seminary of Medieval Studies, 1990.

Salinas y Córdova, Fray Buenaventura de. *Memorial de las historias del nuevo mundo Piru* [1630]. Lima: Universidad Mayor de San Marcos, 1957.

Valle y Caviedes, Juan del. *Obra completa*. María Leticia Cáceres, A.C.I., Luis Jaime Cisneros y Guillermo Lohmann Villena, eds. Lima: Banco de Crédito del Perú, 1990.

Vargas Ugarte, S.J., Rubén. *Rosas de Oquendo y otros*. Lima: Tipografía Peruana, S.A., 1955.

"La voz de las repúblicas":
poesía y poder en la Lima de inicios del XVIII

José A. Rodríguez Garrido
*Princeton University /
Universidad Católica del Perú*

Después de un largo viaje no exento de contratiempos, el 22 de mayo de 1707, llegaba a Lima, para gobernar el extenso territorio del Virreinato del Perú, Manuel de Oms y Santa Pau, olim de Sentmanat, Marqués de Castell dos Rius. El nuevo virrey venía precedido de la fama de hombre vinculado a las artes y a las letras, así como de la de importante partícipe en el proceso por el cual Felipe V se convirtió en el primer borbón en regir España tras la muerte sin sucesión de Carlos II.

Acorde con estos antecedentes, el breve período del gobierno de Castell dos Rius, que se inicia en 1707 y concluye con su muerte en 1710, estará marcado por dos constantes: por una parte, por el deseo de recomponer el orden en el comercio colonial y de conseguir la remisión de la armada a la metrópoli con caudales para las necesidades de la Corona (Vargas Ugarte 77); por otro, por el impulso al desarrollo del teatro y la poesía en el espacio del palacio virreinal. Pedro de Peralta en 1708, a poco de iniciarse el gobierno de Castell dos Rius, y luego Diego Rodríguez de Guzmán en 1713, a tres años de la muerte del Virrey, compararán su gobierno con el del emperador Teodosio, "que partiendo gloriosamente el tiempo daba el dia a los negocios y a los estudios la noche" (Peralta [108]. Cfr. Rodríguez de Guzmán en Castell dos Rius 2). Esta separación temporal entre sus dos actividades podría parecer una invitación a disociar su actuación política de sus inclinaciones artísticas. Sin embargo, como intentaré demostrar en este trabajo, tanto Castell dos Rius como el grupo de letrados que lo rodeó en el Perú fueron conscientes de la posibilidad de emplear las artes como modos de afianzar o conseguir poder.

A partir del comentario de dos conjuntos de textos que enmarcan la presencia de Castell dos Rius como virrey del Perú, me propongo repensar aquí las relaciones entre poesía y poder colonial en el contexto histórico de la Lima de inicios del XVIII, en particular, en el entorno inmediato de la corte virreinal. El primero de ellos es la *Lima triunfante* (1708), libro con que Pedro de Peralta presenta el certamen poético que sirvió para recibir al Marqués de Castell dos Rius en la Universidad de San Marcos. El segundo lo constituyen las actas de la academia de poesía que el propio Virrey ampara y dirige en el palacio virreinal entre 1709 y 1710, y que Diego Rodríguez de Guzmán recoge en 1713 bajo el título de *Flor de Academias*. A ambos conjuntos de textos aparecen vinculados los dos intelectuales criollos más destacados del momento: Pedro Bermúdez de la Torre, quien había sido rector de la Universidad de San Marcos de 1698 a 1699 y ejerció luego el cargo de alguacil mayor de la Audiencia en la época de Castell dos Rius; y Pedro de Peralta y Barnuevo, el célebre escritor y maestro que, en años posteriores, ejercería el rectorado de la Universidad.

oOo

Como ya era habitual en la Lima colonial, la recepción al nuevo Virrey en 1707 en la Universidad de San Marcos fue acompañada por un certamen poético. El "cartel", es decir, el programa al que debían ajustarse los competidores, fue diseñado en aquella oportunidad por Pedro José Bermúdez de la Torre. Sin embargo, la reseña y la recopilación de tales fiestas correspondió a Pedro de Peralta. En el texto que escribió para este fin bajo el título de *Lima triunfante, glorias de la América, juegos píticos y júbilos de la Minerva peruana*, Peralta trazó una narración por la cual la presencia del nuevo gobernante en la Universidad se engarzaba con las circunstancias históricas por las que atravesaba la Corona de España en los años iniciales del cambio de dinastía.[1] En cuatro secciones, designadas como "cuatro glorias", Peralta delineaba primero la historia de la monarquía española y la reciente llegada de los Borbones al trono con Felipe V; en segundo lugar, la participación del Marqués de Castell dos Rius, siendo embajador en Francia, en el acto de esta sucesión; luego, el nombramiento del Marqués como Virrey del Perú y su llegada a este reino; y, por último, la recepción que la Universidad de San Marcos rendía a su nuevo mecenas. Por medio de esta meditada secuencia narrativa, se trazaba una continuidad que partía de los orígenes de la monarquía española y concluía en el ámbito del saber universitario peruano, y la presencia física del Virrey se presentaba como vínculo a través del cual los intelectuales del virreinato se insertaban en la gran historia imperial.

Esta incorporación de los universitarios peruanos no se establecía, sin embargo, de un modo absolutamente pasivo. Peralta enfatiza el vínculo extraordinario del nuevo Virrey con las letras y las artes, de modo que la recepción en la Universidad no era tan sólo a la autoridad política, sino también al individuo que compartía un saber con los maestros que lo agasajaban. Tal como recuerda el panegirista (109), Castell dos Rius había llegado a la sede virreinal acompañado de una corte de músicos y de una respetable biblioteca que, a su muerte, se consignaría como compuesta de "quinientos y quarenta y ocho libros en diversos tamaños" (AGI fol. 135). Rememorando las tempranas muestras de este interés y de la habilidad de Castell dos Rius para dominar las artes y el saber académico en los años en que acudió a la Universidad de Barcelona, decía Peralta:

> parecía que inspiraba lo mismo que havía de aprender, llegando al término de las Sciencias, en años en que otros aun no comienzan la carrera; pues obedeciéndole las Artes, parece que desde entonces S. Exc. se ensayaba en ellas mismas a mandar (107).

El efecto retórico que la afirmación final conseguía era doble. Por un lado, el dominio de las artes se presentaba, de este modo, como un campo para el ejercicio del futuro dominio político; en tal medida, se aceptaba y se reconocía que las artes constituían instrumentos subordinados a los mecanismos del poder. Por otro lado, sin embargo, el enunciado permitía también dotar de autoridad a todo aquel que ejerciera este dominio, es decir, no sólo al mismo Virrey allí presente, sino también a los intelectuales que componían el claustro universitario. De este modo, el acto ritual de recibir al Virrey en la Universidad con un certamen de poesía adquiría en 1707 una marca extraordinaria: no se trataba tan sólo de una ceremonia en que el lenguaje poético se ponía, como era habitual, al servicio del reconocimiento del gobernante, sino de una apelación a la autoridad en un lenguaje que era también el suyo y, por tanto, también un lenguaje provisto de autoridad. De este modo, junto a la exaltación de Castell dos Rius como gobernante, los intelectuales universitarios, en cuanto poseedores también de ese saber y de ese discurso, se revestían de prestigio y poder.

Más allá, sin embargo, de una mera defensa individual del intelectual americano, Peralta propone a la institución de la Universidad peruana como núcleo esencial para la constitución del poder en la vida social. Comparando la recepción que la Universidad daba al Virrey con los actos semejantes que se habían dirigido a Castell dos Rius a su llegada a Lima, señalaba: "Hasta aquí havían solemnizado en S. Exc. al

Virrey, mas no al Héroe. Los regocijos havían sido aclamaciones y no elogios" (105). Peralta establece aquí una correspondencia entre dos parejas de oposición (héroe / virrey y elogio / aclamación). Por un lado, la distinción entre el "Virrey" y el "Héroe" suponía una separación entre la función política (el cargo de virrey) y el sustento moral que la legitima (la naturaleza heroica que faculta a la persona a ocupar dicho cargo). Palalelamente, a la aclamación —el grito irracional de las calles por el cual se reconocía a la autoridad— se oponía el elogio, forma discursiva artística y elaborada en la que se declaraba la naturaleza heroica de la persona. De este modo, Peralta insinuaba que la autoridad del Virrey sólo quedaba plenamente establecida al ser éste recibido y reconocido por la Universidad mediante el elogio. El en apariencia intrascendente certamen poético para celebrar pasivamente al gobernante resultaba así, en verdad, un acto de enunciación —que correspondía emitir a la Universidad— por el cual se declaraba, pero al mismo tiempo se constituía, su carácter heroico, es decir, la base de su poder.

El propósito de distinguir entre "aclamación" y "elogio" es aun más significativo tomando en consideración que el cartel con que se convocó al certamen poético —escrito por Pedro Bermúdez de la Torre, el otro destacado autor criollo de la Lima de inicios del XVIII, y publicado en 1707— llevaba por título justamente el de *Triunfal aclamación*.[2] El programa elaborado por Bermúdez —dividido en doce asuntos— se fundaba en el paralelo entre tres motivos: 1) los doce cisnes que, según anuncio de Venus a Eneas (libro I de la *Eneida*), indicarían al héroe la llegada a puerto feliz; 2) las doce palmas que adornaban el escudo de Castell dos Rius, y 3) las doce facultades que componían el claustro universitario. Esta superposición entre la cultura clásica, las armas de la autoridad y la organización de la universidad creaba, en el proyecto de Bermúdez, una solidaria correspondencia y armonía entre la expresión poética, la figura del poder y el ejercicio intelectual.

El discurso de Peralta se dirige, por el contrario, por otro rumbo. Peralta opta ante todo por rebautizar el concurso poético de la Universidad con el nombre de *Juegos pitios*, que queda consagrado en uno de los subtítulos de la *Lima triunfante*. Peralta compara el certamen poético con que la Universidad de San Marcos recibía al Virrey con los juegos pitios de la Antigüedad, en que se celebraba a Apolo en el acto de dar muerte a la serpiente Pitón. En esta comparación, es necesario ver una doble intención. Por un lado, se seguía el tradicional recurso de emplear el mito clásico al mismo tiempo como emblema del poder y como ejemplo moral, al modo, por ejemplo, del célebre *Neptuno alegórico* ideado por Sor Juana. Así, en la hazaña del dios antiguo, estaba prefigurada la participación del Marqués en París para conseguir la aceptación de Felipe de Anjou de la corona española, "con que venció la monstruosa fatalidad, que amenazaba a España después de la muerte de Carlos II" (122). Asimismo, siguiendo la declaración naturalista del mito, contenida en el célebre tratado de Pérez de Moya (248-250), según la cual el acto de dar Apolo muerte a la serpiente representaba la "actividad con que el Sol disipa los vapores" (120), Peralta invocaba al Virrey a iluminar con su luz (y sus virtudes) a la Universidad.

La segunda intención iba más allá, sin embargo, de este marco convencional. Al corregir implícitamente el título elegido por Bermúdez de la Torre para el cartel y proponer un paralelo mitológico no sólo al gobernante, sino también al certamen celebratorio de la Universidad, Peralta insinuaba el carácter ritual y consagratorio de éste último, semejante al de la naturaleza sagrada de los juegos pitios. De este modo, más que un mero y pasivo reconocimiento al Virrey, la *Lima triunfante* afirmaba el poder que acompañaba al acto de la enunciación poética desde la Universidad y la posición privilegiada que debía corresponder a los intelectuales limeños en el orden imperial. En tal sentido, es significativo que el título y los subtítulos que Peralta elige para su relación de la recepción al Virrey aludan no a éste, sino a la ciudad (*Lima triunfante*), o a la Universidad (*Minerva peruana*) y su certamen (*juegos pitios*). Al destacar así, por encima del objeto de su celebración, la enunciación poética y el contexto en que ésta se produce, se ocasionaba un desplazamiento del centro de interés de la relación de la fiesta —un género destinado a perennizar los actos con que el poder civil y el religioso afirmaban su permanencia pública— del gobernante a los universitarios que elaboraban el festejo.

Continuando en otro pasaje con la oposición entre *aclamación* y *elogio* —planteada ahora en los términos de *júbilo* y *panegírico*— Peralta explicita la función que él atribuye a la universidad como parte del sistema político y social: "Son las Academias, y las Universidades el entendimiento, y la voz de las Repúblicas; ellas explican en Panegyricos lo que en júbilos conciben las Ciudades" ([106]). El texto se sirve implícitamente de la habitual metáfora de la república como un cuerpo; pero en lugar de resaltar la cabeza como un todo que gobierna el cuerpo y de asociarla al monarca o al gobernante, como era convencional, Peralta subraya el dominio del lenguaje como expresión del entendimiento humano y, en términos políticos, asocia éste a las universidades. De esta manera, los intelectuales limeños podían ser representados como parte cooperante sin la cual el orden imperial carecía de sustento". Al Perú no solo enriqueze el Potosí, sino también el Helicón", escribía Peralta para remarcar que no sólo la base económica del Imperio debía buscarse allí, sino también su base racional.

Último paso en esta argumentación es fundamentar que el discurso poético es el medio legítimo por el cual se expresa la voz de la universidad. Con este fin el expositor asume y expone la teoría según la cual las ciencias deben su origen a la poesía. Peralta establece un período en el cual la poesía servía para "decantar las virtudes, y enseñar las Artes", al que sigue otro en que surge la filosofía, la cual desarrolla el plano de las ideas pero abandona el metro. En tal sentido, Platón —que pertenecería a este período— no era más que un "Poeta desleído" y la filosofía, una "poesía raciocinada", al igual que las demás facultades:

> Las ficciones de uno y otro Derecho, las falsas posiciones de la Arithmética, los antiguos y modernos Sistemas de la Música con la fingida variedad de Claves, de Signos, y de Notas, las proporciones de la Geometría, y las Hypothesis de la Astronomía en sus fyngidos Concéntricos, Excéntricos, Epyciclos, Elipses, y Cruzes no son más que invenciones con que poetiza en ellas la razón, para parecerse a la verdad (124-25).

De este modo, la recepción al Virrey mediante un certamen de poesía era el medio legítimo mediante el cual el saber universitario volvía a su origen, la poesía. Este retorno implicaba, sin embargo, volver también a una forma de lenguaje que, como expone Peralta en otro momento, estaba asociado al ámbito sagrado y, mediante el cual, los héroes y sus correspondientes modernos, los poderosos, alcanzaban su sanción y su perennidad. El derecho a emitir ese discurso quedaba adscrito por su origen y su naturaleza ante todo a la Universidad.[3]

Bajo la aparente convencionalidad de un discurso sobre la conveniencia de recibir al Virrey en la Universidad con un certamen poético, la relación con que se abre la *Lima triunfante* deja ver, en suma, las pretensiones de poder de un grupo de la sociedad colonial. En torno a una poesía que parece reducida a mero ejercicio lúdico en homenaje a la autoridad, Peralta elabora un marco con una clara intención política, que constituye una velada y cauta declaración del derecho de las elites letradas limeñas a participar en las estructuras del poder.

Al margen de su calidad como autor, Castell dos Rius, como lo recordaba Peralta, era un hombre atento a las artes y a su función en el cuerpo social. Por ello, la publicación de las fiestas universitarias, que él mismo atesoraba a su muerte en una rica encuadernación de "cubiertas de terciopelo carmesí con cantoneras de plata" (AGI fol. 108v.-109), debió ser un texto que llamara su atención. Entre el escrito de Peralta y el conjunto de actividades artísticas desarrolladas bajo el impulso y la protección del Virrey —en particular la Academia de poesía que él mismo dirige en el palacio virreinal en los años siguientes— existe, en mi opinión, una continuidad que permite entender tales actividades no como meros entretenimientos intrascendentes, sino como parte de su desempeño político. Un repaso de la relación de Castell dos Rius con las artes a lo largo de su carrera pública proporcionará el sustento histórico de esta hipótesis.

En cada una de las actividades diplomáticas y de gobierno que le toca desempeñar antes de su paso al Perú, el Marqués deja testimonio, en efecto, de su preocupación por el uso del teatro y la poesía en relación con los intereses políticos de la corona española. Entre 1681 y 1688, Castell dos Rius ejerce el cargo de Virrey en Mallorca bajo el reinado de Carlos II. En 1690 es designado enviado extraordinario del rey de España en la corte de Lisboa y ya allí recibe el nombramiento de embajador en Portugal. Al firmarse la paz entre España y Francia en 1698, Carlos II lo destina como embajador en este país. Desempeñando esta función, llega a él la noticia del fallecimiento sin sucesión del último rey español de la Casa de Austria y el testamento de éste por el cual el Duque de Anjou, el futuro Felipe V, era designado como heredero de la Corona española, hecho tan recordado por los criollos que reciben al Marqués de Castell dos Rius como virrey del Perú en 1707.

Durante el desempeño de los cargos aquí enumerados, el Marqués participa en una serie de acontecimientos que muestra su conciencia del papel que podían cumplir las artes en aras de lograr ciertos objetivos políticos. El primero de estos hechos a los que me referiré ocurre durante su actuación como virrey de Mallorca. Allí debe afrontar ciertos desórdenes vinculados a la presencia de una compañía de comediantes. En los días del carnaval, algunos miembros de la nobleza mallorquí convierten a las actrices de la compañía en sus "damas" y, alrededor de esto, se producen desfiles y enfrentamientos que subvierten el orden social. A juzgar por el detallado memorial que sobre este asunto Castell dos Rius remite al Rey, el Virrey consideraba denigrante la imagen que sobre sí proyectaba la nobleza de la zona con este comportamiento, así como el que los enfrentamientos producidos por los cortejos a las cómicas rompían la unidad de la nobleza como cuerpo. El hecho se agravó por la circunstancia de que sus intentos de hacer salir a la compañía de comediantes de la isla toparon con la oposición de los Regidores, con lo cual la autoridad del Virrey se ponía en entredicho (ANC, "Relación al Rey..."). El memorial detalla los esfuerzos de la autoridad por recomponer el "orden de estado" en la isla, dejando sentado que su oposición no es a la representación de las comedias en general, sino al caso concreto que motivaba el desorden político. El episodio aquí reseñado es, por vía negativa, la primera muestra de la mirada atenta de Castell dos Rius sobre la relación entre teatro y vida social.

En segundo lugar, en su ocupación en los cargos de enviado extraordinario y luego embajador en Portugal, Castell dos Rius se dedica a organizar hacia el 22 de octubre, durante varios años consecutivos, unas fiestas teatrales en homenaje al cumpleaños del Príncipe Juan, el futuro Juan V. Una carta del Marqués de Castell dos Rius al Secretario de Estado del 10 de octubre de 1693 declara explícitamente que tales fiestas obedecían al propósito de reforzar las solicitudes de la Corona española ante la portuguesa por aquellos años (ANC, "Embajada de Portugal. Cartas ..."), a saber, alianzas militares y diplomáticas para mantener los dominios de ambos reinos en el norte de Africa o para unirse en contra de los intereses franceses. Una de las piezas teatrales que Castell dos Rius escribe con este fin —la comedia titulada *El mejor escudo de Perseo*— es recuperada años después, durante su gestión como virrey del Perú, para servir a nuevos propósitos políticos.[4] No es contradictorio que la misma persona que en Mallorca se opone a ciertas representaciones dramáticas sea la que luego en Lisboa y en Lima no sólo promueve estas actividades en el ámbito de su residencia oficial o del palacio virreinal, sino que además ensaya la composición de dramas y poemas. Entre la censura a esa suerte de carnavalización voluntaria del estatuto del noble en Mallorca y el uso de los signos teatrales para la glorificación de los intereses de la corona española existe una continuidad basada en la conciencia del efecto que las artes podían producir en la imaginación pública.

Por último, cuando Castell dos Rius deja París para ir a ocupar el cargo de Virrey del Perú, se edita en Francia un poema en su homenaje que, más allá de sus convenciones y de su escaso interés poético, alerta sobre las vinculaciones del saliente embajador con el cultivo de las artes en la corte de Luis XIV.[5] De hecho, hay que recordar que el Marqués viaja al Perú acompañado de doce gentileshombres franceses

(Vargas Ugarte 74), sobre cuyo destino en el virreinato peruano poco sabemos. Aunque no conservemos documentación que ilustre al respecto, es verosímil que, en Francia, Castell dos Rius haya prestado especial atención al sistema de las "academias" reales, medio por el cual la monarquía de Luis XIV estableció el control de las artes y las ciencias y su subordinación a los intereses de la corona. Para los años en que el Marqués permaneció en Francia, la institución de las *Académies* bajo el patronato —y la vigilancia— de la Corona estaba ya del todo consagrada. En particular, el establecimiento en el Louvre en 1672 de la *Académie française* —una entidad cuyos orígenes se remontan a reuniones privadas que, por iniciativa de Richelieu, adquirieron el patrocinio real— había marcado la conclusión de un proceso de regulación de las artes, iniciado décadas atrás.[6]

Tales antecedentes del nuevo virrey hacían previsible una recepción cuidadosa de éste a la reseña que Peralta escribió para la publicación de las fiestas poéticas de la Universidad de San Marcos. Castell dos Rius no debió ser insensible a esta propuesta de los universitarios limeños de constituirse en "el entendimiento y la voz de las Repúblicas" y al sutil reclamo de poder para la elite criolla contenido en esa frase, enunciada en el marco de un discurso de elogio y reconocimiento a la autoridad.

oOo

Dos años después de su llegada a Lima y de ser recibido por la Universidad de San Marcos y al siguiente de la aparición en las prensas limeñas de la *Lima triunfante*, el Marqués de Castell dos Rius organizó en su palacio unas tertulias de poesía que funcionaron los lunes por la noche hasta su muerte. Las reuniones corrieron entre el 23 de septiembre de 1709 y el 24 de marzo de 1710 y a ellas asistía un grupo de allegados al Virrey entre los que se destacaban la presencia de los dos intelectuales criollos más destacados en la Lima de entonces vinculados a la Universidad de San Marcos, a los que he venido haciendo referencia: Pedro José Bermúdez de la Torre y Pedro de Peralta. Junto a ellos figuraban otros criollos y españoles.[7]

Los temas sobre los que discurrían los miembros de la Academia variaban desde los tópicos habituales, como retratar a una mujer como un compuesto de piedras preciosas (acta quinta, 37-46), hasta referencias al mundo cotidiano de entonces, como discurrir poéticamente sobre las razones que pudieron haber tenido las damas de Lima para ir a ver una ballena que había varado la playa de Chorrillos (acta cuarta, 25-34). Aunque el carácter lúdico y en apariencia intrascendente de estas reuniones pareciera no diferenciarlas de tertulias semejantes desarrolladas en España a lo largo del siglo precedente,[8] merecen atención las condiciones creadas y establecidas por el Virrey para la enunciación de la voz poética.

En la "Noticia Proemial" que Diego Rodríguez de Guzmán, el secretario de la Academia de Poesía de Castell dos Rius, escribe en 1713 a su recopilación de las actas de las sesiones, deja consignado el procedimiento que éstas seguían:

> El orden que observó Su Excelencia en las primeras Academias fue dar a todos los ingenios un mismo asunto sobre el que compusieran de repente, señalándoles también el metro en que habían de escribir y un breve espacio de tiempo para correr la pluma a su desempeño [...].A la ingeniosa tarea de las obras que se componían de repente, añadió Su Excelencia la de que se hiciese juntamente otra de pensado, para traerla el lunes siguiente, siendo todas las que se señaló propias de su gran inteligencia y acertada elección (3-4).

A diferencia, pues, de lo que solía ocurrir en muchas academias donde la presidencia era rotativa, la Academia de Castell dos Rius corresponde más bien a un modelo en que el mecenas ocupa invariablemente el derecho a dictar la forma y el contenido de la poesía escrita por los otros miembros. Si Peralta había delineado en los certámenes de la Universidad una imagen del cuerpo político en el que a los intelectuales limeños correspondía el dominio del entendimiento y la voz, la Academia era, por el contrario, un espacio en que éstos mismos intelectuales (representados en sus dos cabezas más notables, Peralta y Bermúdez) debían convertirse en glosadores del discurso de la autoridad, meros resonadores de la voz del poder.

Un par de acontecimientos en el curso de estas tertulias que podrían parecer un mero juego convencional puede verse, en tal medida, como representación simbólica de la Academia como lugar de acceso a la palabra poética. El primero de ellos es el vejamen que el Virrey dirige a los otros miembros de la Academia la noche del 19 de diciembre de 1709, como parte de la sesión destinada a celebrar el cumpleaños del monarca (154-203). El vejamen constituía una práctica habitual en las academias literarias y consistía básicamente en un conjunto de sátiras dirigidas a sus integrantes a cargo de uno de ellos (Sánchez 15-16). Sin embargo, la manera como se presenta en la Academia de Castell dos Rius permite ver en este caso algo más que un acto convencional. El propio Virrey asume ficcionalmente la función de un fiscal que, ante la petición de unos "poetas francos" contra los de la Academia, acude a prender a éstos y darles vejamen. Los académicos se acogen al templo de las Musas, y cada uno elige la estatua de una de ellas como refugio. Este espacio, cuya magnificencia hace dudar al propio Marqués si se encuentra en "templo o palacio", sirve hiperbólicamente de representación del propio espacio de la corte virreinal. El hecho de que en dicho templo los poetas encuentren al mismo tiempo el amparo, pero también el benévolo vejamen de su patrocinador parece mostrar la naturaleza ambigua del ámbito cortesano como espacio para el ejercicio de la voz poética: es lugar de refugio donde los intelectuales pueden desarrollar su genio, pero siempre bajo el dictado y la "benévola" vigilancia de la autoridad del Virrey.

El segundo acontecimiento ocurre pocos días después: en una votación para elegir los oficios que debían ocupar los concurrentes en la Academia, se produce una alteración de las balotas que tergiversa el resultado (acta extra, 219-25). Como castigo, el Virrey ordena suspender la Academia, lo cual motiva que sus miembros se reúnan en una sesión extra para escribir poemas de súplica a la autoridad para que derogue su decisión. Un simple juego parece representar aquí las tensiones de orden y autoridad dentro de la Academia.

La omnipresencia del mecenas en la Academia no sólo difumina con su dictado la autoría de los otros miembros, sino que, al mismo tiempo, se convierte en motivo permanente de la creación poética en diferentes sesiones de la Academia. Es quizás Bermúdez de la Torre el poeta que cumple mejor este cometido. De hecho, Bermúdez se convierte en el autor preferido por el Virrey y es el que colabora más de cerca en los proyectos artísticos destinados a celebraciones políticas que Castell dos Rius organiza durante su gobierno.[9] Así, por ejemplo, en la quinta sesión en que Castell dos Rius propone a los académicos escribir "de repente" el retrato de una dama "discurrida con proporción a diferentes piedras" (37), Bermúdez concluye el suyo con el tópico de la humildad reconociendo que de haberlo escrito el Virrey lograra "superior idea" y haciendo de las piedras preciosas empleadas en la descripción verdaderos atributos del poder del mecenas. En otro poema (acta sexta) dedicado directamente a Castell dos Rius y los miembros de su Academia, Bermúdez impele a éstos —"cisnes dulces"— a esmerarse en sus poemas en agrado del Virrey. Volviendo a un motivo ya utilizado por él en el cartel poético de las fiestas universitarias, las palmas del escudo del Marqués son vistas como alas que aquellos cisnes deberán emplear para remontarse al Olimpo. El Virrey —dice Bermúdez— es el "numen que inspira vuestras voces, / la armonía que forman vuestros ritmos" (52). La invocación de Bermúdez muestra claramente las condiciones para la enunciación de la voz poética que la Academia del Virrey imponía: una disociación entre el contenido y la forma. A los académicos correspondía el hallazgo del plano formal del poema, pero su dimensión conceptual procedía de la autoridad —poética y política— del Virrey. Si Peralta reclamaba para los intelectuales universitarios "el entendimiento y la voz" de modo solidario, la academia palaciega les concedía a éstos el ejercicio de la voz, a condición de disociarla del entendimiento.

Otro hecho que grafica el modo como la presencia del Virrey satura la escritura de los académicos es a través de la continua mención de éstos a *El mejor escudo de Perseo*, la pieza teatral escrita por Castell dos Rius y montada con gran aparato en el palacio virreinal de Lima el 17 de septiembre de 1708 para celebrar el nacimiento del príncipe Luis Fernando (luego Luis I), el primer hijo de Felipe V.[10] Tal obra, en la que se funden autor y autoridad, constituye una inusual muestra en la que el discurso teatral para el festejo político procede no de un dramaturgo profesional, sino del propio gobernante. La alusión a esta obra en las sesiones de la Academia ocurre cada vez que se pone como exigencia a las composiciones que incluyan en un verso el título de una comedia.[11] En tales poemas, la pieza dramática del Marqués alterna con los títulos de los dramaturgos españoles más consagrados de entonces, lo cual contribuye a crear una aparente identidad entre su autoridad en el campo político y en el de las letras.

Vista así, más que un mero juego cortesano, la Academia de poesía de Castell dos Rius constituye una institución por la cual la máxima autoridad del Virreinato establece un medio de direccción y control de las elites letradas a través del ejercicio de la poesía. Al reseñar la experiencia política y artística del Marqués en los años anteriores a su paso al Perú, señalé que, durante su permanencia en Francia, era verosímil que éste hubiera prestado atención al sistema de academias impuesto durante el reinado de Luis XIV. En sentido estricto, la academia que Castell dos Rius dirige en el Perú no parece guardar ninguna afinidad con las academias francesas. No se trata, como en el caso de éstas, de un organismo que, siguiendo los intereses de la Corona, se encargue de regular el ejercicio de las artes en la vida social.[12] Sin embargo, en su afán de control de los artistas e intelectuales, el proyecto de Castell dos Rius presenta cierta similitud con el sistema francés. Su modelo de funcionamiento lo proporcionan las academias literarias de los siglos precedentes al que, en mi opinión, se le añade una dimensión política más explícita.

Es probable, por otro lado, que Castell dos Rius evitara conscientemente la creación de un modelo de academia semejante al francés. Este se basaba también en la proximidad al monarca —proximidad no sólo ideológica, sino también física—. El desarrollo extremo de un núcleo intelectual en América, alejado de la Corona, iba finalmente en contra de uno de los principios esenciales de la formación de "academias reales". En tal sentido, vista en relación con el texto de la *Lima triunfante*, la creación años después por parte de Peralta de una "Academia de Matemáticas y de Elocuencia" (sobre la que lamentablemente poco se sabe)[13] y su defensa, en general, de las Academias es asunto que podría leerse como un intento de recuperar para la intelectualidad criolla un medio para el ejercicio del pensamiento y, a través de él, un espacio de poder. Obviamente, jamás se plantea en el discurso de Peralta un divorcio explícito entre la empresa del Virrey y la suya propia. Por el contrario, en el *Diálogo de los muertos: la causa académica* (en Williams 148-49), Peralta no insinúa diferencias entre ambas, y tanto allí como en la *Lima fundada*, la obra y la figura del Marqués son tratadas con afecto y veneración. La estrategia del intelectual criollo a inicios del XVIII no es la ruptura, sino la transacción. La autoridad virreinal es todavía, para esta elite, el medio a través del cual espera alcanzar una posición de mayor poder en el concierto imperial.

La *Lima triunfante* y las actas reunidas en *Flor de Academias* constituyen, en síntesis, dos intentos de construir un marco para la enunciación de la voz poética, el uno dominado por una intelectualidad criolla que cautamente insinúa reclamos y demandas de poder; el otro, por la autoridad española que intenta canalizar tales pretensiones fuera de todo exceso. No se trata, por cierto, de dos espacios excluyentes y en abierto conflicto, sino, por el contrario mutuamente dependientes y en permanente negociación. Los universitarios limeños ansían la presencia del Virrey como un mecenas protector —no sólo en las artes, sino también en el dominio político—, y el Virrey responde con la creación de una academia que redefine esas ansias. La abundante producción de poesía en los contextos cortesanos coloniales de inicios del XVIII puede parecer, al lector actual, no más que una indigesta acumulación de textos rimados, repetitivos hasta la saciedad de fórmulas predeterminadas; bajo su, en apariencia, anodina convencionalidad, se oculta, sin embargo, un ejercicio simbólico en que se expresan las tensiones de poder de los miembros de la cultura letrada de la época.

Notas

[1] Una reseña del contenido de este libro puede hallarse en Williams 57-59.

[2] El título completo del cartel es *Triunfal aclamación, festivo obsequio, y poético certamen, que consagra reverente, y afectuosa la Real Universidad de San Marcos de la Ciudad de Lima, Corte del Perú, al Excmo. Señor Don Manuel de Oms y de Santa Pau olim de Sentmanat y de Lanuza, Marqués de Castelldosrrius, Grande de España, del Consejo Supremo de Guerra, Virrey, que fue del Reyno de Mallorca, y aora destos Reynos del Perú, Tierrafirme, y Chile*. Con licencia en Lima, por Joseph de Contreras y Alvarado, Impressor Real. Año de 1707. Se reproduce al año siguiente, con el mismo título, como parte de la *Lima triunfante*. La autoría de Bermúdez de la Torre del cartel del certamen no figura en la portada del impreso, pero la declara Peralta en medio de cumplimientos y elogios a su persona, que reditúan alabanzas a la propia Universidad: "Valiose este insigne Museo [la Universidad de San Marcos], para la ingeniosa disposición del Certamen, de la discreta delicada pluma del Señor Doctor Don Pedro Joseph Bermúdez de la Torre y Solier, Alguacil mayor de Corte desta Real Audiencia, Cavallero de los más ilustres de esta Ciudad, y digníssimo Rector que ha sido de esta Real Universidad dos repetidos años; en cuya eloquencia, y erudición se reconoce, que no solo Venus tuvo sus tres Gracias, ni solo Iupiter supo producir una Minerva. Gloria fue desta Real Universidad tener para el feliz acierto de tan grande Certamen la elevada dirección de tan sublime Proponente, aun mas que lo fue de Homero, y Hesiodo, haver merecido tener al Rey Panis para el suyo" (122-23). Peralta alaba luego el contenido y la estructura del cartel.

[3] Esta defensa del papel del intelectual peruano en la organización del imperio corría en Peralta paralela a su defensa de la aristocracia limeña. Peralta aprovechó la oportunidad no sólo para invocar la protección del Virrey para la institución universitaria, sino, más allá, para exponer sus ideas sobre el papel preponderante que la ciudad de Lima debía ejercer en la organización del virreinato y, en particular, para defender la necesidad de reforzar la posición de la decaída aristocracia limeña —despojada de encomiendas y de oficios— que, en su opinión, debía constituir la base del sistema colonial (100). Con argumentos muy semejantes vuelve a ello en una nota al texto de su *Lima fundada*.

[4] Castell dos Rius hizo imprimir en Lisboa tres de las loas, escritas por Pedro José de la Plana, para los festejos teatrales en homenaje al futuro Juan V. La Hispanic Society de New York conserva un libro manuscrito que, bajo el título de *Poesías cómicas* (Ms. 8722), reúne el conjunto de textos teatrales escritos por el Marqués o bajo su patrocinio para servir en Lisboa a dicho fin. En mi artículo de 1999, ofrezco un recuento documentado de la actividad teatral de Castell dos Rius en Lisboa.

[5] *A Son Excellence Monseigneur D. Emanuel D'Oms et de Santa Pau, Sentmanat et Lanuza, Marquis de Castel-Dos-Rius [...]*. Par son humble et trés-obeissant serviteur, D. M. Permis d'imprimer. Fait ce 23 de Janvier 1701.

Signer de Voyer d'Argenson. El ANC conserva diez ejemplares de este impreso. El poema viene encabezado por un grabado en que aparecen representadas, a un lado, Francia y España como dos mujeres, cada una de ellas apoyada en su respectivo escudo y en la mano un cetro; al otro lado, separada por el mar, la imagen tradicional de América (tocado y faldellín de plumas, arco en la mano y, a los pies, la cornucopia y el carcaj). Al fondo del mar, se ve un galeote que parte. En lo alto, el lema "Quo et unde".

[6] Pevsner considera la creación de las academias reales en Francia, bajo la inspiración de Colbert, ministro de Luis XIV, como uma medida equivalente a las ordenanzas que regulaban la vida social y el comercio: "He [Colbert] did not intend to leave science and art out of his schemes, and here the creation of academies seemed the most promising method." (89). Yates (275-316) ofrece una revisión del proceso de creación de las academias en Francia durante el siglo XVII, y de sus vínculos y diferencias con las academias humanistas del siglo precedente.

[7] Los españoles que participaron en la Academia eran, además del Virrey, Jerónimo de Monforte y Vera, fray Agustín Sanz, Matías Angles de Meca, Juan Manuel de Rojas y Solórzano, el Marqués de Brenes (Juan Eustaquio Vicentelo Tello Toledo y Leca) y el Conde de la Granja (Luis Antonio de Oviedo). Los criollos que intervinieron, además de Peralta y de Bermúdez, eran el Marqués de Villar (Antonio de Zamudio y de las Infantas —quien había sido también rector de la Universidad de San Marcos—) y Miguel Sáenz Cascante. En diversos trabajos se ofrece una visión general de la Academia de Castell dos Rius y su funcionamiento, entre otros, Palma (en Castell dos Rius XV-XX), Revello de Torre, Williams (20-36). Cito los textos de la Academia de Castell dos Rius por la edición preparada por Ricardo Palma, la única existente. Hay que advertir, sin embargo, de sus deficiencias (en particular, mutilaciones al texto). La Biblioteca Nacional de Lima conserva, deteriorado y reducido por el fuego del incendio de 1943, el manuscrito del que se sirvió Palma. Otros dos manuscritos, éstos en buen estado, se guardan en la Biblioteca Nacional de Madrid.

[8] Un amplio panorama de estas academias literarias se encuentra en el libro de José Sánchez.

[9] Un pasaje del prólogo de Diego Rodríguez de Guzmán a las actas de la Academia de Castell dos Rius informa de la intención del secretario de preparar un volumen que contuviera las loas que "escribieron alternadamente" el Virrey y Bermúdez para los festejos teatrales organizados por el primero. Este pasaje ha sido omitido en la edición de Palma, pero puede leerse en los dos manuscritos de *Flor de Academias* que conserva la Biblioteca Nacional de Madrid (cito por el Ms. 8722, fol. 14 v.). No se ha conservado el hipotético tomo planeado por Rodríguez de Guzmán ni ningún testimonio aislado de tales loas.

[10] En mi artículo de 1999 estudio la historia del texto de esta comedia y propongo una interpretación de cómo la obra —escrita, como se vio, originalmente en Lisboa en 1694 para rendir homenaje al príncipe Juan (el

futuro Juan V de Portugal) en su quinto cumpleaños— pudo adaptarse al nuevo contexto político, el de Lima de 1708.

[11] En el "Acto séptimo de la Academia" (2 de noviembre de 1709) mencionan la comedia del Marqués los siguientes poetas: Miguel Cascante (74), el Marqués de Brenes (74) y Pedro José Bermúdez (75). En el "Acto décimo tercio de la Academia" (21 de enero de 1710) lo hacen Miguel de Cascante (232), el Marqués de Brenes (234) y Pedro José Bermúdez (235).

[12] Tampoco responde plenamente a la tendencia especializada del modelo francés, con una separación estricta en distintas academias correspondientes a las diferentes artes y ciencias. A decir de Rodríguez de Guzmán, aunque las actas reflejan "lo que en todas las Academias se escribió y quiso atesorar la estimación de Su Excelencia" —esto es, básicamente composiciones poéticas—, "era mucho más lo que se decía extemporalmente sobre diferentes asuntos y argumentos que ofrecía la conversación, el acaso o la controversia de diferentes materias, facultades o noticias, con admirable propiedad en la inteligencia de la Filosofía, Mathemáticas, Jurisprudencia, Teología, Historia, Poética y Razón de Estado" (5).

[13] Williams (44-48) ofrece un recuento de las opiniones de diversos críticos (Riva-Agüero, L. A. Sánchez, Lohmann Villena...) sobre el funcionamiento de esta academia y ordena la información al respecto.

Bibliografía

Archivo General de Indias (AGI). "Autos generales de la residencia del Exmo. Sr. Manuel de Oms y Santa Pau, Marqués de Castell dos Rius [...]". Escribanía de Cámara, 548 A.

Arxiu Nacional de Catalunya. Fon Marquesos de Castelldosrius. (ANC). "Relación al Rey siendo Virrey de Mallorca [el Marqués de Castell dos Rius]". 1251.1.183.

─── "Embajada de Portugal. Cartas [del Marqués de Castell dos Rius] a don Crispín González Botello, Secretario de Estado. Año 1691-1695". 1261.2.31

Castell dos Rius, Marqués de (Manuel de Oms y Santa Pau). *Flor de Academias*. [1713]. Ricardo Palma, ed. Lima: Oficina Tipográfica de El Tiempo, 1899.

Peralta y Barnuevo, Pedro de. *Lima triumphante, juegos pythios y júbilos de la Minerva peruana*. Lima: Joseph de Contreras y Alvarado, 1708.

Pérez de Moya, Juan. *Philosofía secreta de la gentilidad*. [1585]. Carlos Clavería ed. Madrid: Cátedra, 1995.

Pevsner, Nikolaus. *Academies of Art. Past and Present*. Cambridge: Cambridge University Press, 1940.

Revello de Torre, José. *Las veladas literarias del Virrey del Perú Marqués de Castell dos Rius (1709-1710)*. Sevilla: Tip. Zarzuela, 1920.

Rodríguez Garrido, José A. "Una pieza recuperada del teatro colonial peruano: historia del texto de *El mejor escudo de Perseo* del Marqués de Castell dos Rius". *Edición y anotación de textos coloniales hispanoamericanos*. Ignacio Arellano Ayuso y José A. Rodríguez Garrido, eds. Madrid: Iberoamericana-Vervuert, 1999. 351-75.

Sánchez, José. *Academias literarias del Siglo de Oro español*. Madrid: Gredos, 1961.

Vargas Ugarte, Rubén. *Historia general del Perú*. Vol. IV. Lima: Carlos Milla Batres, 1971.

Williams, Jerry M. *Censorship and Art in Pre-Elightenment Lima. Pedro de Peralta Barnuevo's Diálogo de los muertos: la causa académica*. Maryland: Scripta Humanistica, 1994.

Yates, Frances A. *The French Academies of the Sixteenth Century*. Londres y Nueva York: Routledge, 1988.

SOBRE LOS AUTORES

BERNARD LAVALLÉ cuenta, entre muchos otros títulos, con *Le marquis et le marchand: les luttes de pouvoir au Cuzco, 1700-1730* (1987), *Quito et la crise de l'Alcabala, 1580-1600* (1992), *Las promesas ambiguas: ensayos sobre el criollismo colonial en los Andes* (1993), *Amor y opresión en los Andes coloniales* (1999) y, como compilador, *Séville: vingt siècles d'histoire* (1992), *Bibliografía francesa sobre el Ecuador (1968-1993): Ciencias humanas, sociales y de la tierra* (1995) y *Transgressions et stratégies du métissage en Amérique coloniale* (1999).

SOLANGE ALBERRO ha dedicado largos años al estudio de los procesos culturales en México virreinal. Algunos de sus libros son *La actividad del Santo Oficio de la Inquisición en Nueva España 1571-1700* (1981), *Del gachupín al criollo o de cómo los españoles de México dejaron de serlo* (1992), *Les espagnols dans le Mexique colonial: histoire d'une acculturation* (1992) y *El águila y la cruz: orígenes religiosos de la conciencia criolla mexicana* (1999).

MARY MALCOLM GAYLORD ha estudiado profusamente la obra de Cervantes, Quevedo, Góngora, Lope de Vega y San Juan de la Cruz, así como en el campo hispanoamericano los textos de Alonso de Ercilla, Bernal Díaz del Castillo, Hernán Cortés y otros. Su libro *The Historical Prose of Fernando de Herrera* fue publicado por Tamesis Books en Londres en 1971.

YOLANDA MARTÍNEZ-SAN MIGUEL se doctoró en la Universidad de California en Berkeley y ha dedicado la mayor parte de sus investigaciones a la Nueva España. Su libro *Saberes americanos: Subalternidad y epistemología en los escritos de Sor Juana* apareció bajo el sello del Instituto Internacional de Literatura Iberoamericana en 1999.

KATHLEEN ROSS ha publicado numerosos artículos sobre la cultura virreinal y el estudio *The Baroque Narrative of Carlos de Sigüenza y Góngora: A New World Paradise* (1993). Asimismo, las traducciones (en colaboración con Richard Schaaf) de *Miguel Mármol* de Roque Dalton (1987) y de *Los heraldos negros* de César Vallejo (1990), la traducción de *Facundo: civilización y barbarie* de Domingo F. Sarmiento (en prensa) y la co-edición de *Scents of Wood and Silence: Short Stories by Latin American Women Writers* (1991).

JOSÉ ANTONIO MAZZOTTI ha investigado principalmente la literatura de México y Perú virreinales, así como diversos autores de la poesía latinoamericana contemporánea. Su libro *Coros mestizos del Inca Garcilaso: Resonancias andinas* fue publicado por el Fondo de Cultura Económica en 1996. También ha co-editado *Asedios a la heterogeneidad cultural: Libro de homenaje a Antonio Cornejo Polar* (1996) y *Edición y anotación de textos andinos* (2000).

MABEL MORAÑA ha publicado, entre otros, *Literatura y cultura nacional en Hispanoamérica, 1910-1940* (1984), *Memorias de la generación fantasma* (1988), *Viaje al silencio. Exploraciones del discurso barroco* (1998) y editado *Relecturas del barroco de Indias* (1994), *Mujer y cultura en la colonia hispanoamericana* (1996) y *Nuevas perspectivas desde/sobre América Latina: El desafío de los estudios culturales* (2000).

ROLENA ADORNO es autora de muchos artículos sobre Bartolomé de las Casas, Bernal Díaz del Castillo, Hernán Cortés y de los libros *Guaman Poma: Writing and Resistance in Colonial Peru* (1986), *Cronista y príncipe: La obra de Felipe Guaman Poma de Ayala* (1989) y, recientemente (con Patrick Pautz), de *Álvar Núñez Cabeza de Vaca: His Account, His Life, and the Expedition of Pánfilo de Narváez*, en tres volúmenes (1999).

PAUL FIRBAS prepara la edición crítica de *Armas Antárticas* de Juan de Miramontes. Asimismo, ha trabajado sobre la obra de Pedro de Oña, Diego Arias de Saavedra y en general sobre la poesía épica y las concepciones del espacio antártico en las letras peruanas.

TEODORO HAMPE MARTÍNEZ ha publicado *Don Pedro de la Gasca, 1493-1567: Su obra política en España y América* (1989), *Bibliotecas privadas en el mundo colonial: la difusión de libros e ideas en el*

Virreinato del Perú, siglos XVI-XVII (1996), *Cultura barroca y extirpación de idolatrías: La biblioteca de Francisco de Ávila, 1648* (1996), *Santo Oficio e historia colonial* (1998) y *Santidad e identidad criolla: Estudio del proceso de canonización de Santa Rosa* (1998), entre otros.

PEDRO LASARTE publicó en 1990 la edición crítica de la *Sátira hecha por Mateo Rosas de Oquendo a las cosas que pasan en el Pirú, año de 1598*. Ha realizado además investigaciones sobre Francisco de Terrazas, José de Arrázola y en general sobre la poesía virreinal en México y Perú.

JOSÉ A. RODRÍGUEZ-GARRIDO ha centrado sus numerosos estudios en la literatura virreinal peruana, especialmente la obra del Inca Garcilaso, Juan de Espinosa Medrano, "El Lunarejo", y los autores alrededor de la Academia del Virrey Marqués de Castell dos Rius.

www.ingramcontent.com/pod-product-compliance
Lightning Source LLC
Chambersburg PA
CBHW071405300426
44114CB00016B/2191